AF250072

YVONNE BEZARD

UNE FAMILLE BOURGUIGNONNE
AU XVIIIᵉ SIÈCLE

16 HORS-TEXTE

ALBIN MICHEL, ÉDITEUR - PARIS

UNE FAMILLE BOURGUIGNONNE

AU XVIIIe SIÈCLE

23 SEPT 1930
DÉPOT LÉGAL
B.N. VOLUMES
Editeurs
A 08253

DU MÊME AUTEUR

L'assistance à Versailles sous l'Ancien Régime et pendant la Révolution.

Les porte-arquebuse du Roi.

Une mère.

La vie rurale dans le sud de la région parisienne de 1450 à 1560.

ÉDITIONS

Président de Brosses. Lettres à Ch.-C. Loppin de Gemeaux.

Président de Brosses. Lettres familières sur l'Italie.

BIBLIOTHÈQUE NATIONALE · R F · IMPRIMÉS

YVONNE BEZARD

UNE FAMILLE BOURGUIGNONNE

AU XVIIIᵉ SIÈCLE

ALBIN MICHEL, ÉDITEUR
PARIS — 22, RUE HUYGHENS, 22 — PARIS

Droits de traduction, reproduction, représentation
théâtrale et adaptation cinématographique
réservés pour tous pays.
Copyright 1930 by Albin Michel.

A LA COMTESSE DE CHARRY-LUCY

NÉE DE GEMEAUX

qui la première eut l'idée de ce livre,

ces pages sont respectueusement dédiées.

AVANT-PROPOS

La publication de plusieurs beaux ouvrages a de nouveau éveillé dans le public le désir de savoir plus exactement ce que fut la vie familiale de nos ancêtres (1). Malgré les mémoires et les correspondances déjà connus, le nombre des documents paraît réduit et les généralisations qu'ils peuvent suggérer assez hâtives, si l'on pense au nombre de foyers qui se sont éteints sans laisser d'histoire. Les lettres intimes, les livres de raison que l'on découvrira encore seront les bienvenus; ils pourront rectifier une erreur, ajouter au tableau d'ensemble quelques traits inédits.

Rarement aussi on a le bonheur de pouvoir suivre dans toutes les étapes de leur vie les divers membres d'une même famille pendant

(1) Citons pour le XVIIIe siècle, en particulier : PILON (Edmond), *La vie de famille au XVIIIe siècle* (Jonquières); LUPPÉ (Comte de), *Les Jeunes Filles au XVIIIe siècle* (Champion); FUNCK-BRENTANO (F.), *Rétif de la Bretonne* (Albin-Michel); et *Les Lettres de Cachet* (Hachette); ABENSOUR (Léon), *Le féminisme au XVIIIe siècle* (Ernest Leroux).

trois quarts de siècle. Cette chance nous a été accordée au château de Gemeaux (Côte-d'Or). Des correspondances familiales d'une abondance et d'une richesse considérables y sont conservées. Elles furent reçues presque toutes par Charles-Catherine Loppin, baron de Gemeaux, avocat général au Parlement de Bourgogne (1714-1805). Ce magistrat intelligent et très cultivé, qui naquit sous Louis XIV et mourut sous Napoléon, entretint pendant plus de soixante ans des correspondances abondantes et régulières; il garda toutes les lettres envoyées par des parents et des amis souvent illustres, avec les minutes des réponses soigneusement épinglées, aussi bien que les correspondances d'affaires relatives à l'administration de son domaine et les billets les plus intimes où se dévoile la vie de son foyer. Nous avons publié d'abord une série de lettres qui nous ont paru curieuses pour l'histoire littéraire et l'histoire générale (1). Aujourd'hui nous voudrions apporter une contribution à l'étude de cette vie familiale qu'il importe avant tout de connaître pour bien comprendre l'ancienne France. Nous avons été vivement encouragé dans notre travail par la comtesse de Charry-Lucy, née de Gemeaux, qui a bien voulu

---

(1) *Lettres du Président de Brosses à Ch.-C. Loppin de Gemeaux*, publiées par Yvonne Bézard (Firmin-Didot).

nous aider de ses précieux conseils et nous faire part des traditions orales qui complètent heureusement les témoignages écrits.

On se représente souvent la famille de l'Ancien Régime comme une organisation très solide, mais où le sentiment ne jouait pas un grand rôle, où les parents gardaient une autorité absolue mais ne s'occupaient guère de leur descendance dans la vie quotidienne. A Gemeaux, nous avons rencontré un père et une mère qui ne vécurent que pour leurs enfants et se consacrèrent à leur éducation, s'arrêtant aux détails les plus minutieux; un foyer où il y avait plus encore de tendresse que d'autorité sévère. Nous y avons saisi sur le vif l'évolution qui se fit sous l'influence de Rousseau. Le baron de Gemeaux, très épris des idées nouvelles, voulut, dans une certaine mesure, appliquer les principes de Jean-Jacques à l'éducation de ses enfants. Le style même des lettres nous a montré comment les relations entre les époux, entre les parents et les enfants changèrent d'une génération à l'autre: la solennité d'autrefois se détend pendant les années qui précèdent la Révolution; la familiarité se traduit par des appellations nouvelles; les effusions sincères, mais un peu déclamatoires remplacent l'affection contenue et dissimulée sous un ton d'enjouement que les grands-parents exprimaient encore en des lettres qui avaient le tour du Grand Siècle. Nous avons vu les conséquences de cette éducation à la Jean-Jacques, expérience généreuse d'un noble cœur, la part d'utopie qu'elle contenait et comment les enfants de Gemeaux, prenant trop à la lettre les conseils du maître, se heurtèrent parfois aux dures réalités d'une société encore rigoureusement hiérarchisée. Les parents empêchèrent les mésalliances qui tentèrent chacun des garçons auxquels on avait prêché la beauté du sentiment et de la nature. Cependant, le père n'usa jamais des rigueurs que les coutumes du siècle autorisaient ; il ne maria pas ses enfants contre leur gré et il fut heureux lorsque deux de ses fils eurent enfin la chance de rencontrer un amour que la raison approuvait.

D'autres points de l'histoire sociale sont aussi éclairés par les archives de Gemeaux. Nous apprenons comment un seigneur du XVIIIe siècle, resté fidèle à la terre, vivait sur son domaine, quelles carrières il pouvait choisir pour ses fils et quelles démarches il devait multiplier pour les obtenir. La vie des châtelains de Gemeaux pendant la Révolution, les péripéties qui leur firent perdre et retrouver leur fortune ne manquent pas non plus d'intérêt.

Enfin, si l'historien habitué à réfléchir sur l'évolution des idées et des mœurs peut trouver des renseignements utiles dans les lettres conservées à Gemeaux, les simples curieux d'aventures romanesques aimeront les récits où les enfants de l'avocat général racontent leurs amours naïves. Malgré la phraséologie de l'époque ils peuvent mieux nous toucher que les inventions de romanciers habiles, puisqu'ils furent profondément vécus et qu'il y eut bien de la sincérité dans les larmes que la mode du temps n'obligeait pas à dissimuler.

UNE FAMILLE BOURGUIGNONNE

CHAPITRE PREMIER

Le mariage de l'Avocat général

Quand il fut entré dans sa quarante-cinquième année, Charles-Catherine Loppin, avocat général honoraire au Parlement de Bourgogne et baron de Gemeaux, pensa qu'il avait peut-être atteint l'âge du mariage. Sa famille lui donnait certes le droit d'aspirer aux alliances les plus honorables. Les Loppin, connus depuis le XIVe siècle, remplissaient depuis le XVIe des charges à la Chambre des comptes et au Parlement de Bourgogne. Son père, Jean-Claude Loppin, y avait été conseiller; il avait acheté en 1711 la terre de Gemeaux et il était mort en 1739, pendant un voyage à Paris, au moment où il songeait à l'acquisition d'une charge plus importante dans la capitale. Sa mère, Magdeleine Bégon, était fille de Michel Bégon, seigneur de Montfermeil et de la Source, commissaire général de la marine, directeur de la compagnie des Indes et nièce d'un autre Michel Bégon, célèbre collectionneur qui avait été successivement intendant au Havre, en Amérique et à La Rochelle. Colbert avait épousé la cousine germaine de ces Bégon; le duc et la duchesse de Beauvilliers étaient venus signer au contrat de mariage de Jean-Claude Loppin avec Magdeleine Bégon. Par sa grand'mère maternelle, Catherine Guymont, Charles-Catherine se trouvait parent des Le Normant et sa petite cousine d'Étioles avait fait une singulière fortune. Une autre des ses cousines avait épousé un Séguier.

Cette brillante famille parisienne avait pourtant contribué à faire sortir Charles-Catherine de la voie où il s'était engagé d'abord et à retarder son établissement. En 1736, le jeune homme avait été reçu dans la charge d'avocat général au Parlement de Bourgogne; il était entré heureux et fier dans cette magistrature que ses ancêtres avaient honorée et dont il gardait encore jalousement les privilèges. Avec ardeur il avait argumenté le jour de sa réception sur le sujet *De donationibus ante nuptias*. Il aurait pu aisément choisir alors la fille d'un magistrat dijonnais et, comme son cousin Charles de Brosses, devenir un des personnages représentatifs de la capitale bourguignonne, magistrat respecté, curieux, pendant ses loisirs, de littérature et de philosophie. Cependant l'avocat général avait bien vite abandonné la robe rouge et seul un portrait, au château de Gemeaux, évoquait encore l'homme du Roi, au jeune visage et au somptueux vêtement d'écarlate. Les mouvements de son humeur susceptible l'avaient poussé à quitter Dijon après une querelle avec quelques collègues. Il avait été entraîné surtout par le désir de vivre à Paris, de profiter des relations que ses cousins riches et bien établis pouvaient lui procurer. Il se souvenait encore avec plaisir des années passées avec sa mère dans l'appartement de la rue Sainte-Apolline. Quelles sociétés exquises il avait

CHARLES-CATHERINE LOPPIN
BARON DE GEMEAUX
(Collections du Château de Gemeaux.)

fréquentées entre 1740 et 1750! Il avait pu voir encore sa grand'mère maternelle, Catherine Guymont, veuve de Michel Bégon, que Largillière avait peinte jadis dans tout l'éclat de sa beauté fraîche et brune; il avait badiné un peu avec sa jeune tante Jacqueline Bégon au doux visage de pastel alangui et avec sa cousine, la spirituelle marquise Séguier de Saint-Brisson. Il avait rencontré le duc de Nivernais et d'autres académiciens chez Mlle de Lubert de Meaux que Voltaire appelait *Muses et grâces*.

Cependant, ce séjour à Paris avait pris fin sans réaliser toutes les espérances de Charles-Catherine. Il n'avait pas obtenu la charge dans la finance qu'il avait désirée un moment. La vie était très difficile à Paris, même pour un célibataire, quand on avait seulement dix à douze mille livres de rentes, qu'on était obligé de soutenir un certain rang et de sortir en carrosse. Le baron de Gemeaux avait aussi beaucoup dépensé pour l'équipement de son jeune frère Neumaison, tué à Fontenoy. Malgré la frugalité des repas où il se contentait de bœuf bouilli et d'une entrée, il avait eu souvent de la peine à équilibrer son budget. Il n'avait pu, en ces conditions, assumer la charge d'un ménage.

Depuis 1750, l'ancien avocat général était revenu en Bourgogne, dans sa terre de Gemeaux. Il s'était occupé à restaurer, à embellir son château, à administrer ses domaines, perdant peu à peu ce goût de la société, si vif dans sa jeunesse. Il remplaçait la conversation par des correspondances régulières et détaillées avec de nombreux amis; les plus chers étaient le président de Brosses et l'abbé Legouz, un ecclésiastique aussi joyeux que l'ancien voyageur d'Italie. Le célibat ne pesait guère à Charles-Catherine;

il goûtait les libertés de cet état, en se distrayant parfois avec les filles du pays; il n'en sentait pas les inconvénients puisque sa mère veillait sur l'ordre intérieur de sa maison. Cependant, Mme de Gemeaux vieillissait; les saisons d'eau et de petit lait ne rétablissaient pas sa santé; en vain l'apothicaire Aimé Piron lui préparait des bouillons de vipères; en vain le père du poète exerçait sur elle son talent chirurgical, exigeant trois livres par coup de lancette, car elle était « dangereuse et difficile à la saignée (1) ». Mme de Gemeaux entrevoyait son déclin et elle pressait fort son fils de se marier. Tous les parents et amis de Charles-Catherine n'étaient-ils pas établis déjà, sauf naturellement l'abbé Legouz auquel l'habit ecclésiastique avait été imposé, malgré son humeur plus joyeuse qu'ascétique? Le Président de Brosses n'avait pas attendu longtemps après son retour d'Italie pour entrer dans l'état conjugal. Le demi-frère du baron de Gemeaux, Germain-Anne Loppin de Montmort, compagnon du Président de Brosses en Italie, avait hésité un peu plus. Cet homme méthodique, qui mettait la géométrie au-dessus de tout, avait classé par ordre d'importance les qualités qu'il demandait à sa future épouse : 1° caractère; 2° santé; 3° bien; 4° beauté; 5° naissance. Il avait fini sans doute par les trouver en la personne de Claude-Bernarde d'Espiard. Même les personnes de la famille, qui étaient restées célibataires, ne conseillaient pas à Charles-Catherine de suivre leur exemple. Le baron de Gemeaux recevait souvent des lettres de Mlle Jacqueline Bégon, une sœur de sa mère, de santé délicate, mais d'humeur

(1) Lettres d'Aimé Piron, apothicaire à Dijon, 17 novembre 1750 et 27 avril 1755.

spirituelle et vive qui demeurait à Paris aux Petites-Maisons, partageait son temps entre la dévotion et les remèdes. Mˡˡᵉ Bégon envoyait des pages de conseils sensés sur un ton de badinage à son neveu qu'elle appelait son compère; elle lui faisait un triste tableau de l'avenir qui l'attendait s'il persévérait dans le célibat : « Qu'est-ce que c'est que la vie d'un vieux garçon? Nous autres femmes, nous avons plus de ressources; on a toujours cherché à nous plaire et c'est un sentiment qu'on nous conserve même dans la vieillesse. Mais vous, que ferez-vous dans votre château, un jour à venir, environné de domestiques qui vous feront enrager, de paysans qui vous tyranniseront, de curés qui trouveront peut-être mauvais tout ce que vous ferez, et que sait-on s'ils auront tort (1) ? »

Charles-Catherine aurait peut-être tardé encore avant de changer de vie et d'éloigner un peu cette société paysanne trop envahissante, si l'occasion n'était pas venue à sa rencontre. A l'automne de l'an 1758, M. de Gemeaux et sa mère séjournèrent à Dijon chez le Président Loppin de Montmort qui avait hérité de l'hôtel paternel. Cette maison de famille, vaste logis au toit de tuiles somptueuses, aux lucarnes ornées de rinceaux sculptés, était située derrière la Sainte-Chapelle dijonnaise (2), merveille encore vivante alors; les fenêtres de l'hôtel donnaient sur le chevet gothique et sur la flèche qui traversait une triple couronne. La famille Loppin reçut, dans le vieil hôtel, la visite d'un cousin, l'abbé de Donnery, bon gros chanoine qui arrivait de Toul où il était vicaire général. Le cha-

(1) Lettre de Mˡˡᵉ Bégon, 12 décembre 1758.
2) Aujourd'hui derrière le théâtre, 2, rue Lamonnoye.

noine ne venait pas seul; une jeune nièce de vingt et
un ans l'accompagnait, cousine aussi des Gemeaux,
mais que ceux-ci ne connaissaient pas encore. Marie-
Françoise de Moulins avait eu une destinée assez
étrange. Elle appartenait à une très ancienne famille
du Poitou, mais des circonstances fâcheuses avaient
réduit ses parents à une telle pauvreté qu'ils ne pouvaient subvenir à l'entretien de leur fille et qu'ils
s'étaient trouvés trop heureux de la confier au bon
abbé de Donnery dont elle tenait le ménage. Le père
de Marie-Françoise, Louis de Moulins-Rochefort,
avait eu d'un premier mariage avec Mlle de Maridor,
une fille qu'il avait mariée pour son malheur et le
sien à « haut et puissant seigneur Gabriel-Honoré
Maynard, marquis de Toucheprès ». Celui-ci portait
pour armes trois porcs-épics de sable sur champ de
gueule et jamais armes ne furent plus parlantes. Le
soir de son mariage, le marquis de Toucheprès avait
signifié à sa jeune femme d'avoir à lui rendre les
bijoux qu'il lui avait donnés, parce qu'ils n'étaient
que loués et qu'il fallait les restituer au bijoutier.
Depuis, il la tenait enfermée à la campagne, loin de
toute sa famille avec laquelle il lui interdisait même
de correspondre. Il avait entrepris de ruiner son beau-
père, en lui faisant procès sur procès au sujet des
comptes de tutelle de sa fille.

Tandis que les malheureux parents de Rochefort
se débattaient à Paris au milieu des procès, l'abbé
de Donnery songea sans douté qu'un voyage à
Dijon auprès de ses cousins ne serait pas inutile à sa
nièce. L'idée du mariage ne fut pas longue à naître.
Mme de Gemeaux désirait tant voir l'établissement
de son fils et la petite cousine était si douce, si pré-
venante avec elle. La jeune fille pauvre trouvait en

son cousin un parti non pas opulent, mais inespéré
pour elle. Si l'oncle avait fait un calcul en venant à
Dijon, il semble bien que l'enfant se laissa aller aux
élans de la nature vive et impressionnable qu'elle
devait garder toujours; heureuse d'échapper à l'aus-
térité ecclésiastique et morose du grand vicariat de
Toul, elle s'éprit de ce cousin qui avait vingt-trois
ans de plus qu'elle, mais une belle prestance, un
esprit cultivé et fin qui l'éblouissait. Dans sa
franchise candide, elle ne crut pas nécessaire de
cacher le « commencement de goût » que lui inspirait
Charles-Catherine. Mlle Bégon remarqua dans les
lettres que lui envoyait la petite de Moulins, un
certain ton d'amitié et de tendresse, et elle écrivit
victorieusement à M. de Gemeaux : « Vous êtes
aimé mon compère et j'en suis moins étonnée que
touchée. »

Charles-Catherine hésita encore quelque temps
devant le bonheur qui s'offrait. La différence d'âge
n'était pas ce qui l'arrêtait le plus; il avouait : « Je ne
trouve pas de disproportion si grande pour l'âge, de
pareils mariages se font tous les jours. » S'il avait pu
voir un peu avant dans les années à venir, il y aurait
trouvé des exemples pour rassurer ses scrupules.
Lorsque le Président de Brosses se remaria en 1766, il
reçut à cinquante-sept ans une toute jeune fille d'un
beau-père moins âgé que lui et qu'il avait qualifié
autrefois de blanc-bec. Son frère, M. de Tournay,
devait faire mieux encore; âgé de soixante-six ans,
complètement sourd et faisant usage d'un cornet,
il épousa une jeune personne de dix-huit ans, uniquement pour le plaisir de déshériter ses neveux. La
destinée se réservait de le punir en le forçant de conduire au bal la jeune femme, mais au delà de minuit

le vieux mari n'y pouvant plus tenir, abandonnerait son épouse « à une parente d'âge mûr, pour danser à son gogo ». M. de Gemeaux n'en était pas encore là. A quarante-quatre ans, il s'apercevait qu'on pouvait être aimé encore. Mlle Bégon lui affirmait que cet âge était même un avantage offert à une jeune fille : « On est sûr du caractère, de la constance et de la solidité de l'attachement. » L'absence complète de dot de Mlle de Moulins était un obstacle plus sérieux, étant donné la médiocrité des revenus de M. de Gemeaux. Les amis et donneurs de conseils le lui faisaient observer. L'un d'eux lui écrivait : « L'essentiel, après le caractère, est d'apporter un certain bien, car voyez-vous, il ne faut pas imaginer qu'une fille qui n'en apporte pas se contente aisément des dépenses convenables qu'on lui accorde; malgré les discours modestes qu'on n'épargne pas avant le lien formé, quand ce sexe a les pieds dans l'étrier, il faut que le cheval galope et tous les discours sont oubliés. Ainsi je persiste à dire qu'il faut une dot raisonnable. Les femmes en sont par là plus économes et meilleures mères de famille (1). » La cousine de Saint-Brisson observait : « S'il venait des enfants, la dot de la mère est un peu courte. J'approuve fort qu'on ne s'inquiète point de l'avenir, mais si les enfants vont toujours de pis en pis, il faudra dire : « Heureuses les mères stériles et les mammelles qui n'ont point allaité (2). » Mlle Bégon, en revanche, toujours enthousiaste pour ce mariage, considérait l'absence de dot comme un avantage : « Il me semble que quelqu'un qui n'a rien, qui vous désire, qui est accoutumé à la vie de province, vous

____

(1) Extraits copiés par M. de Gemeaux, 16 décembre 1758.
(2) Lettre de Mlle Bégon, 1er juillet 1759.

convient mieux que quelqu'un qui vous apporterait
une dot et s'en prévaudrait pour mener une vie
d'amusement et de dépense. Savoir encore si vous la
trouveriez avec le goût que vous avez pour votre
château? Je vous connais et je suis persuadée du
plaisir que vous auriez à faire le bien de quelqu'un
qui le mériterait (1). » La vieille demoiselle cherche
les nuances les plus délicates pour peindre le bonheur
futur où la gratitude de la jeune femme viendra fortifier son amour : « Ah ! mon compère que la tendresse
jointe à la reconnaissance est un lien fort; c'est une
dette qu'on ne peut payer que par un attachement
éternel ! »

Des raisons plus personnelles faisaient encore
hésiter M. de Gemeaux. Bien qu'il eût un tempérament fort robuste qui devait le conduire jusqu'à
quatre-vingt-dix ans, il s'inquiétait souvent de sa
santé. Les saillies de sa bonne humeur bourguignonne n'empêchaient pas qu'il ne fût abattu certains jours par la mélancolie. Mˡˡᵉ Bégon le remet un
peu brusquement à sa place, quand il a trop gémi
sur ses malaises et ses douleurs : « Vous voulez un
remède pour votre rhumatisme. Mariez-vous; vous
n'y penserez plus. Vous savez mieux que moi que
c'est l'application que nous faisons à nos maux qui
nous les fait sentir. Si cela ne vous réussit pas,
mettez de la flanelle et faites-vous frotter d'importance (2). »

Peut-être Charles-Catherine était-il aussi gêné
encore par une paysanne nommée Philiberte qu'il
avait eue pour maîtresse quelques années auparavant. On trouve des allusions à cette attache dans

(1) Lettre de Mˡˡᵉ Bégon, 11 mars 1759.
(2) Lettre de Mˡˡᵉ Bégon, 8 juillet.

une correspondance de l'an 1754; rien ne permet cependant d'affirmer qu'elle durait encore lorsque Mlle de Moulins vint apporter à son cousin l'espoir d'un nouvel avenir. Mlle Bégon affirmait à son neveu qu'une âme sensible comme la sienne reconnaîtrait bientôt « que les nœuds les plus légitimes sont les plus doux ». Quelle que fût la cause principale des hésitations de Charles-Catherine, le résultat faillit en être fâcheux. La petite cousine était retournée à Toul avec l'abbé de Donnery; les lettres de la jeune fille devenaient aussi plus froides et plus guindées; elle s'efforçait de ne plus laisser paraître ses sentiments. Mlle Bégon observait : « Je vois sa contrainte et je l'approuve. La violence qu'elle s'est faite mérite que ma sœur la tire de presse... » L'hiver passa et le printemps. Pendant le mois de mai où Charles-Catherine se contenta de tourner éternellement ses mêmes idées « par un même pivot », un autre mariage eut le temps de se conclure entièrement, depuis les premières propositions jusqu'à la noce célébrée. Mlle Bégon annonce, le 6 mai 1759, qu'une de ses nièces, la petite du Noyer va se marier. Rien n'est encore signé, l'entrevue n'est point encore faite, mais les informations sont si bonnes que tout est décidé. Le 18 mai, c'est la demande en forme, et le 28 la cérémonie. Vrai mariage à la mode du siècle, celui-là, où les jeunes époux auxquels on n'avait pas donné le temps de réfléchir, eurent du reste la chance de s'adorer !

Tandis que M. de Gemeaux se perdait en des lenteurs assez rares à cette époque où l'on aimait à bâcler les affaires matrimoniales, Mlle Bégon recevait souvent M. et Mme de Rochefort, qui séjournaient alors à Paris à cause de leur procès. Ces malheu-

LE CHATEAU DE GEMEAUX
(*Façade méridionale.*)

reuses gens ne s'inquiétaient guère du mariage de leur fille qui tarda du reste à les informer de ses projets. Ils arrivaient à toute heure du jour chez Mlle Bégon, même au moment le plus critique, lorsqu'elle avait un remède dans le corps, mais jamais ils ne l'entretenaient d'un autre sujet que de leur éternel procès; la pauvre demoiselle réfléchissait qu'elle allait être « constipée pour un siècle » et elle essayait vainement de leur donner un mot de réconfort au sujet de ces débats embrouillés qui les obsédaient.

Mlle Bégon conseillait son neveu sur les préparatifs du mariage. Il était tout à fait superflu de faire de trop grandes dépenses pour les cadeaux. Mme de Gemeaux pouvait se contenter de donner à sa future belle-fille une montre, une petite bague en jarretière ou même sa tabatière d'or. Charles-Catherine aurait voulu offrir des dentelles à sa fiancée. D'après Mlle Bégon, la petite cousine pourra porter une cornette et des manchettes le jour du mariage, mais ensuite son âge n'admettrait que des blondes. Mlle Bégon, chargée de faire les achats à Paris, mit au carrosse une robe de chambre capitonnée pour son neveu, un couvre-pied, un manteau de lit et pour la mariée des doubles bracelets, des boucles de soulier, une petite bague et une boîte à mouches.

Dans les premiers jours de juillet 1759, Mlle de Moulins refit, avec son oncle, la route de Lorraine en Bourgogne qu'elle avait parcourue au mois de décembre. Elle ne venait plus pour découvrir un cousin inconnu mais pour retrouver celui qu'elle aimait. Elle apparut de nouveau petite, vive et potelée. Un corsage lacé s'ouvrait largement sur sa poitrine. On avait poudré ses cheveux bruns, si longs et si épais qu'il fallait faire exécuter sur commande, à Paris, les peignes dont elle se servait pour les démêler. Aux lourdes boucles blanches, se mêlaient des fleurs d'anémones. Elle n'osait pas encore se farder ; elle en prit l'habitude seulement après son mariage, sur les conseils de Charles-Catherine, malgré les avis de la vieille tante Bégon qui estimait le rouge seulement propre à gâter le teint. Un portrait datant de cette époque nous montre la petite baronne occupée studieusement à coudre sur un coussin une dentelle au lacet ; il nous a gardé l'image de sa figure encore ronde qui devait s'amaigrir plus tard et le sourire de ses grands yeux étonnés.

Le 18 juillet, la noce alla en carrosse de Dijon à Gemeaux. Charles-Catherine trouvait sa prétendue charmante ce qui ne l'empêcha pas d'avoir encore une hésitation au dernier moment et une crise de mélancolie : il n'avait jamais été heureux, il n'y avait pas de raison pour qu'il pût l'être désormais. Mlle Bégon envoyait ses dernières et plus pressantes exhortations ; Charles-Catherine ne pouvait pas garder plus longtemps sa future sous son toit sans l'épouser Le curé, jadis brouillé avec son seigneur, l'encourageait aussi à changer de vie ; il le regardait d'un œil moins rébarbatif sous sa perruque de chiendent et lui offrait de l'eau bénite lorsqu'il le rencontrait au bas de l'église.

Le 8 août 1759, le digne pasteur put enfin bénir, dans la chapelle du château, cette union tant de fois retardée et qui devait être si heureuse. Charles-Catherine, en effet, avait tort de craindre. Malgré les erreurs du passé, malgré les soucis et les chagrins que pouvaient apporter certaines années d'avenir,

une tendresse serait à côté de lui qui ne connaîtrait
pas la lassitude, un dévouement qui s'efforcerait,
sans y manquer jamais, de l'assister et de lui
plaire et lui deviendrait plus indispensable chaque
jour.

CHAPITRE II

Les Seigneurs de Gemeaux.

La route de Dijon à Langres, qui conduisit Mlle de
Moulins à sa nouvelle demeure, traverse une plaine
aux ondulations profondes, bornée au couchant par
les collines sombres de la Montagne bourguignonne.
Les champs qu'envahissent aujourd'hui les hautes
perches des houblonnières étaient alors recouverts
par le hérissement régulier des échalas et des ceps
de vigne, richesse du pays disparue depuis cinquante
ans. Quand on a parcouru plus de quatre lieues
depuis les portes de Dijon, on voit se dresser au nord
un éperon rocheux où s'accrochent les maisons grises
du village de Gemeaux, les vieux toits de lave,
pierres plates qui, de loin, paraissent veloutées et
que domine le clocher carré de l'église. De l'ancien
château-fort à donjon et quatre tours que Guillaume
de Grancey avait fait bâtir au XIIIe siècle autour de
l'église, il ne reste plus que des pans de murs sur-
montant la roche à pic et un logis où Charles IX
coucha le 18 mai 1564. Charles-Catherine fit démolir
en 1740 une partie des murailles et la dernière tour
qui menaçait ruine. Il n'habita jamais le vieux
château mais une autre demeure claire et blanche,
placée plus bas dans la plaine et dont on aperçoit

toujours entre les tilleuls, les grands toits aux losanges de tuiles vernissées. Lorsque Jean-Claude Loppin avait acheté, en 1711, la terre de Gemeaux, le château neuf existait déjà, construit au xviie siècle par l'un des précédents seigneurs. C'était une bâtisse carrée, d'extérieur assez simple. Quand Charles-Catherine reçut Mlle de Moulins, il put lui montrer les heureux résultats des travaux qu'il faisait exécuter depuis dix ans par son architecte Verniquet. Quatre pavillons à terrasses surmontées de balustres et de pots à feu donnaient à l'ancienne maison une élégance originale que l'on admire encore. Les grilles du parc paraissaient fraîchement peintes en vert, leurs lances d'étain étincelaient au soleil; les girouettes dorées toutes neuves tournaient sur le faîte.

M. de Gemeaux se réjouissait autant des améliorations qu'il avait ajoutées au jardin; il regardait avec complaisance les tilleuls qu'il venait de planter, les plates-bandes entourées de buis, les vases de pierre qui lui avaient été fournis par le frère du Président de Brosses. Depuis dix-neuf ans, le baron de Gemeaux et le jardinier Latour exécutaient les conditions d'un contrat conclu en 1740. Latour recevait le logement, seize mesures de blé, seize mesures d'orge, deux pintes de sel, une ouvrée de bois, le surplus des légumes et des fruits et vingt-cinq livres. En échange, il ratissait les allées jusqu'à ce que le sable fût complètement uni, il taillait les arbres et les buis, cultivait les légumes, prenant un soin particulier des asperges et des artichauts, des melons et des concombres; il entourait les carrés du potager avec des herbes odoriférantes : thym, sauge, lavande, romarin ou marjolaine; il faisait pousser dans les parterres des tulipes, des jacinthes et des narcisses, des oreilles d'ours et des trinitaires, des balsamines, des tourne-midis et des giroflées. A l'intérieur du château, Mlle de Moulins put admirer le bel escalier de pierre blanche à double volée, le plafond de la grande salle aux épaisses solives, aux pendentifs dorés. Les réparations n'étaient pas entièrement terminées. Dans le salon on remplaçait les anciens cuirs de Cordoue trop usés par de belles boiseries à rocailles dont le chevalier de Brosses avait donné le dessin. Pour la jeune châtelaine on devait peindre une chambre avec des nuances fort discrètes : gris bleuâtre rechampi d'un bleu verdâtre; la chambre de damas qui était voisine fut peinte avec un jaune citron rechampi en jaune lilas. La demeure charmante et fraîchement décorée accueillait la maîtresse de maison qui devait la remplir de sa jeune activité !

C'était tout un petit monde alors qu'une seigneurie rurale. Les châtelains, qui y résidaient et s'occupaient sérieusement de leurs terres et de leurs gens, avaient une vie fort remplie. Si nous regardons tous les livres de comptes écrits de sa main, les liasses considérables des correspondances échangées avec des hommes d'affaires, nous nous rendons compte que l'ancien avocat général eut à partir de 1740 jusqu'à sa mort une existence extrêmement laborieuse.

Charles-Catherine veillait avec soin sur la perception de ses revenus : les seigneuries de Gemeaux, de Pichange et de Neumaison étaient louées à bail à des fermiers; elles rapportaient 3.340 livres par an; les fermiers donnaient en plus une chaudière de braise à chaque cuisson de pain. Des redevances en grain, en vin et en argent étaient dues par ceux qui possédaient des terres chargées de cens ou de dîmes.

Le baron de Gemeaux recueillait ainsi 178 livres pour les cens, 160 livres pour les dîmes de grain et de vin; 476 livres étaient produites par le droit de clergie qui contraignait chaque habitant de Gemeaux à fournir une poule et une mesure d'avoine. Il fallait encore compter : les coupes de bois de la Charme : 510 livres, les fours banaux : 900 livres, le greffe et les amendes de la justice : 132 livres, les droits de foires et marchés : 50 livres, le moulin de Venarde : 145 livres. Le droit de tuerie, malgré son nom sanguinaire, donnait au seigneur seulement la faculté de percevoir toutes les langues de bœufs et vaches que les bouchers de Gemeaux tuaient, avec un blanc de tripe pour chaque bête. Aux 8.156 livres produites par ses domaines ruraux, le seigneur de Gemeaux pouvait ajouter trois à quatre mille livres de rentes, provenant de contrats sur l'État et sur des particuliers. Les 12.000 livres de revenu s'élevèrent peu à peu jusqu'à 15.000, grâce à la bonne administration de Charles-Catherine.

Le seigneur ne récoltait pas que des bénéfices, il supportait aussi bien des charges. Il payait une redevance de 311 livres 10 sols aux Bénédictins de Dijon, une autre de 250 livres aux capucins d'Is-sur-Tille qui envoyaient un chapelain dire la messe chaque dimanche au château. Il est vrai que le bon père, après sa messe, savait encore se rendre utile en rasant le crâne de son seigneur qui portait perruque. Le baron de Gemeaux fournissait les gages des officiers locaux : le juge, le greffier, le maire, le prévôt, le gruyer qui gardait les bois, les deux huissiers ou sergents qui portaient les exploits et faisaient les saisies. Il devait réparer à ses frais les halles et les fours banaux.

MARIE-FRANÇOISE DE MOULINS
BARONNE DE GEMEAUX
(Archives du château de Gemeaux.)

L'administration du village coûtait au seigneur autant de peine que d'argent. Charles-Catherine était juste et serviable, mais il ne renonçait pas à ses prérogatives. Les Gémellois de leur côté tenaient à leurs anciennes libertés, ils avaient le droit de s'assembler, de nommer le maître d'école, les échevins, le procureur fiscal, de faire certaines ordonnances. Si le seigneur et les habitants vivaient généralement en bonne intelligence, ils ne purent cependant éviter quelques conflits. En 1755, les habitants de Gemeaux voulurent renvoyer le maître d'école Strophe qui avait cessé de leur plaire; le baron qui le protégeait s'y opposa; les Gémellois, encouragés par le notaire Chauvot en appelèrent à l'intendant qui les soutint et leur fit remporter la victoire. En 1775, Charles-Catherine s'engagea dans une autre série de procès à propos des fours banaux. Les habitants de Gemeaux devaient apporter leur pain à cuire dans les fours du seigneur. Seuls, quelques bourgeois pouvaient conserver chez eux des fours à pâtisserie. Joseph Petit, écuyer, capitaine d'infanterie, qui avait une maison de campagne à Gemeaux, possédait un de ces fours. Il se vanta publiquement de cuire du pain avec des brioches. Tous les bourgeois : avocats, greffiers, négociants qui avaient des fours à pâtisserie, formèrent une ligue contre le seigneur qui voulait faire respecter son droit. Cette fois, le baron de Gemeaux l'emporta et le four de Joseph Petit fut démoli en grande solennité. Ce n'est pas avec les plus pauvres habitants dont il était le protecteur charitable, que Charles-Catherine eut en général des difficultés, mais plutôt avec ces nombreux et susceptibles bourgeois qui résidaient à Gemeaux ou qui venaient passer la saison d'été dans quelqu'une des charmantes maisons dont nous pouvons admirer encore la tourelle héritée du moyen âge, l'escalier à vis, les croisées à meneaux ou bien la grille Louis XVI et les fenêtres à petits carreaux.

En sa qualité d'imposé qui ne tenait pas à payer à l'État une somme exagérée et de parlementaire qui défendait vigoureusement les droits de son corps, Charles-Catherine partait fréquemment en guerre contre l'intendant et contre les Élus qui taxaient son revenu d'une manière exagérée. Ces représentants des États de Bourgogne avaient en horreur la puissance du Parlement rivale de la leur et ils ne manquaient pas une occasion de molester les magistrats. M. de Gemeaux trouvait très amer d'avoir à verser 400 livres au receveur des vingtièmes; on ne lui faisait grâce de rien dans l'évaluation de ses revenus, ni des poules, ni des langues de bœuf, ni des chaudières de braise ardente. Il demandait des consultations et des avis juridiques au Président de Brosses et il lui confiait son irritation contre les animaux qui osaient usurper un ton réservé aux seuls et vrais législateurs de la province (1).

Le gouvernement de la maison était presque aussi compliqué que celui de la seigneurie, mais là, Marie-Françoise apportait à son mari une aide précieuse. Alors que Charles-Catherine travaillait dans un calme méthodique interrompu seulement par quelques accès d'irritation ou de mélancolie, la jeune châtelaine transportait du haut en bas de la maison sa vivacité joyeuse et tourbillonnante; elle courait si vite qu'elle tombait dans les grands escaliers de pierre. Elle était élégante, se commandait à Dijon,

(1) Lettre de Charles-Catherine de Gemeaux au Président de Brosses, du 20 août 1755.

chez les sœurs Maréchal, des coiffes de blonde avec
barbes, des mules de maroquin et de droguet blanc,
mais elle se montrait plus encore active et pratique,
participant elle-même aux soins ménagers.

Il fallait assurer le ravitaillement de la famille
qui se développa, des domestiques toujours au moins
au nombre de seize, des hôtes qui venaient fréquemment. Le grain des redevances servait à faire le
pain qui était cuit à la maison; dans les livres de
dépenses ménagères nous voyons pourtant quelquefois mentionné l'achat d'une livre de pain blanc à
3 sous. On pouvait compter sur les blancs de tripes
et sur les poules des censitaires. La basse-cour du
château était garnie en poulets et en dindons; le
petit cahier de dépenses nous apprend aussi qu'on
achetait au village des œufs à 10 sous la douzaine.
Les vaches du château ne fournissaient pas suffisamment de lait et de beurre; sur le cahier, on voit inscrit encore : beurre à 12 sous la livre. Si Mᵐᵉ de
Gemeaux avait peu de rapports avec Latour le
jardinier et Edme Lechat le garde-champêtre, elle
renouvelait ses recommandations instantes à Sergent
le cuisinier; celui-ci réussissait à merveille les dindes
en daube, les longes de veau à la braise et les tourtes
de pommes.

La maîtresse de maison veillait sur le peuple des
servantes. Elle fut aidée à ses débuts par deux femmes
qui demeuraient depuis longtemps dans la maison :
Mˡˡᵉ Montoy la femme de charge et Mˡˡᵉ Mallet la
femme de chambre de sa belle-mère. La demoiselle
Mallet, brave fille dévouée à ses maîtres, avait une
imagination toute romanesque qui lui attira des
mésaventures. Dans sa jeunesse, elle avait eu un
enfant d'un conseiller au Parlement nommé Le Mulier;

Charles-Catherine avait obtenu que le séducteur fît une pension. Plus tard, mûrie par les ans, mais toujours aussi sentimentale, elle s'était éprise de l'architecte Verniquet qui faisait de longs séjours au château pendant les transformations des bâtiments. A plusieurs reprises, Charles-Catherine et sa mère intervinrent auprès de l'architecte, en lui demandant pourquoi il n'épousait pas la demoiselle Mallet et lui donnait de faux espoirs. Ils lui remontrèrent que depuis sept ans, il faisait l'amour le plus long et le plus fastidieux possible à une pauvre fille qui le valait bien. M. de Gemeaux demanda même à son notaire d'établir un contrat de mariage. Mais Verniquet trouvait toujours des échappatoires; tantôt il déclarait qu'il était trop pauvre pour s'établir, qu'il avait des arpentages à faire au loin dans sa province, tantôt il affirmait qu'un voyage en Italie était nécessaire à son art, tantôt il se plaignait d'être malade et de ne pas sortir des remèdes. Chaque fois que l'architecte s'éloignait, la demoiselle Mallet voyait redoubler son chagrin; les gens se moquaient d'elle; à tous les courriers qui arrivaient, ils lui demandaient si elle n'avait pas une lettre de son infidèle. Ainsi ballottée et toujours inconsolable, en l'année 1762, la demoiselle Mallet mourut de chagrin et d'hydropisie. Combien d'autres noms de servantes pourrions-nous énumérer, noms de famille ou diminutifs de celles qui vieillirent dans la maison : Tournois qui était à la cuisine, la bonne femme de chambre Taitot, la Mochot qui, pendant quarante ans, garda les dindons, Mirette, Nanette, Marraine qui travaillaient à la lingerie ! Pendant une partie du jour, elles courbaient sur leur ouvrage leur coiffe aux barbes tuyautées, recouvrant le quart d'un drap usagé avec de gigantesques reprises en fil plat qui recréaient un tissu plus fin et plus régulier encore que la toile primitive. L'animation domestique augmentait lorsque les seize femmes de lessive, payées chacune douze sous la journée, revenaient de la fontaine sous la Roche, portant sur leur tête et sur leurs épaules les charges lourdes de linge mouillé.

Charles-Catherine et sa femme ne recherchaient pas seulement le bien être des leurs, ils étaient toujours prêts à rendre service. Combien de fois l'ancien avocat général donna-t-il des recommandations, des consultations juridiques ! Une famille voulait faire entrer son fils au séminaire, une autre désirait expédier aux colonies le sien qui était un chenapan, elles demandaient à l'ancien magistrat son avis judicieux (1).

La tradition charitable avait toujours été bien établie chez les Loppin ; ils avaient fait, au XVIe siècle, de généreuses fondations à l'hospice de Beaune ; l'une d'entre elles était destinée à fournir un bon repas aux pauvres de l'Hôtel-Dieu, le jour de la Présentation Notre-Dame. On y servait un rôti de porc, et comme en Bourgogne la malice ne perd jamais ses droits, on avait appelé cette fondation la « fondation des cochons (2) ». Le conseiller Jean-Claude versait chaque année une partie de ses revenus dans le « sac des charités ». Chaque semaine, Marie-Françoise distribuait vingt-huit douzaines d'œufs aux pauvres du village. Elle taillait, pour des enfants orphelines, des chemises dans de vieux draps et des mouchoirs dans de vieilles chemises. Elle visitait

(1) Lettres Bolet.
(2) Mémoire généalogique sur la famille Loppin.

les malades elle-même. Longtemps elle soigna une dentellière qu'elle avait fait venir de Toul pour apprendre aux filles du pays à exercer son industrie et qui se cassa la cuisse. Une autre malheureuse créature excita sa pitié; elle lui portait des draps, du vin, des chemises et rédigea sur ce triste cas une petite note tendrement adressée à son mari :

« A mon ami, »

« Nous avons ici un homme nommé Robin dont la femme est impotente depuis environ six mois d'un lait épanché, dit-on, âgée de trente-quatre ans. Cela est pauvre comme Job, est couché sur la paille, ayant à peine un coffre, point de linge. Le mari vigneron sort dès le matin, ne revient que le plus tard qu'il peut. Cette malheureuse reste avec une fille de six ans qui est gentille, mais hors d'état de soulager en rien sa malheureuse mère qui n'a pas le mouvement de se retirer dans son lit... des plaies dessous les jambes très profondes, ces mêmes jambes relevées sous les reins... »

Pour soigner ses malades : domestiques et pauvres du village, Mme de Gemeaux trouvait un grand secours chez le chirurgien-apothicaire Rouget. Le digne homme parcourait plusieurs fois par semaine les deux lieues qui séparaient Chaignay de Gemeaux; il venait purger le garde-chasse et le petit Dodo, il apportait quelques onces de manne pour Marraine, pour Bichette, pour Mirette; il faisait vomir la jardinière ou il lui distribuait des gouttes anodines; il saignait Reine au pied, il couvrait de pommade les galeux et les dartreux, il s'en allait jusqu'à Pichange afin de panser la main d'une femme piquée par un reptile ou le poignet d'un homme mordu par un cochon; il donnait des contre-vers à M. l'abbé, précep-

teur des enfants, et sur la recommandation instante
de Mme de Gemeaux, il n'oubliait pas le clystère
de Grosclaude. M. et Mme de Gemeaux acquittaient
à la fin de l'année les mémoires fantastiques de
Rouget, vrais mémoires d'apothicaire, où il réclamait une livre dix sous pour une purgation; ils
savaient ce qu'il leur en coûtait pour avoir fait saigner, scarifier et médicamenter à leurs frais tous les
domestiques et tous les villageois.

Nous verrons plus tard Marie-Françoise de
Gemeaux dans son rôle de mère, mais nous pouvons
fixer déjà son image de maîtresse de maison active
et charitable. Elle se glisse dans le souterrain qui
conduit à la cuisine et répète à Sergent sa recommandation favorite : « Surtout, de bon bouillon »
ou bien, vêtue de son mantelet bordé de fourrure,
la tête coiffée d'une petite capote, elle grimpe le
chemin qui monte vers l'église, suivie d'une servante
qui porte les œufs des pauvres.

L'activité pratique de Marie-Françoise ne s'arrêtait jamais; celle de son mari était interrompue par
les soucis que lui causait sa santé et par le goût qu'il
avait des choses intellectuelles. Nous l'avons déjà
vu, avant son mariage, mélancolique et attentif à
ses moindres malaises. Ce travers ne quitta jamais
cet homme travailleur et spirituel; il eut tout le
temps de s'augmenter au cours d'une très longue
vieillesse. Charles-Catherine ne se contentait pas
des pilules de Rouget, il écrivait aux docteurs Hoin
et Dechaux pour leur expliquer ses indispositions
et ses fatigues : digestions lentes, pénibles, points
de côté, chaleurs à la tête qui l'obligeaient d'ôter sa
perruque, petits frissons coulant jusqu'aux pieds
et jusqu'aux mains; vers l'approche de la fin de

la digestion, beaucoup de bâillements, quelques larmes (1).

M. de Gemeaux se distrayait de ses préoccupations en passant dans sa bibliothèque. Il lui prenait envie parfois de relire les auteurs du XVIIe siècle pour discuter avec le Président de Brosses qui tenait absolument à établir la suprématie de Corneille. Il se retrempait aussi dans les classiques anciens, afin de répondre au spirituel Président dans la langue de Cicéron, quand celui-ci l'attaquait en latin. Les fabulistes avaient ses préférences depuis Ésope jusqu'à La Fontaine. Il ne dédaignait ni l'histoire ni la littérature étrangère, puisqu'il pouvait prendre sur ses rayons l'*Histoire* du cardinal Mazarin, l'*Histoire des Juifs* par Arnaud d'Andilly et les *Nouvelles* de Michel Cervantès. Mais les lectures toujours passionnantes n'étaient-elles par fournies par ces écrivains dont il était amoureux fou au dire du Président de Brosses? La *Lettre sur les aveugles* était placée sur les rayons à côté de *Zadig, histoire orientale*. Le baron de Gemeaux suppliait son ami le Président de lui apporter bien vite la première édition du *Dictionnaire philosophique* (2) et il goûtait également cet autre cerveau brûlé de Jean-Jacques (3). Il prenait plaisir à commander des livres nouveaux chez le libraire Marchenoir, à Paris, et à réunir en liasse toutes les feuilles volantes qui arrivaient au château : fascicules de l'*Encyclopédie, Gazette, Mercure de France, Journal des Savants*. Le seigneur de Gemeaux se faisait une réputation de philosophe. Plus d'une fois, et notamment dans l'éducation

(1) Note de M. de Gemeaux au docteur Dechaux, 1760.
(2) Lettre du Président de Brosses, du 31 décembre 1764.
(3) Lettre du Président de Brosses, du 4 janvier 1759.

EMILIEN LOP[...]E NEUMAISON
(*Archives du château de Gemeaux.*)

de ses enfants, il appliqua les idées du jour. Leur était-il entièrement gagné? C'est peu probable, car il tenait fermement à ses droits féodaux et tous les ans il faisait venir à Gemeaux son vénérable ami l'abbé Roux, curé d'Avosnes, pour qu'il le communiât avec toute sa famille. Comme beaucoup d'honnêtes gens de son époque, il aimait les idées présentées avec éclat et ne devait découvrir que plus tard leur contradiction avec sa vie.

CHAPITRE III

Une éducation à la Jean=Jacques

Pendant les années qui suivirent son mariage, Charles-Catherine se félicita souvent d'avoir évité l'isolement en suivant les conseils de Jacqueline Bégon. La mort, en effet, fit disparaître plusieurs témoins de sa jeunesse. Sa mère d'abord, si malade déjà au moment des noces, s'éteignit en 1761. En 1765, c'était l'abbé Legouz, le camarade de collège; en 1767, le frère aîné, Germain-Anne Lopin de Montmort, qui s'en allaient à leur tour. Marie-Françoise fut aussi éprouvée; elle vit la triste fin d'existence de ses parents. M. de Rochefort mourut en 1762, désespéré par son procès perdu, complètement ruiné par son gendre, M. de Toucheprès. Mme de Rochefort, heureuse d'avoir bien mariée sa fille aînée, était inquiète de ses deux autres enfants : sa plus jeune fille, Mlle de Brisay, pensionnaire aux Ursulines de Blois n'était pas encore établie; la pauvre enfant avait une éducation bien austère, sous la direction d'une vieille parente, religieuse, prodigue en sermons; la bonne sœur envoyait des homélies, même à Marie-Françoise, la suppliant de conserver une sainte et salutaire défiance vis-à-vis des objets misérables que les autres jeunes dames s'efforceraient de lui faire aimer et de garder sous l'extérieur d'une Hébée, la piété d'une Thècle et la pudeur de Suzanne. Mlle de Brisay avait considéré comme des événements miraculeux la nouvelle du mariage de son aînée et la réception d'un coffret à bijoux que lui avait envoyé son beau-frère. Quelle sensation exquise pour une pensionnaire pauvre, d'agrafer sur ses bras maigres des bracelets froids et brillants ! La jeune fille oubliait sa position précaire, mais la mère, au déclin, ne pouvait s'empêcher d'y songer.

Mme de Rochefort avait souffert bien davantage de son fils, Louis. La conduite dérangée de ce garçon, un mauvais mariage qu'il avait voulu faire et pour lequel il avait quitté le service de mer où il était employé, avaient obligé ses parents, en 1759, à demander une lettre de cachet pour le faire mettre au couvent de Saint-Venant, près d'Arras. Après la mort de M. de Rochefort, la compatissante Marie-Françoise voulut adoucir le sort de son frère; elle pria son mari de voir si on ne pourrait pas délivrer le malheureux. M. de Gemeaux déclarait lui-même : « Depuis la mort de son père et dans les circonstances des choses, il est devenu nécessaire qu'on aille s'éclaircir de son état, pour juger si l'on pourrait lui rendre sa liberté ou s'il faut le retenir encore dans cette maison (1). » On ne put rendre Louis de Rochefort à la liberté; les suites de sa mauvaise conduite, le chagrin que lui causait sa détention l'avaient rendu fou; il fut transféré de Saint-Venant à Charenton; Mme de Rochefort mourut à Gemeaux après avoir vendu toutes ses terres et sans avoir revu son fils.

(1) Lettre de Charles-Catherine de Gemeaux à Mlle Mallet 10 juin 1762.

De toute la génration antérieure, Jacqueline Bégon était la dernière survivante. Les tableaux dans la grande salle rappelaient seuls les défunts : le conseiller Jean-Claude et son ample perruque, le jeune mort de Fontenoy harnaché pour la guerre, le président de Montmort au sourire figé, l'abbé de Donnery, qui n'existait plus que sur la toile, rubicond et bien en chair, tortillant son camail entre ses doigts et clignant de ses yeux fureteurs. S'il était resté célibataire, Charles-Catherine aurait senti peser sur lui uniquement le froid et l'oppression de la mort, mais grâce à la postérité nombreuse que lui donna Marie-Françoise, une jeune vie montante emplit de nouveau la maison. Pendant plusieurs années, les naissances se succédèrent presque sans interruption. La première grossesse ne se fit pas attendre. Deux mois après le mariage, Mlle Bégon envoyait à son neveu des compliments et elle le plaisantait sur la future naissance : « Je suis contente que la grossesse de ma nièce devienne plus douce. Il me semble que je vous vois, mon compère, à ce grand jour ; vous taperez du pied, vous lèverez les yeux au ciel et vous vous trouverez malheureux de voir souffrir. Il faut vous y attendre et vous y préparer d'avance. Qu'est-ce qui donnera la layette ? Tout cela me chicane, et je vois que votre dépense va un train de chasse (1). »

Ce premier enfant, une petite fille venue au monde en 1760 ne vécut pas. En 1761, naquit Charles-Élisabeth, auquel on donna le nom de Preigney, fief possédé par M. de Gemeaux. Voilà comment Marie-Françoise résume ses impressions de jeune mère, en

_____

(1) Lettre de Mlle Bégon, 27 décembre 1759.

écrivant à Mme de Rochefort : « Notre cher enfant est toujours bien portant. Sa force m'inquiète, car je ne craindrais que davantage les plus petits échecs. Jusqu'à présent, il est réellement très drôle. Son père s'en amuse. Il semble entendre la plaisanterie; quand il s'amuse avec quelque chose qu'on lui ôte, il regarde la physionomie et s'il voit que l'on rit, il en fait autant et si longtemps que l'on veut. Cela va même jusqu'aux tétons de sa nourrice; quand il a bien envie de l'avoir, je lui ôte (1). » En 1762, nouvel accouchement, très heureux. Le docteur Dechaux envoie ses félicitations : « Mille compliments d'allé-gresse à cette digne dame. Accoucher sans chi-rurgien, quel courage, et d'un fils, quelle attention pour son cher mari (2) »! Ce deuxième fils fut appelé Germain-Anne Loppin de Pichange (3). Cet enfant se montra caressant, mais délicat; il souffrait de coliques terribles qui le faisaient crier jour et nuit. Il eut du malheur avec sa nourrice pendant un voyage que ses parents furent obligés de faire à Paris; cette femme avait le sein ulcéré, l'enfant ne tirait que du sang. Le docteur Dechaux changea la nourrice et purgea le petit avec du sirop de chicorée. Élisabeth, qui commençait à marcher, était épou-vanté par les cris de son cadet; il en devenait tout blanc et baisait les yeux ouverts de son frère; le petit aîné montrait ainsi une sensibilité précoce et tou-chante qui s'alliait bien avec le ruban noir, insigne de deuil attaché sur sa robe, en mémoire des pauvres

(1) Lettre de Mme de Gemeaux à Mme de Rochefort, sep-tembre 1762.
(2) Lettre du docteur Dechaux, 9 novembre 1762.
(3) Charles-Catherine était seigneur en partie du village de Pichange, voisin de Gemeaux.

grands-parents décédés. Le troisième garçon : Michel-François dit le Chevalier naquit en 1764 ; le quatrième, Emilien, venu en 1766, fut appelé aussi Neumaison, en mémoire de l'oncle mort à Fontenoy. Les amis des Gemeaux étaient ébahis par toute cette arrivée de garçons ; le Président de Brosses qui n'avait qu'un héritier, et en désirait vainement un autre, leur écrivait : « Vous vous entendez tous les deux à merveille à faire des garçons. Vous devriez bien un jour à vos moments de loisir, m'en faire entre vous deux un pour moi (1). » Mlle de Lubert de Meaux, qui restait célibataire pour s'occuper de littérature, montrait beaucoup moins d'enthousiasme : « Je vous fais, disait-elle, et à Mme de Gemeaux, mon compliment sur son heureux accouchement. J'avoue que j'en trouve le nombre bien long. Un de nos parents avait trois garçons qui dans une année usèrent quarante-huit culottes, le reste à proportion. N'allez point me dire : j'enverrai les nôtres en Écosse parce qu'on n'en met point (2). » Les filles vinrent ensuite ; Pauline naquit en 1767 et Henriette en 1774.

M. de Gemeaux voulut donner à ses enfants une éducation aussi conforme que possible aux principes de Rousseau, il n'épargna pour cela ni son temps, ni sa peine. Jamais il ne permit que les nouveaux-nés fussent envoyés en nourrice loin du toit paternel ; on soigna beaucoup leur éducation physique. Les petits Émile, ainsi que les appelait le Président de Brosses ne furent pas liés dans leur berceau où on les laissa gigoter tout à leur aise. Plus tard on les envoya courir bras et jambes nus dans le jardin et sur les pelouses de la Charme. Un règlement rédigé

(1) Lettre du Président de Brosses, 1764.
(2) Lettre de Mlle de Lubert de Meaux, 18 février 1766.

par M. de Gemeaux en 1768 « sur la manière qu'il faut gouverner M. de Preigney », lorsque le petit Charles-Elisabeth fut envoyé à Paris faire un séjour chez Mlle Bégon, nous montre la minutie de la sollicitude paternelle : « La première chose à faire le matin lorsqu'il est éveillé, c'est de le faire baigner dans un grand baquet avec de l'eau froide, lui bien frotter la nuque du col dans le bain ainsi que les autres parties du corps, l'en retirer après l'opération, le bien essuyer ensuite, puis le couvrir en le faisant mettre dans son lit où il dit ses prières en français. Lorsque les prières sont finies, on lui fait prendre la valeur d'un grand gobelet de bouillon gras. On procède ensuite à sa toilette qui consiste à le peigner à fond avec bien du ménagement, le poudrer, pommader et lui faire une boucle sur le doigt. C'est dans ce temps qu'il faut lui frotter le derrière des oreilles avec un petit linge sec, puis les lui nettoyer avec de l'eau fraîche et un linge très fin qu'on roule et lui passe dans le tuyau au lieu de cure-oreille. La toilette finie, il faut lui laver les yeux avec de l'eau froide et lui en faire renifler, puis lui laver les dents, ne pas oublier de lui mettre avec un petit linge de l'eau-de-vie de lavande derrière les oreilles. C'est pendant sa toilette qu'il apprend son catéchisme. Cette leçon est de trois demandes lorsqu'elles sont courtes. Après avoir fait tout ce qui vient d'être expliqué, il faut faire déjeuner M. de Preigney avec une trempée de moitié eau-vin et du sucre ou autre chose qui pourrait lui faire plaisir. Pour le dîner, ce sera de la soupe au bouillon gras, du bœuf et ce qui se trouvera ; pour le goûter, du pain avec des confitures ou peu de fruits parfaitement mûrs ; pour le souper un grand gobelet de bouillon gras avec deux œufs accommodés de la

CHARLES-ELISABETH LOPPIN DE PREIGNEY
(Archives du château de Gemeaux.)

façon qu'il le désirera. Jamais de laitage. Pour le coucher il dira les mêmes prières que celles du matin. Après ses prières on lui lave les pieds dans une jatte d'eau froide et on les lui essuie parfaitement. La toilette du soir, c'est deux papillons de chaque côté de la tête, des bandeaux attachés avec des épingles qui retroussent les cheveux sans bonnet. Tous les soirs on lui met une chemise qui sert pour la journée et on lui demande avant de se coucher s'il n'a pas quelques besoins. Quant au lit, autant qu'il est possible, il faut qu'il couche sur le matelas. Point de couverture que le simple drap et seulement un couvre-pieds à moitié des jambes; s'il fait froid, un oreiller sur les pieds. Après qu'il est couché on lui lit lentement et distinctement un article du catéchisme. » Les bains de pieds froids, les courses bras nus ne réussirent du reste pas toujours très bien au pauvre Preïgney. A l'âge de douze ans, il fut pris de palpitations qui l'empêchèrent de courir avec ses frères, il crachait et il avait un point dans le côté. M. de Gemeaux chercha dans le *Dictionnaire de santé* le mot *palpitation* il écrivit au docteur Dechaux une lettre où il décrivait les symptômes du petit malade; il terminait par ces mots : « La tendre maman ajoute et elle a raison, qu'on doit vous rappeler que l'enfant a le teint un peu basané, crachant beaucoup, ce qui indique un tempérament flegmatique et pituiteux (1). »

Quand les enfants eurent un peu grandi, Charles-Catherine ne voulut pas non plus se séparer d'eux en les mettant au collège. Il avait conservé lui-même un triste souvenir des années qu'il avait passées à Paris,

(1) Minute d'une lettre de M. Gémeaux au docteur Dechaux, 1773.

au collège des Jésuites, rue Saint-Jacques; il s'y était tellement étiolé que, lorsque sa grand'mère Bégon venait le voir, on lui mettait du rouge sur les joues pour dissimuler sa mauvaise mine. Il gardait dans ses archives la petite lettre désolée qu'il avait écrite à son père, le conseiller Jean-Claude, le lendemain de son arrivée chez les Jésuites :

« Monsieur et très cher père, »

« J'entrai au collège lundi quatorze. Depuis que j'y suis, je ne fais que pleurer et me désespérer nuit et jour. Le seul plaisir que je trouve dans cette maison qui est une vraie prison pour moi est de pleurer. Je ne peux point du tout m'accoutumer à ce train de collège. Je ne dors presque point et ne fais que me chagriner, ce qui m'a déjà occasionné deux allées de fièvre... Il m'est bien dur, après la manière dont j'étais traité chez vous, de me voir dans un collège. »

Pour ne pas recevoir de semblables lettres de ses fils, Charles-Catherine fit venir un précepteur au château, le digne abbé Milet qui y demeura depuis le 6 novembre 1769 jusqu'au 27 mai 1779. M. de Gemeaux commença par déclarer qu'il ne voulait pas établir chez lui un de ces durs régimes de collège où les élèves se lèvent à cinq heures, étudient des leçons avant huit heures, restent en classe de 8 à 11 h., ont à peine le temps de dîner à cause des devoirs et des leçons, se remettent en classe de 1 h. ½ à 4 h. ½, et refont des devoirs encore avant de souper. Les petits de Gemeaux devaient dormir et se promener tout à leur aise. L'abbé comprit et il proposa un règlement très doux :

« Tous les enfants sont levés au moins à neuf heures puisqu'on ne laisse pas passer ce temps à M. le Chevalier qui est le plus dormeur. Ainsi ils peuvent descendre à dix heures et demie. Alors commencerait la classe commune où tous les trois profiteraient par conséquent de ce que chacun en particulier dirait. On pourrait rester jusqu'à midi, ensuite se dissiper une demi-heure, dîner ensuite et laisser jusqu'à trois ou quatre heures à Madame le temps de leur faire faire ce qu'elle voudrait, reprendre la classe à trois ou quatre heures pour jusqu'à cinq ou six. Il resterait encore deux ou trois heures jusqu'au souper. Par cet arrangement il y a, depuis le lever jusqu'au souper que je suppose à dix heures, trois heures et demie d'application sur neuf et demie de temps libre, ce qui peut très bien s'accommoder avec le système de les faire courir et exercer pour les fortifier. Il est vrai aussi que le temps que je demande est énormément court, eu égard à celui des étudiants que nous voulons devancer ».

L'abbé Milet se flattait d'apprendre le latin très rapidement avant la grammaire, par l'explication ; il réunissait aussi par le moyen de l'explication, l'étude du catéchisme, de l'histoire et de la géographie. Les enfants travaillaient ensemble, afin de créer entre eux une sorte d'émulation ; ils passaient un examen devant leur père une fois par semaine.

D'autres professeurs firent au château des séjours plus ou moins prolongés. M. Haas, venu de Bâle pour apprendre l'allemand aux enfants, y demeura plusieurs années. Les maîtres qui enseignaient les arts d'agrément ne restaient souvent qu'une saison, ils alternaient entre eux ; après tout un hiver donné à la musique, où le clavecin avait tinté sans arrêt dans la grande salle, répondant au chant du violon, avec les jours lumineux de l'été arrivaient le maître d'armes et le maître de dessin. C'est à un maître de dessin que nous devons sans doute les petits croquis qui nous aident à évoquer la physionomie des enfants de Gemeaux, lorsque leur éducation familiale s'achevait, vers 1775. Preigney, Chevalier et Neumaison portaient des cheveux poudrés avec des marteaux sur les oreilles. Le catogan de Preigney est enfermé dans une bourse, ceux des plus jeunes se prolongent en longue tresse jusqu'aux basques de leurs habits. Pichange, destiné à l'état ecclésiastique, porte des boucles courtes et flottantes. Des jabots et des manchettes de linge plissé donnent une fraîche élégance aux vêtements de drap. Chevalier passe une main dans son gilet, sur son ventre un peu proéminent; il lève ses yeux au regard interrogateur, à la fois spirituel et profond, son nez en l'air, sa lèvre souriante. Le petit Neumaison garde encore la rondeur potelée des joues enfantines, ses lèvres un peu avançantes font une petite moue et des longs cils ébouriffés battent sur ses yeux bleus. Leur mère a été dessinée en même temps qu'eux. Ce n'est plus la jeune mariée de l'autre portrait; le visage potelé s'est amaigri et accentué, elle incline sa tête coiffée d'une petite capote et elle regarde avec la douceur de ses grands yeux noirs.

Cette mère dont les débuts avaient été heureux, mais à laquelle les épreuves ensuite ne furent pas ménagées, devait connaître bientôt sa première grande douleur. Quelle adorable enfant était Pauline, l'aînée des petites filles! Trop de qualités, une intelligence subtile, une prudence consommée, à tel point qu'à neuf ans, elle était devenue la confidente de ses parents! Sa délicatesse et sa bonté lui faisaient dissimuler soigneusement les préférences dont elle était l'objet, afin de ne pas exciter la jalousie de ses frères. Elle aimait à écrire à ses tantes pour les consoler. Les sœurs de Mme de Gemeaux étaient en effet bien malheureuses. M. de Toucheprès continuait à martyriser son épouse; alité depuis trois ans, il défendait à sa femme de sortir, sous prétexte qu'elle ne devait pas se distraire pendant que son mari souffrait. L'infortunée écrivait : « Il faut se taire et que j'éprouve des contradictions, jusqu'à ce que je ferme ces deux yeux qui depuis vingt-cinq ans ont tant pleuré qu'ils ne voient plus. » La plus jeune sœur de Mme de Gemeaux, la petite pensionnaire des Ursulines, avait épousé au château de Gemeaux, en 1765, un gros officier allemand, naturalisé, qui servait la France. Philippe-David d'Orb, baron du Saint-Empire, major du régiment de Royal Nassau, apportait une longue file d'aïeux, mais peu d'écus. Victime de son tempérament apoplectique, il avait laissé bientôt sa femme veuve et dans une situation précaire. Elle vivait à Toul, avec deux petites filles. Le 1er janvier 1776, Pauline sacrifia son goûter pour écrire à sa bonne tante de Toucheprès, elle lui racontait : « Il y a eu la grippe à Gemeaux, mon papa a eu la grippe. Il a été averti à temps qu'il ne fallait ni saigner ni purger; il a bu de l'eau et du sucre, c'est le remède parisien; le lyonnais est vin et sucre. » Pauline plaignait la grippe de son papa, elle ne savait pas quel autre fléau devait venir au cours de l'année 1776. Une horrible épidémie de petite vérole prit naissance et grandit dans le bourg, elle tourna autour du château où les habitants espéraient presque être épargnés, lorsque Pichange tomba malade. Chevalier attrapa ensuite la contagion, puis Neumaison et Preigney. Pauline resta indemne plus longtemps, mais elle redoutait grandement la maladie. Elle s'alita à son tour et immédiatement elle prédit sa fin; elle eut une mort de petite sainte, à la fois effrayée et soumise à la volonté divine. On coucha l'enfant à côté de sa grand'mère Magdeleine Bégon, dans une chapelle construite exprès contre l'église. Le bon abbé Milet lui consacra un poème majestueux :

Quel contraste frappant d'allégresse et de deuil !
L'aurore d'un beau jour et l'ombre d'un cercueil !
C'est de Pauline, hélas ! l'histoire trop fidèle.
Dieu riche dans ses dons fut prodigue pour elle.
Les talents de l'esprit, les sentiments du cœur,
Et la beauté modeste et l'aimable candeur,
En elle tous les traits de la vertu s'unissent.   [sent.
Déjà la mort s'apprête !... Eh ! tous nos cœurs frémis-
Pauline sans effroi voit le tombeau s'ouvrir,
Elle commence à vivre et c'est déjà mourir.
Mourir? Non, si cet astre s'est éteint pour la terre,
Dans le sein de Dieu même, il reçoit la lumière.

Ces fleurs de rhétorique ne pouvaient consoler l'âpre chagrin de la mère; elle ne cherchait même pas un refuge suffisant dans la dévotion et Mme de Toucheprès, très profondément religieuse, lui en faisait des reproches :

« Ma chère amie, de quelle religion es-tu? Je t'adore et ta profession de foi ne diminuera pas ma tendresse. Es-tu de celle de Jean-Jacques? Oh ! pourquoi avec l'esprit sublime, voudrais-tu donner des bornes à l'Éternel et te gâter par les mauvais livres du siècle? Que veut dire de donner tout à la Nature dans cet arrangement et harmonie et qu'il lui faut des victimes de bonne foi? Y penses-tu, mon incomparable

sœur? As-tu achevé d'être héroïne en donnant tout
à la divine Providence (1)? »

Marie-Françoise, toujours prête à accepter les
moindres avis du mari qu'elle admirait tant, avait-
elle subi aussi l'influence du philosophe génevois?
Elle restait vraiment chrétienne mais, dans l'éga-
rement du chagrin, il lui arrivait d'invoquer la Nature
qu'elle avait entendu célébrer, en pleurant cette
enfant élevée à la Jean-Jacques.

____

(1) Lettre de Mme de Toucheprès, 24 novembre 1776.

CHAPITRE IV

De quelques musiciens

Parmi les professeurs et les hôtes qui séjournèrent au château, les musiciens méritent que nous leur accordions un peu plus d'attention à cause de leurs silhouettes pittoresques, de leur nom célèbre ou du grand rôle qu'ils jouèrent dans la vie de la famille de Gemeaux.

Mabille, maître de chapelle à Saint-Etienne de Dijon, fournit un de ses enfants de chœur qui apprit à chanter aux jeunes de Gemeaux, en étant à moitié leur professeur, à moitié leur compagnon de jeu, Mabille lui-même venait rendre quelquefois visite à Charles-Catherine dans un immense carrosse tout rempli de ses petits clercs. En l'honneur du seigneur qui les protégeait et de ses fils, les enfants de chœur composèrent une chanson pastorale; le petit troupeau, sortant de la vaste berline devant la grille du château, entonna ces couplets qui n'ont d'autre mérite que leur parfaite innocence :

> Paissez dans ces vallons,
> Petits moutons,
> Paissez l'herbe,

Paissez dans ces vallons,
Petits moutons,
Fleurs et boutons.

Dans ces cantons,
Les eaux sont nettes,
Allez, Allez,
Sous ces coudrettes,
Allez, Allez,
Jamais les loups n'y vont,
Paissez dans ces vallons.

Suivez toujours votre houlette,
Courez aux airs de la musette,
Ecoutez bien et retenez ses sons.
Paissez dans ces vallons,
Petits moutons,
Paissez l'herbe,
Paissez dans ces vallons,
Jolis moutons,
Fleurs et boutons.

Après avoir été remerciés et récompensés par
M. de Gemeaux, les enfants de chœur essuyèrent,
en retournant à Dijon, une pénible mésaventure.
A Norge, village situé sur la route, au tournant particulièrement brusque, un des postillons fit passer
sous la roue une mère brebis. Un paysan arrêta la
voiture, on reconnut que la brebis appartenait à
M. le curé de Norges. Le zélé pasteur, aussitôt prévenu,
oubliant qu'il était en papillotes et en robe de
chambre, monta son cheval à poil et accourut plus
vite qu'une arbalète; il vitupéra fortement le cocher,
le condamna à payer six livres. Le cocher veut

s'enfuir, le curé court à sa poursuite ; son jeune cheval un peu fougueux l'emporte fort loin et le jette dans un fossé. Mabille finit par apaiser le curé en lui donnant vingt-trois sous ; les enfants de chœur arrivent fort tard à Saint-Étienne de Dijon, trouvent le buffet de leur logement fermé à clef. Impossible de souper... Il est vrai qu'ils avaient reçu à Gemeaux une excellente collation (1).

M. Jalodin-Chélange, maître de musique et de danse, arriva à Gemeaux le 8 janvier 1775, fortement recommandé par M. Loustick ; moyennant un louis par mois, il promit de donner chaque jour deux leçons de violon à Preigney et au Chevalier, et « une leçon de danse aux quatre Messieurs et Mademoiselle ». Ce fut pendant quelques mois un entraînement intensif, mais Jalodin-Chélange était mal élevé, il se disputa avec la femme de charge ; on dut le congédier.

M. Gautherot, organiste de la Sainte-Chapelle et vieille relation de la famille Loppin, fut le maître de musique le plus souvent appelé à Gemeaux. Il avait quatre enfants : deux fils et deux filles. Son fils aîné, du même âge que Preigney, vint souvent passer ses vacances au château. M. de Gemeaux fit les frais de son éducation.

Charles-Catherine offrit la même hospitalité aux neveux du grand musicien, Jean-Philippe Rameau. La mère de Jean-Philippe et de Claude Rameau, Claudine de Martinécourt, était originaire de Gemeaux ; on montre encore sa maison à l'angle arrondi, au tournant de la route, avec sa petite porte de bois

____

(1) D'après une lettre de Mabille à Mme de Gemeaux, 16 juin 1768.

moulurée, datant du XVIIIe siècle. Les descendants de Claudine avaient gardé de fréquents rapports avec le village de leur mère; M. de Gemeaux avait témoigné sa bonté, vers 1735, au fils aîné de Claude Rameau. Ce Jean-François (1) s'était ensuite fait soldat dans le régiment de Poitou et l'on n'en avait plus entendu parler au pays (2). C'est lui que, suivant l'opinion commune, Diderot a immortalisé. En 1773, le châtelain de Gemeaux hébergea, en même temps que les jeunes Gautherot, un autre neveu du grand musicien. Claude Rameau, établi à Autun depuis 1755, s'y était remarié avec Jeanne Guyau. Le jeune Lazare né en 1759, de cette seconde union, manifesta de précoces dispositions musicales; dès l'âge de neuf ans il tenait l'orgue à la cathédrale d'Autun. Il écrivait de longues lettres de compliments à M. de Gemeaux et il lui offrait la *Raméide*. En juin 1774, Lazare Rameau partit chercher fortune à Paris, étant âgé seulement de dix-sept ans. Le fils aîné Gautherot exprima le désir d'imiter son émule qui réussissait, disait-il, avait un orgue et

(1) Claude Rameau, frère cadet du grand musicien Jean-Philippe Rameau, eut de son premier mariage avec Marguerite Rondelet un fils, nommé Jean-François, né en 1718, dont la vie fut assez accidentée. Tour à tour soldat, tonsuré, musicien, prisonnier au For-l'Evêque, c'est avec lui, pense-t-on, que Diderot eut, vers 1760, la conversation qui lui inspira son chef-d'œuvre : *Le neveu de Rameau.*

(2) Michel Bégon, qui fut plus tard intendant de Dunkerque, écrivait à Charles-Catherine, de Metz, le 9 janvier 1738: « J'ai fait une trouvaille ici. Je joue mal du violon et j'ai trouvé Rameau, neveu du fameux Rameau, et fils d'un Rameau qui demeure à Dijon. Il est fâcheux que ce jeune homme qui est de famille se soit fait soldat dans le régiment de Poitou et comme il a du talent, M. son père devrait le dégager. Il m'a dit que vous aviez eu bien des bontés pour lui. »

faisait des écoliers. Gautherot se rendit à Paris, en février 1775, se logea quai des Augustins, à l'hôtel d'Auvergne, dans une petite chambre propre et saine, d'où il apercevait une enfilade de tuyaux de cheminées. Il raconte à M. de Gemeaux le résultat de ses premières démarches :

« J'ai été voir ce matin M. Couperin, comme il allait à Saint-Gervais; il m'a reçu fort honnête-ment et m'a dit : « Monsieur, je suis fâché de vous « voir dans un moment si pressé pour moi. Si vos « affaires vous permettent de pouvoir me voir demain, « je me trouverai à Saint-Gervais à quatre heures « pour le salut. Au sortir de là, nous monterons chez « moi et je vous verrai toucher du clavecin avec « plaisir. » Il m'a encore dit quelque chose d'honnête et ma visite a été terminée.

Je suis été l'entendre sur-le-champ à Saint-Gervais (et c'est la première fois que j'entends toucher de l'orgue ici). Ah ! mon Dieu ! Quel talent ! Cet homme est un ange. Sortant de la grand'messe à Saint-Gervais, j'ai couru à Notre-Dame l'entendre encore, parce que c'est lui qui est de quartier. Je crois que j'aurais volontiers parcouru l'une après l'autre toutes les églises de Paris pour l'y entendre s'il y avait touché ».

Gautherot retrouve à Paris le neveu de Rameau : « Savez-vous qu'il s'est beaucoup perfectionné? Il a beaucoup réformé son jeu. Il ne barbouille presque plus et détache son jeu très bien. Je crois que nous irons ensemble vendredi prochain voir *Iphigénie*. Croiriez-vous que ce petit malheureux depuis qu'il est à Paris, où il a fait bien des dépenses superflues a été aux Français et aux Italiens et n'a pas encore été à l'Opéra, seule chose dont il avait le plus besoin, car il ne connaît pas les ouvrages de son oncle (1) ».

Gautherot ne tarda pas à s'apercevoir que Lazare Rameau menait une étrange vie. « Le peu d'écoliers qu'il avait, il les négligeait et quand il en recevait de l'argent, il le dépensait dans les cafés (2) ». Il poussait l'insouciance jusqu'à perdre une importante lettre de recommandation que M. de Gemeaux lui avait donnée. Il n'était arrivé à Paris que sept mois avant Gautherot, mais ce temps lui avait suffi pour prendre « tous les vices que les plus grands débauchés de ce pays peuvent avoir (3) ». Chassé de toutes les auberges, criblé de dettes, il fut recueilli par M. et Mme Thouin, deux braves bourguignons, portiers du Jardin du Roi, chez qui s'arrêtait quelquefois Jean-Jacques Rousseau lorsqu'il venait suivre les cours de botanique. Les jardiniers logèrent Rameau pendant huit mois, lui cherchèrent des élèves, mais il ne sut pas davantage les garder, continua à dissiper son argent dans les cabarets et les mauvais lieux. Il n'avait plus qu'une élève en juin 1775, lorsqu'il quitta Paris pour devenir organiste à la collégiale d'Étampes, à 400 livres par an. Il ne resta qu'un an dans cette ville et s'engagea ensuite dans la troupe des comédiens de Saint-Cloud. Ce « malheureux abruti par la débauche la plus crapuleuse, mésestimé de tout le monde et se souciant peu de l'estime de tout le monde » rendit un immense service à Gautherot et lui procura une situation. Son obligé remarque : « Malgré tous ses vices, il

(1) Lettre de Gautherot aîné à M. de Gemeaux, 26 février 1775.

(2) Lettre de Gautherot aîné à M. de Gemeaux, 8 juin 1775.

(3) Lettre de Gautherot aîné à M. de Gemeaux, 1er juillet 1777.

conserve un bon cœur qui achève de le perdre et qui
en fait un monstre de morale indéfinissable. » Étrange
garçon, complexe et dépravé, dont M. de Gemeaux
regrettait de voir sombrer le « génie entreprenant ».
Gautherot nous le montre comme un fort mauvais
sujet, gardant une sorte d'ingénuité dans son
cynisme, ayant absolument les traits de caractère
prêtés par Diderot à son héros. Jean-François et
Lazare Rameau se ressemblaient-ils et menèrent-ils
une vie aussi peu édifiante l'un que l'autre? Certains
critiques estiment que Diderot a noirci le caractère
de Jean-François Rameau qui fut un aventurier,
mais moins vicieux que le personnage du dialogue.
Diderot, qui donna seulement vers 1774-1777 la
rédaction définitive de son *Neveu de Rameau*, (1) a-t-il
aussi connu Lazare Rameau et pour exécuter son
portrait, conçu avec l'art d'un romancier, a-t-il
emprunté des traits de caractère aux deux frères qu'il
a fondus en un seul personnage, complétant ainsi la
confession pitoyable et sans réticence qu'il reçut
un jour au café de la Régence?

Tandis que Lazare Rameau s'enlisait, (2) Gautherot

---

(1) Cf. *Le Neveu de Rameau*, éd, Monval, p. X.

(2) M. Lex résume ainsi la vie de Lazare Rameau : « Lazare
Rameau l'aîné suivit la carrière de son père, celle qu'avait
illustrée son oncle et à laquelle auparavant s'était déjà voué
son grand-père. Ses dispositions se manifestèrent de très
bonne heure. Dès l'âge de neuf ans, en effet, alors qu'il était
enfant de chœur de la cathédrale d'Autun, les cordeliers de
cette ville le prirent pour organiste aux appointements annuels
de 112 livres. Il ne quitta cet emploi qu'à dix-sept ans et demi
pour se rendre à Paris où, au bout de six mois, le comte d'Eu
l'attacha moyennant 600 livres par an à son église et chapelle
de Sceaux. Deux ans après, le 9 mai 1775, il devint, au con-
cours, organiste de Notre-Dame d'Étampes, puis il passa
successivement à Sainte-Croix de la même ville, à Montfort-
l'Amaury, à Saint-Seurin de Bordeaux, à Pithiviers, à la

voyait l'ouverture d'une heureuse carrière. La sœur du jardinier, Mlle Thouïn, dont Rameau lui avait procuré la connaissance, avait enseigné l'histoire et la géographie à Mme de Genlis et à la duchesse de Chartres. Grâce à cette personne, Gautherot fut invité à donner des leçons de clavecin aux deux filles de Mme de Genlis; il reçut toute sorte de témoignages d'amitié de cette dame qui chanta devant lui, lui fit cadeau d'une harpe à sept pédales. Il se rendit compte que Mme de Genlis s'intéressait vraiment à ses subordonnés et que son amour-propre était flatté lorsqu'elle pouvait se dire la cause de leur fortune. L'année suivante, Gautherot eut une écolière plus illustre, la duchesse de Chartres elle-même. La duchesse était si bonne qu'elle assurait n'avoir jamais eu de meilleur maître. Gautherot entrait dans la familiarité de la maison d'Orléans; le petit duc de Valois lui parlait de sa poule blanche, le petit duc de Montpensier lui tendit un jour les bras et la duchesse donna l'enfant au musicien pour qu'il le caressât devant le comte de Pons, la duchesse de Bourbon et la princesse de Lamballe (2).

Confiant dans son avenir, Gautherot fit venir auprès de lui à Paris ses parents, son frère et sa sœur aînée. Quant à sa plus jeune sœur Ninette, née en 1763, elle fut recueillie par M. et Mme de Gemeaux. Puisqu'ils ne pouvaient plus héberger le jeune Gautherot

Sainte-Chapelle de Dijon et enfin à Saint-Vincent de Mâcon. Il mourut... le 11 octobre 1794. » (LEX. (S.) *Musiciens bourguignons du XVIIIe siècle*. Mâcon, 1906, in-16). M. Lex s'appuie pour retracer la vie de Lazare Rameau sur un *curriculum vitae* établi par le musicien lui-même en 1790 où celui-ci avait sans doute embelli les débuts de sa carrière.

(2) Lettre de Gautherot aîné à M. de Gemeaux, 7 août 1776.

MICHEL-FRANÇOIS LOPPIN DE GEMEAUX
DIT LE CHEVALIER
(*Archives du château de Gemeaux.*)

et le neveu de Rameau, les bons châtelains voulurent
encore obliger la famille d'artistes qu'ils avaient
toujours protégée; en même temps, ils aimaient
Ninette, une jolie petite fille, extrêmement sensible.
Ils désirèrent qu'elle fût instruite par l'abbé Milet
avec leurs enfants. Le digne précepteur traça un
programme de lecture, capable de façonner congrû-
ment l'esprit d'une jeune personne; il recommanda
à Mˡˡᵉ Gautherot : « L'*Histoire universelle*, de M. Bos-
suet, pour ne pas laisser sans suite les idées qu'elle
a prises dans M. Hardion; l'*Histoire de France de
l'Ecole militaire*, pour voir sous un autre point de
vue ce qu'elle a lu dans l'*Histoire de Francfort*; la
Bibliothèque des demoiselles utile pour tirer du succès
des ouvrages d'esprit; la *Grammaire*, de Restaut,
qu'elle a commencée depuis longtemps; la *Mytho-
logie*, de l'abbé Banier ou de M. Hardion, pour
l'intelligence des poètes et des sujets de peinture;
l'*Imitation de Jésus*; un chapitre tous les jours pour
donner un peu à l'âme en donnant beaucoup à l'esprit
par tant d'autres lectures. » Quelle douce émulation
règnait maintenant dans la petite classe ! Comme le
gros Chevalier surtout luttait aimablement avec la
compagne de son âge ! Quand l'écolier devint un
adolescent, il s'approcha souvent du clavecin où
les doigts fins et nerveux de Ninette frappaient les
touches au timbre de cristal; ensemble ils chantèrent
le beau duo du Sylvain par M. Grétry, le duo de Titon
et de l'Amour : *Amour, amour après tant de bienfaits*,
par M. Mondonville. Vers les poutrelles de la grande
salle qui avaient entendu les chœurs des enfants
conduits par M. Mabille, les gavottes du maître à
danser, les essais balbutiants du neveu de Rameau,
désormais montèrent les plus douces romances de

Philidor et l'Ariette où ils se promettaient l'un à
l'autre, avant de savoir encore s'ils s'aimaient :

> Charmant objet de ma flamme,
> Ne doute pas de mes feux,
> La constance de mon âme,
> S'entretient dans tes beaux yeux.
> Quand je te quitte,
> Mon cœur s'agite,
> Tout me dépite,
> Tout me dépite,
> Je sens hélas,
> Qu'il faut languir,
> Qu'il faut languir,
> Où tu n'es pas.

CHAPITRE V

Pour établir ses enfants.

Le 14 mars 1778, une voiture tirée par quatre chevaux de poste était arrêtée devant le château. Mme de Gemeaux y montait avec Preigney et Chevalier; elle s'enfuyait presque pour éviter à son mari l'émotion des adieux; Charles-Catherine attendait dans la chambre rouge, espérant qu'elle viendrait se chauffer encore un peu chez lui; il ne s'aperçut pas d'abord de l'évasion qu'un maudit corridor avait rendue possible; inquiet de ne pas voir paraître sa femme, il se précipita à la fenêtre; le postillon claquait son fouet, la voiture s'ébranlait. Comme la maison semblait vide et tristement incommode, privée de celle qui mettait partout l'ordre et la vie! La petite Henriette, montrant une sensibilité précoce, promettait de faire griller le pain de son père. Mme de Gemeaux avait recommandé à Ninette de soigner les rhumatismes de Monsieur et de lui faire la lecture; Charles-Catherine pourtant se demandait si sa santé et son cœur s'accommoderaient de cette séparation de plusieurs mois, que la raison jugeait nécessaire. Pour ne pas oublier cette date qui devait marquer dans l'histoire de la famille, il prépara une chemise

afin d'y ranger les lettres de sa femme et de ses fils
et il écrivit sur la couverture : « Mme de Gemeaux
(ma chère et tendre amie) partie pour Paris en poste,
le 14 mars 1778 ».

Les quatre chevaux aux croupes robustes entraî-
nèrent rapidement la voiture. La voyageuse s'en
allait, moins mélancolique peut-être que celui qui
restait, mais plus anxieuse. C'est elle en effet qui
devait agir et assumer les graves responsabilités.
Depuis qu'il souffrait d'une hernie, Charles-Catherine
se tenait absolument casanier dans son château et
se croyait incapable de supporter les fatigues d'un
voyage à Paris. Cependant les fils grandissaient,
ils venaient de faire avec l'abbé Milet un voyage
dans le Jura, aussi instructif et captivant que celui
d'Émile avec son précepteur ; on ne pouvait les garder
toujours à la campagne, il fallait les faire entrer
dans la société, leur donner des carrières et pour cela
chercher des appuis, revoir les amis de Paris, les
protecteurs influents sans lesquels on ne pouvait
rien obtenir. Que de difficultés déjà pour trouver un
état qui convînt à chaque enfant et qui n'imposât
pas de trop lourdes dépenses ! Pichange, peu intelligent, doux et tendre, n'avait jamais fait d'objection
quand ses parents lui avaient parlé de l'état ecclésiastique ; son goût semblait l'y porter naturellement. Il
était placé depuis l'année précédente au collège-séminaire de Toul, protégé par le souvenir de ses grands
oncles, Mgr Bégon, prince-évêque, et le grand vicaire
de Donnery. Il fallait seulement obtenir une pension
ou un canonicat qui assurerait son entretien. Les
parents avaient eu beaucoup plus de mal à faire
prendre une résolution à leur aîné. Preigney, remarquablement doué pour le dessin et la musique, d'une

nature vibrante et sensible, était aussi d'une humeur à la fois mobile et entêtée. Il changeait d'avis lui-même, mais ne voulait pas accepter sans discussion celui de ses parents. M. de Gemeaux aurait voulu que son aîné fît son droit, suivît l'état de ses pères, mais Preigney montrait un grand dégoût pour la robe, il y était encouragé par son cousin de Montmort. Le fils aîné de Germain-Anne Loppin, avait vendu la charge de Président, héritée de son père, pour porter un mousquet. Preigney hésitait entre le militaire et les affaires étrangères. On tâcherait de le faire entrer aux gardes du corps. Chevalier, lui était militaire jusqu'aux dents; il n'y avait pas à chercher son goût, mais pour que l'enfant fît une bonne carrière, il lui fallait débuter comme page de la Chambre ou de la Reine ainsi que l'avait fait son oncle le capitaine, tué à Fontenoy, faveur qui serait peut-être difficile à obtenir. Quelques années plus tard, la même demande serait à renouveler pour le petit Neumaison qui annonçait de bonnes dispositions mathématiques et travaillait mal son latin. Mᵐᵉ de Gemeaux entrevoyait tous les soucis que sa nombreuse famille allait lui causer. Les gentilshommes peu fortunés avaient de la peine à établir plusieurs enfants, surtout en cette époque où les réformes dans la magistrature, l'armée et la marine amenaient des bouleversements trop fréquents.

Les voyageurs firent une première halte à Avosnes; Mᵐᵉ de Gemeaux trouva quelque réconfort auprès de l'abbé Roux, le vieil ami de son mari qui venait à Gemeaux à chaque Pâques. Preigney bavarda et prit du café au lait avec le vicaire. Les jeunes gens repartirent pleins d'allégresse. Tout les intéressait, les haltes du voyage, les relais où l'on changeait les chevaux. L'un après l'autre, ils remplaçaient les postillons et couraient les postes à franc étrier; le seul bruit des clochettes augmentait leur joie; la traversée de l'Yonne en bac les enchanta tandis qu'elle effrayait leur mère. Preigney s'intéressa vivement aux travaux que l'on faisait au chœur de la cathédrale de Sens, il admira la route large et droite qui passait au travers des hautes futaies dans la forêt de Fontainebleau. Mme de Gemeaux se laissa aussi peu à peu consoler par la beauté des spectacles. La famille, les amis allaient l'accueillir chaudement, le cousin Bégon, ancien intendant de Dunkerque, l'aiderait de ses conseils, Mlle de Lubert de Meaux, qui entretenait depuis tant d'années une correspondance assidue avec son mari, recommanderait les futurs militaires à son neveu le comte de Caumont, capitaine au régiment du Roi-infanterie. Mme de Gemeaux avait confiance dans les preuves de noblesse dûment établies qu'elle emportait avec elle et plus encore dans le souvenir que le glorieux mort de Fontenoy avait dû laisser à l'un de ses compagnons d'armes, le chevalier de Gouyon et à son ancien colonel le duc d'Aumont, premier gentilhomme de la Chambre. Elle pensait au jeune capitaine de vingt-trois ans; elle ne l'avait pas connu, mais son mari lui en avait parlé si souvent qu'elle croyait le voir, chargeant à la tête de sa compagnie toute neuve dans les blés qui ondulaient hauts et drus sur la plaine d'Antoing; elle savait par cœur les lettres de condoléance que sa belle-mère avait reçues si nombreuses à l'occasion de cette perte, inspirées toutes par l'émotion la plus vive et la plus vraie, et souvent signées des plus grands noms de France. Beaucoup de ceux qui avaient écrit ces billets vivaient encore, ils rendraient aux neveux de l'infortuné capitaine ce que celui-ci avait donné à la France et au Roi (1).

A Paris, Mme de Gemeaux prit un appartement meublé de trois pièces à l'hôtel de Vienne, rue du Petit-Bourbon; de ses fenêtres, elle apercevait le chevet de Saint-Sulpice, le balustre de la tour en transparent sur le ciel. La situation était agréable, mais le loyer cher : 100 livres par mois. Mme de Gemeaux recevait des services de Mlle Gautherot l'aînée et elle prenait des domestiques à quarante sous la journée; ce chapitre des domestiques paraissait terrible à Marie-Françoise, elle se souvenait qu'on les payait vingt-cinq sous seulement au moment de son mariage, vingt ans plus tôt. Comment avaient-ils réussi à faire augmenter ainsi leurs gages? Et si l'on pouvait encore tirer un peu de travail de ces serviteurs! Mais qu'attendre d'un homme qui avait pris trois médecines en six jours? Mme de Gemeaux donnait encore six livres par mois au frotteur, deux louis au perruquier qui venait la coiffer tous les jours.

La mère et les deux fils prenaient leur repas de midi dans leur petit appartement; ils pouvaient économiser celui du soir, car Mlle Bégon se faisait une joie de les recevoir. La respectable demoiselle habitait rue de Sèvres, un pavillon situé dans l'enclos des Petites-Maisons. Son humilité ne se trouvait pas incommodée par le voisinage de l'hospice qui abritait des vieillards et des teigneux; elle appréciait la société des religieuses qui venaient souvent la voir, la proximité de la chapelle où elle pouvait

____

(1) D'après le journal de voyage de Preigney et les lettres écrites par Mme de Gemeaux et ses fils à M. de Gemeaux.

prier tout à son aise. Mlle Bégon avait vieilli et elle se disputait avec sa demoiselle de compagnie, mais elle gardait toujours ses mêmes grâces, comme au temps où elle badinait avec son compère et l'engageait à entrer dans l'état conjugal. Le plus galamment du monde, l'adorable tante donna à son petit neveu Preigney cent écus, une superbe bourse et la médaille du pape.

Mme de Gemeaux soupait aussi assez souvent chez Mlle de Lubert de Meaux; à celle-là on offrait plus qu'elle ne donnait à manger. Mlle de Lubert gardait sa brusquerie et son franc parler, mais il était utile de l'amadouer car elle possédait des relations influentes. Comme elle aimait fort la bonne table M. de Gemeaux lui envoyait en colis des bouteilles de vin et de liqueur, des mirabelles, des groseilles de Bar et il conseillait vivement à sa femme de lui apporter tantôt un morceau de saumon, tantôt un pâté ou deux poulardes du Mans.

Mme de Gemeaux tâchait de dépenser le moins possible pour sa toilette, elle regardait à s'acheter une paire de manchettes, mais son mari tenait davantage à la somptuosité des ajustements. Il lui expédia lui-même dans une caisse la robe de taffetas blanc qu'elle n'avait pas emportée; il fit attention à ce que la robe fût bien pliée et le jupon enveloppé de tous côtés par deux morceaux de toile neuve. Quand il arriva à Paris, Chevalier n'avait pas de vêtements assez beaux pour faire les visites; tandis qu'on lui confectionnait une culotte bleue, un bel habit rouge galonné d'argent avec des parements verts, il regardait mélancoliquement sa mère et son frère monter sans lui dans le carrosse; Mme de Gemeaux n'avait pas voulu louer d'habits craignant qu'ils ne fussent malsains.

Le carrosse de remise, c'était la grosse dépense, il fallait payer pour l'avoir 360 livres de location par mois (1), mais on ne pouvait se présenter en fiacre chez les princes. Le carrosse était bien utile pour faire d'innombrables visites en très peu de temps. Mᵐᵉ de Gemeaux gémissait dans ses lettres à son mari : « Tout le monde n'est visible que de cinq à sept et tu juges parfaitement que les quatre coins de Paris ne se peuvent faire dans cet espace de temps (2). »

Que de démarches souvent lassantes ! M. de Caumont se montra peu encourageant ; il déclara qu'il fallait renoncer à placer Preigney dans les gardes du corps. Mᵐᵉ de Gemeaux se consola en se rappelant ce qu'elle avait entendu dire lorsque son neveu le Chevalier de Montmort était entré dans les gardes. Ce corps gâtait la jeunesse, la seule occupation des officiers pendant les gardes de Versailles étant un jeu abominable. L'usage ne permettait pas de les recevoir dans les familles, ils n'avaient d'autre ressource que leur auberge ; il était commun de voir un petit enseigne perdre jusqu'à deux mille écus. Seuls les cadets de Gascogne, qui arrivaient avec cinq sous en poche, parvenaient à s'en tirer et ne jouaient rien, n'ayant rien à perdre. Les pages de la Grande Écurie ou de la Reine vaudraient-ils beaucoup mieux ? L'éducation y était médiocre, la discipline relâchée, mais ils offraient le meilleur moyen d'entrer dans l'armée. Les charges militaires ne s'achetaient plus ; on devenait sous-lieutenant à la fin du temps de page, au bout de deux ou trois ans.

Mᵐᵉ de Gemeaux se rendit à Versailles, pour y voir

---

(1) Environ 1300 francs-or de 1914.
(2) Lettre de Mᵐᵉ de Gemeaux à son mari, 27 avril 1778.

le chevalier de Gouyon, le camarade préféré du mort
de Fontenoy. La pauvre femme horriblement inti-
midée, tremblante et rouge trouva un accueil rassu-
rant. Gouyon écrivit au prince de Tingry pour
demander une audience, en insistant sur le grand
nombre d'enfants de M. de Gemeaux et sur la bonne
écriture de Preigney. Le prince de Tingry se montra
poli, mais il avouait qu'il avait reçu vingt-cinq
demandes de places en plus de celle qu'il pourrait
donner. Partout on représentait à Mme de Gemeaux
qu'il y avait de grandes difficultés à entrer dans
l'armée de terre et que la marine valait mieux;
c'était le service à la mode pendant la guerre d'Amérique; mais ses enfants n'avaient aucun goût pour
cet état.

Mme de Gemeaux obtint une audience du duc
d'Aumont, premier gentilhomme de la Chambre,
qu'elle attendait avec une impatience extrême. Le
duc habitait place Louis XV, dans un hôtel magnifique que Gabriel venait de terminer. Marie-Françoise
avait préparé les phrases qu'elle allait dire, mais la
splendeur de l'escalier, des glaces, des cheminées
incrustées d'or commencèrent à l'étourdir; quand elle
se vit en face du duc d'Aumont, la timidité s'empara
d'elle au point qu'elle faillit se trouver mal; elle
sortit après avoir balbutié quelques mots. Rentrée
chez elle et désespérée de ne pas s'être mieux maîtrisée,
elle écrivit sur-le-champ au duc en lui demandant une
place dans les pages de la Reine. Celui-ci répondit
qu'il ne pouvait rien pour les pages, qu'il fallait
s'adresser à M. de Tessé. Marie-Françoise était
épuisée par toutes ces démarches, elle écrivait de
longues lettres qui faisaient la félicité de son époux,
tout en l'inquiétant. Il la suppliait de ne pas se faire

mal aux nerfs et de ne pas se brasser le sang. Sensible et fière, elle supportait avec peine l'ingratitude et l'humiliation. L'amabilité du chevalier de Gouyon fut de courte durée. Mme de Gemeaux lui montra un mémoire où son mari avait énuméré les services du glorieux mort; le chevalier de Gouyon fit un geste évasif, disant qu'il s'était passé tant de choses depuis, que cela n'était plus d'aucune valeur (1). De Fontenoy à la guerre d'Amérique... On pratiquait déjà l'oubli des morts. Le Chevalier de Gouyon devient encore plus désobligeant. Marie-Françoise s'en plaint à son mari : « Entre nous je ne supporte pas qu'il me rencontre au Palais Royal, au Colisée et Vauxhall sans me rien dire. Mon Dieu que l'on est éclaboussé ici ! » Elle continue à prendre Mlle de Lubert par l'intérêt, lui donne une poularde de 6 livres 10 sous et deux bouteilles de liqueur que la demoiselle exalte très fort. Mme de Gemeaux en éprouve du dégoût : « Mon Dieu que fera le vin et que cela me donne de mépris ! Mon tout, il n'y a pas deux Gemeaux. »

Découragée par ces démarches vaines, elle demande à son mari s'il ne vaudrait pas mieux payer la pension de l'École militaire pour Chevalier. M. de Gemeaux répond : « Oh ! sûrement nous n'avons besoin de personne pour cela. Tout individu gentilhomme y est reçu avec cent louis la première année et 2.000 livres la deuxième. Je voudrais être assez riche pour acheter ainsi tout ce qu'il faut pour l'établissement de nos enfants. Nous serions dispensés des sollicitations et des courbettes qui ne finissent point et qui répugnent à certains caractères...

---

(1) Lettre de Mme de Gemeaux, 17 avril 1778.

Cependant comme ce n'est pas une petite dépense que les 4.400 livres, il ne faut le faire que s'il n'y a pas moyen de faire autrement (1). »

Enfin un peu d'espoir ! M. de Roucy, colonel d'un régiment de cavalerie, veut bien prendre Preigney comme cadet-gentilhomme dans son régiment. Mme de Gemeaux s'en va avec son fils faire une visite de remercîment, mais sur le palier du colonel, Preigney toujours capricieux déclare que décidément l'état militaire ne lui convient pas, qu'il ne veut pas voltiger de garnison en garnison. Le beau projet s'effondre. Heureusement M. de Roucy est de caractère assez accommodant. Il veut bien prendre Chevalier au lieu de Preigney. Immédiatement Mme de Gemeaux fait porter douze bouteilles de vin chez M. de Gouyon et douze autres chez M. de Roucy.

Mme de Gemeaux se rendait aussi chez des prélats afin d'obtenir un bénéfice pour Pichange. Elle envoya une pétition à l'évêque d'Autun où elle racontait que son fils avait reçu depuis sa naissance une éducation relative au caractère d'homme d'Église. « Il est élevé, disait-elle, sous les yeux de Mgr l'évêque et du chapitre de Toul où il a eu deux grands oncles : feu Mgr Bégon, évêque de Toul, décédé en 1753 et feu M. l'abbé de Foyal de Donnery... Feu Mgr Bégon, cet édifiant prélat a fait construire à Toul le palais épiscopal, objet de plus de 200 livres, et a fait dans son diocèse pour le moins autant de fondations. » Mme de Gemeaux alla jusqu'à Conflans voir l'archevêque de Paris dans son palais d'été dont les terrasses magnifiques garnies de treillages et de quinconces descendaient vers la Seine. L'archevêque de Paris

(1) Lettre de M. de Gemeaux, 3 avril 1778.

reçut aimablement la suppliante, mais il avait peu de crédit. Mᵐᵉ de Gemeaux espérait obtenir un canonicat par l'entremise du curé de Versailles et de l'archevêque de Bourges. Celui-ci avait de l'influence sur l'esprit du Roi à cause de sa nièce, la dame de Maurepas de Flamarens que le Roi aimait en tout bien, tout honneur. Aussi Mᵐᵉ de Gemeaux se rendit-elle à l'hôtel qu'il occupait rue des Saints-Pères et s'agenouillant devant lui, elle se compara à la Chananéenne implorant quelques mies de pain.

Puisque Preigney ne voulait pas de l'armée, il fallait encore s'occuper de lui. Mᵐᵉ de Gemeaux pensa que leur cousin M. Bégon, ancien intendant de Dunkerque, l'aiderait à trouver une place dans les affaires étrangères. La mère et le fils furent invités à dîner par cet important cousin qui demeurait rue Neuve des Petits Champs. Ils passèrent à travers des salons, meublés de bibliothèques que remplissaient des portefeuilles énormes en maroquin rouge, dorés et numérotés par tomes. Une dame en noir reçut les invités dans ces pièces d'aspect administratif : « M. Bégon est à sa toilette. » On vit arriver et s'asseoir silencieusement des magistrats aux habits jadis noirs, des abbés mal peignés et M. Ducoudrai, auteur de l'*Illustre voyageur*. Après avoir fait attendre ses invités une demi-heure, l'ancien intendant s'avança précédé de son valet de chambre, qui portait sous son bras le portefeuille dont il ne se séparait jamais. Les invités prirent place le long d'une table où les assiettes se trouvaient en pile à chaque extrémité avec deux potages à l'oignon. Au moment où l'on commençait à manger des œufs au blanc, deux vieilles comtesses surannées et sans dents arrivèrent en retard. Elles firent beaucoup de manières et obligèrent trois invités à s'aller mettre à une petite table. Après le repas, Mme de Gemeaux et Preigney obtinrent de M. Bégon quelques conseils : « Si vous voulez entrer dans les affaires étrangères, il faut aller voir M. de Vergennes et lui demander la permission de travailler à Versailles au Dépôt des affaires étrangères, sans appointements. S'il vous répond oui, vous irez à Versailles où vous prendrez un logement pour pouvoir travailler tous les jours audit dépôt. Si au contraire il vous répond non, vous préviendrez M. de Vergennes que vous allez vous mettre en pension à Paris pour étudier la politique, mais que ce ne sera qu'autant qu'il vous promettra son intérêt. Si au bout de dix-huit mois ou deux ans, vous montriez de la capacité, on pourrait, avec la protection de M. de Maurepas, vous mettre auprès d'un ambassadeur (1) ».

Mme de Gemeaux comptait sur la protection de Maurepas, à cause d'une alliance entre la famille de Moulins-Rochefort et les Phélypeaux, datant de 1494. Elle passa toute une nuit à rédiger un mémoire et elle crut avoir trouvé la phrase convenable pour exprimer au ministre les désirs de son fils.

« La suppliante ne peut se refuser de faire connaître singulièrement à Mgr le comte de Maurepas, son fils aîné qui annonce des dispositions innées et un goût unique pour les affaires étrangères ; il est âgé de seize ans et demi et il se propose de s'appliquer uniquement à l'étude du droit qui est l'entrée à la grande route des négociations. »

M. de Maurepas ne donna pas beaucoup d'encouragements ; les affaires étrangères étant « une hydre

---

(1) Lettre de Preigney à M. de Gemeaux, juin 1778.

inaccessible ». Preigney ne voulant pas de l'armée, il ne restait plus que la robe. M. de Gemeaux aurait désiré que son fils revînt faire son droit à Dijon, mais le jeune homme était trop séduit par le charme de Paris pour le quitter volontiers. Il n'y avait pas eu dans le séjour que des démarches pénibles et fastidieuses, mais aussi des heures de promenade et de distraction qui avaient ravi la curiosité des jeunes gens. Que l'on se figure ces deux adolescents d'une intelligence remarquablement éveillée et précoce, dont les plus beaux jours de fête avaient été les noces villageoises où ils dansaient, mettaient un écu dans le plat des mariés et recevaient en échange une boîte d'anis avec un ruban de couleur ! Voyez comment le petit Chevalier fut transporté brusquement à l'Opéra, en face du Roi et de la Reine et comment il en écrivit à son père :

« Le 20 mars, étant à l'Opéra, je vis la Reine et toute la famille royale. Quoi qu'on dise, la Reine a beaucoup de grâce et est assez jolie; on la dit grosse de quinze jours. Madame n'est pas si bien et Monsieur extrêmement gros et se dandinant beaucoup en marchant. Madame et Monsieur le comte d'Artois ont tous les deux l'air fort évaporés. Ainsi de toute la famille royale, c'est le Roi et la Reine qui sont le mieux. »

Ce gros petit Chevalier, gourmand et joyeux, ne savait pas si mal voir puisque à quatorze ans il remarquait l'air évaporé du comte d'Artois et qu'il goûtait la grâce de Marie-Antoinette, après avoir entendu le public dire qu'elle manquait de beauté. Mᵐᵉ de Gemeaux, mère de famille absorbée, s'intéressait surtout à la grossesse de la Reine qui en était encore à son premier enfant et elle disait à son mari : « Je

voudrais qu'elle eût tous nos drôles. » Le 22 avril,
voyage à Versailles. Preigney raconte à son père :
« Toute notre bande a été ce matin à la messe du
Roi très bien placée et ce soir au grand couvert encore
mieux. Il paraît que cela a fait grand plaisir à notre
excellente maman. Nous sommes entrés à huit heures
et demie dans le salon de la Paix où la Reine avec
ses sœurs, Monsieur, le comte d'Artois, beaucoup
de cordons bleus et de jolies et grandes dames
jouaient au pharaon autour d'une grande table ronde
d'environ douze pieds de diamètre, toute couverte
d'or. Personne ne disait mot. On aurait entendu
voler une mouche et le silence n'était troublé que
par les rouleaux de louis que la Reine, de temps en
temps, jetait d'en haut et qui retombaient avec grand
fracas sur le tapis qui en était déjà semé. »

Au Vaux-Hall de la Foire Saint-Germain, Mme de
Gemeaux et ses fils assistèrent à un ballet donné
par des petits enfants de huit à douze ans; on remarquait beaucoup de cordons bleus parmi les assis-
tants, le duc de Brancas, le comte Fitz-James, le
vieux duc de Richelieu qui s'avisait d'en conter à
des demoiselles. Une autre fois, les jeunes Bourguignons virent une course entre le comte d'Artois et
le duc de Chartres, mais la course rata, un des chevaux
s'étant « foulé l'os » en tournant l'angle de la plaine
des Sablons, du côté du bois de Boulogne. Une
visite à la manufacture de porcelaine de Sèvres
constitua encore une distraction du voyage. Preigney
admira très fort un service pour l'Impératrice qu'on
y fabriquait et des vases à trois pieds semblables
à ceux dont parle Horace; il observa que tout se
modelait sur l'antique.

A tout autre plaisir, le jeune homme préférait la

GERMAIN-ANNE LEPRIN DE PICHANGE
DIT L'ABBÉ DE GEMEAUX
(Archives du château de Gemeaux.)

musique ; il était ravi d'entendre *Roland*, de Piccini.
Comme l'ouverture éclatait bien ! Les gens du parterre, ignorants et grossiers, criaient et juraient
despotiquement, mais lorsque le héros appuyait son
jarret nerveux sur le théâtre, en eût dit qu'il ébranlait les fondements du monde. Preigney s'écriait avec
ravissement : « J'ai vu le *Devin du village*, à l'Opéra.
Mon Dieu ! la jolie musique ! » Quelques jours plus
tard, son enthousiasme grandissait encore : « J'ai
vu ce soir *Alceste*, opéra de Gluck, où j'ai trouvé deux
ou trois endroits qui m'ont frappé, jusqu'à l'âme.
Pour faire passer le triste, on a donné le ballet-pan-
tomime de la *Chercheuse d'Esprit* par M. Gardet.
Mˡˡᵉ Guimard a rempli le rôle de Nicette avec une
naïveté, une délicatesse au-dessus de toute expression. L'illustre danseuse Mˡˡᵉ Théodore se montre
toujours la même. En vérité, il faut que cette fille
ait été pétrie par la main des grâces (1). »

Rien ne valait pourtant le concert spirituel où
l'on exécuta le *Stabat*, de Pergolèse. Un Italien chan-
tait l'*Emisit spiritum* avec un accent déchirant.
Preigney avait entraîné sa mère avec lui ; la pauvre
femme pleura en écoutant cette musique qui la
navrait et lui rappelait la petite fille perdue, le mari
qu'elle ne voyait pas à côté d'elle pour l'assister dans
ses soucis. Elle parle à l'ami lointain avec la tendre
familiarité, le tutoiement que les époux employaient
entre eux, qui donne un aspect touchant et moderne
à la correspondance où s'épanchaient ces contem-
poraines de Jean-Jacques... Depuis les prédications
du philosophe genevois, l'amour conjugal n'était plus
ridicule. A l'adorable ami, elle dit en pleurant :

(1) Journal de voyage de Preigney, 30 mars 1778.

« Le *Stabat* fut donné en partie... Tout me navra. Quelle enfant nous avons perdue ! Tu as donc eu tes asperges. Mon Dieu ! Qu'elle eût été heureuse de te les présenter ! Mon ami, c'est ses ordres que tu en aies toujours dans ce temps. Mais as-tu eu du mouton ? A-t-il été bon ? Ton bouillon, ton pain, ton sommeil, tes promenades ? Henriette, aie donc soin que tout cela soit bon. Conserve-moi la santé de cet adorable et précieux papa. C'est ma seule existence (1). »

Preigney causait à Mme de Gemeaux des soucis supplémentaires. Il ne pensait plus qu'à la musique ; c'est pour se perfectionner dans cet art et entendre des concerts plus que pour étudier le droit qu'il voulait absolument rester à Paris. M. de Gemeaux était navré en constatant le peu de vocation juridique de son fils et son indifférence pour le Palais. « Je crains, dit le père qui se retrouve avocat général, qu'il n'y ait pas été une seule fois depuis qu'il est à Paris. Ceci cependant est une chose digne de la curiosité de quiconque va dans la métropole, que d'y voir le lieu où siège le premier sénat du royaume, la cour des pairs, le roi tenant son lit de justice ; il n'y a voyageur de quelque état qu'il soit qui ne mette sur son agenda cette tournée, comme on y met la cathédrale et qui ne soit bien aise d'en avoir une idée. On ne suit pas pour cela les audiences, mais on en voit une, on va entendre plaider une fois un Gerbier, un Target, parler un Séguier, comme on va au sermon d'un grand prédicateur. Cette indifférence me ferait donc craindre que Preigney n'ait aucun goût pour la robe (2). » Le père suppliait son fils de ne pas

(1) Lettre de Mme de Gemeaux, 17 avril 1778.
(2) Lettre de M. de Gemeaux à Mme de Gemeaux, 22 juin 1778.

perdre son temps : « Tu dis que tu brûles d'acquérir
des talents. Ah ! mon ami, que je crains que ce désir
brûlant ne porte plus sur la musique, le violon que
sur toute autre chose ! Tâte-toi bien, mais songe aussi
à ne mettre ces gentillesses que dans la classe des
accessoires, c'est-à-dire à n'en jamais faire ton objet
principal. »

En attendant un résultat problématique, il faudrait engager des dépenses considérables pour permettre à Preigney de faire ses études de droit. Les
pensions chez les avocats de Paris étaient extrêmement chères ; il fallait donner 1800 livres pour trouver
une chambre dans l'enceinte du cloître Notre-Dame,
chez M. Darc, avocat, avec une table honnête, une
société, des conférences habituelles des gens de l'art,
la disposition d'une bibliothèque et d'un domestique.
Un avocat qui avait deux ou trois pensionnaires à ce
prix-là pouvait vivre honnêtement, lui et sa famille,
sans bourse délier pour sa table et son loyer. Une
pension dans un hôtel garni était encore plus coûteuse ; elle allait jusqu'à 1396 livres. La bonté et
l'obligeance de Mˡˡᵉ Bégon enlevèrent à M. et Mᵐᵉ de
Gemeaux la perspective de cette difficulté. Elle offrit
de prendre Preigney chez elle. M. de Gemeaux craignait qu'un jeune homme ne troublât la paix conven-
tuelle des Petites-Maisons, ne salît et ne dérangeât
avec son tailleur et son perruquier, mais il se laissa
vaincre enfin par les bonnes grâces de l'adorable tante.

Mᵐᵉ de Gemeaux eut encore une pénible épreuve
à subir pendant son séjour à Paris. Elle se rendit
à Charenton où son frère était interné. Elle n'avait
pas revu le malheureux depuis des années, mais elle
et son mari n'avaient pas cessé de correspondre avec
les religieux de la Charité qui s'occupaient de lui,

en particulier avec le R. P. Juste Vialard, supérieur général de cet ordre. M. de Gemeaux complétait de ses deniers la pension insuffisante de son beau-frère. Marie-Françoise raconte à son mari la visite si triste qu'elle fit au compagnon de son enfance : « J'ai passé vendredi la journée avec mon frère. Le religieux qui le gouverne m'a dit que depuis treize ans il ne l'avait jamais vu si bien, mais hélas ! quel bien ! Il a la fureur de la rage peinte sur sa malheu_ reuse figure. Je n'ai pu le voir qu'à travers une grille. On aurait craint de le laisser sortir ce jour-là. Tous les dimanches, ils mangent avec les religieux lorsqu'ils ne sont pas dans leurs accès. Notre infortuné se croit potentat. De là l'air fier et terrible dans sa marche, ne voulant pas savoir la vérité. Il ne me reconnut pas d'abord. Cependant mon air le toucha et il dit : « Je l'aime celle-ci. » Il vit couler mes larmes et me dit : « Vous m'aimez donc. — Oui, oui, mon frère, je vous le jure. » Ce propos l'attendrit sans qu'il voulût jamais m'appeler sa sœur. Il se rappela à merveille avoir vu le petit du Noyer et toute la famille, me demanda des nouvelles du duc de Villeroy. Sa manie est de croire présent tout ce qu'il a vu. Il ne croit point que nous ayons perdu nos parents. Il me dit que j'étais belle, qu'il serait bien aise de voir nos enfants, mais mon tout, tout cela enchâssé dans des mouvements de fureur qu'on voyait à merveille que le cœur retenait à s'étonner. Il me fit peur, me toucha, m'accabla. Mon Dieu, quel état ! La première fois, il me resta une heure. Quand je vis cela, j'y dînai, espérant qu'il serait mieux, car malgré ce cœur il ne fut pas possible de le faire dîner avec nous. Je le questionnai beaucoup comme il se trouvait. Il me dit toujours qu'il était parfaitement bien et content. Les frères au reste paraissent en avoir grand soin. Le dîner fut du turbot, des soles, de la raie, des œufs et je ne sais plus quoi, mais tu juges bien combien je mangeai peu, car son état ne peut se peindre. J'ai voulu l'embrasser. Il ne fut jamais possible de le faire approcher. Je lui donnai la main sans vouloir jamais que j'eusse la sienne. On prétend qu'à tout autre qu'à moi, il lui aurait cassé le bras, mais je l'assurai que je ne le craignais point, qu'il était mon frère aimé. Je lui demandai s'il voulait venir avec moi : « Non, « je suis bien. » Je voulais savoir s'il avait à se plaindre de sa nourriture, de son lit. « Non, non, « me dit-il, mais mes habits, on ne me les donne « point. » C'est une manie que de vouloir avoir des habits pour les déchirer ainsi que tout ce qu'on lui porte en linge, robe de chambre. Aussi fait-il trembler des pieds à la tête. Il n'est pas possible de se le figurer. Il a cinq pieds dix pouces et les membres à proportion, un œil superbe, l'autre avec un dragon et d'une petitesse abominable. Il a une moitié du visage belle et l'autre affreuse. Il prend du tabac horriblement et m'a demandé une tabatière d'écaille avec une mouche d'or dessus et dessous. J'ai bien envie de la lui donner. Qu'en penses-tu mon adorable ami? Ce sera douze livres de perdues. Je le sais. Il m'a prié d'y retourner. Je le ferai, car quoiqu'il soit dans un état que l'on ne peut peindre, il a toujours de l'âme et j'espère non pas le guérir mais qu'il ne nous haïra pas. L'après-dîner il fut beaucoup mieux, quoiqu'il ait toujours des absences, des accès de fureur qu'il a toutes mâchées devant moi. Il parle seul, sans que l'on puisse distinguer ce qu'il dit. Je lui demande sa vie, ce qu'il faisait dans le jour, ses délassements, son travail, sa nourriture. Il me répondit à tout : « Repos, tranquillité. » Point d'objet d'amusement que de se tranquilliser. « Mais vous aimez la musique. Savez-vous encore la musique? — J'aimerais aller aux spectacles. J'irais à Paris. Vous y allez, vous, madame, car il ne m'appela pas autrement, quelque chose que je fis et dis, et quoiqu'il fût très attendri. » Je ne puis, mon adorable tout, te dire autre chose, qu'il est dans un état où je ne l'aurais jamais cru. Pas possible de le voir seul. Il a un domestique qui le sert avec plusieurs autres depuis longtemps et qui paraît honnête. Je lui ai donné 12 livres. Il est très dur, dit-on, pour sa vie; le pauvre malheureux ne veut de société avec personne. Il a sous une galerie une promenade perpétuelle, sort tous les matins à cinq heures jusqu'à sept heures dans un superbe enclos avec un nombre de domestiques suffisant, et le reste du jour, ils ont des cours attenant à de petits jardins, des volières, des fontaines. Beaucoup de ces infortunés se promènent dans la maison. Ils paraissent vraiment bien traités lorsque leur démence est douce (1). »

Le jour du départ arriva enfin. Mme de Gemeaux reprit le 3 juillet le chemin de la Bourgogne. Elle laissait son fils aîné derrière elle. Le sensible Preigney se trouva d'abord accablé par la séparation de ce qu'il avait de plus cher au monde. Il s'efforça de dire quelques mots à Mlle Bégon, mais les paroles s'arrêtèrent dans sa gorge; la même émotion gagna l'adorable tante et la demoiselle de compagnie; elles essayèrent vainement d'exprimer le chagrin que leur causait le départ de Mme de Gemeaux et du Chevalier.

(1) Lettre de Mme de Gemeaux à M. de Gemeaux, 4 mai 1778.

Mlle Bégon put seulement articuler ces mots :
« Élisabeth, vous êtes faits pour être heureux et vous
le serez…. » La chère tante poussa l'amitié jusqu'à
prendre son lait auprès du jeune homme qui soupait
seul à une petite table avec deux côtelettes de mouton et trois abricots. La demoiselle de compagnie
dînait sur le buffet en leur tournant le dos.

Le petit Chevalier était enchanté de revenir séjourner pendant quelques mois à Gemeaux avant de
partir au régiment. Il se fit passer aux yeux de sa
petite sœur, de Ninette, des domestiques et familiers
de la maison, pour quelqu'un de très extraordinaire,
essayant de leur faire croire qu'un cadet gentilhomme était une espèce de maréchal de France.
Ayant lu dans le règlement militaire, la formule de
réception des cadets gentilshommes à la tête de
leur compagnie, il la criait à tue-tête : « De par le
Roi, bas-officiers et soldats, vous reconnaîtrez M. le
Chevalier de Gemeaux en qualité de cadet gentilhomme et vous le respecterez comme s'il était votre
officier. » Mme de Gemeaux retrouva avec bonheur
la maison trop longtemps quittée. Sa peine n'avait
pas été entièrement perdue; elle avait en partie
réussi dans ses démarches, mais elle ne regrettait pas
la vie de Paris, elle put redire à son mari, ce qu'elle
lui avait écrit tant de fois : « J'aime mieux être ta
femme que celle de tous les potentats et je m'embar-
rasse fort peu du cas que l'on fera de moi chez les
grands du monde qui ne considèrent que les places
ou les écus. » Elle put entendre la réponse : « Il n'y
a que toi dans le monde pour moi, oui toi, ma tendre
amie; rien n'égale ton cœur, tes sentiments, tes
attentions continuelles, ton dépouillement entier de
toi-même pour ceux que tu aimes. »

TOUL

CHAPITRE VI

Le petit Abbé.

C'était un enfant très doux et tendre, qui aimait les champs, les fleurs et les animaux. Il savait depuis longtemps qu'on le destinait à être prêtre et il ne demandait pas mieux; il se sentait lui-même « porté vers ce saint état »; quand les mariés du village donnaient à ses frères et sœurs des rubans et des bonbons, Pichange recevait toujours un ruban violet; cette nuance austère lui rappelait la couleur de son avenir. Il ne fut pas trop malheureux non plus quand ses parents l'envoyèrent au collège-séminaire de Toul; il promit de travailler « tout debout, pour mériter sa soutane ». Il pleura en quittant sa mère, mais il savait qu'à Toul, sa tante, Mme d'Orb l'accueillerait affectueusement; il passerait chez elle les jours de congé et il se promènerait avec ses petites cousines. Mme de Gemeaux écrivit à sa sœur une longue lettre où elle lui recommandait son enfant : « ...Nous ne pouvons nous défendre de tout ce que nous présente cette séparation. Vous savez combien nous avons de raisons : le caractère tendre et timide du bon enfant, très dur à lui-même, craignant sur les petites choses de causer de l'embarras, cherchant à être utile et ne voulant rien demander pour lui, sujet à des migraines qu'il a à peu près tous les mois. La manière tendre et libre avec laquelle il a été élevé, la difficulté qu'il a à concevoir ce que les autres expriment aisément doit doubler les soins des répétitions. Qu'il est nécessaire que cet homme ait la main douce!... Il n'est point dépourvu d'esprit, il a du bon sens, mais il se rebute aisément, aime à se distraire, à changer d'occupation et n'a à cœur que de faire l'ouvrage qui lui est dicté comme tâche, sans voir le but où il doit tendre; c'est ce qui l'empêche d'aimer la lecture... Lorsqu'on lui donne des avis, il a un petit air triste ou marmottant entre ses dents qui le ferait soupçonner d'humeur à qui ne le connaîtrait pas et ce n'est chez lui qu'embarras et timidité, douleur contre lui-même de n'avoir pas réussi... Vous connaissez son goût pour l'histoire naturelle : des poules, moutons, lait et toute cette sorte de détails qui pourront faire les jours de congé son amusement à la maison de récréation. Je ne sais s'il pourra tenir sans avoir un petit oiseau; cela fait son bonheur » (1).

Pichange est gâté au séminaire, autant qu'on peut l'être dans ce lieu austère; il couche dans un cabinet à côté du supérieur et il a la permission de venir se chauffer dans sa chambre. Il montre de bonnes dispositions, il est heureux quand le demi-soir arrive à la pensée qu'il recevra bientôt une soutane; il pense que sa sœur Pauline, maintenant avec les anges, connaîtra une plus grande béatitude quand il aura revêtu ce saint habit; le 14 mars 1777, il annonce gravement : « J'ai le sacrement de confirmation et la

(1) Lettre de Mme de Gemaux à Mme d'Orb, 1777.

tonsure. Réjouissons-nous. » Cependant il se montre distrait dans ses études; il regrette son troupeau gémellois et la chaude douceur des soirs bourguignons, il revoit la colline de la Charme au-dessus du village, la pelouse d'herbe fine où affleurent les grandes dalles de pierre. Comme il aimait à s'allonger sur cette terre sèche, aussi légère qu'une terre de bruyère, sous laquelle on sentait la dureté de la roche! Avec lui venait la bergère Claudon; les petits agneaux et les moutons du château paissaient autour d'eux sur la friche du plateau; les fumées transparentes montaient des toits de pierre accrochés au versant de la colline; le soleil descendait derrière le piton de Saulx-le-Duc et la ligne noire de la Montagne...

L'été revint, Pichange revit ses parents, ses moutons et la bergère Claudon; à l'automne il fallut de nouveau gagner l'austère ville de Toul. Après ce dernier départ, pendant que sa femme séjournait à Paris, M. de Gemeaux commença d'éprouver quelques inquiétudes sur la vocation et l'avenir de son fils. Un jour, on lui apporta deux chapeaux de paille que le petit abbé avait envoyés à deux demoiselles du pays. M. de Gemeaux, jugeant que ces chapeaux paraissaient aussi commodes pour homme que pour femme, en garda un pour lui et un autre pour Marie-Françoise. Peu de temps après, Charles-Catherine s'aperçut que Pichon, le vénérable Pichon s'avisait d'être amoureux. Dans le courrier qui arrivait au château, il reconnut sur une enveloppe adressée à la bergère du château l'écriture de Pichange. Il crut à une plaisanterie, se mit à rire et dit au domestique qui avait apporté la correspondance : « Ah! ah! Voilà une lettre de Pichange pour Claudon. C'est sûrement pour ses moutons. On me la montrera après. » Le domestique porta la lettre à Claudon ; la jeune bergère qui ne savait pas lire demanda à l'abbé Milet de déchiffrer pour elle la grande écriture hésitante de son jeune maître. L'abbé trouva immédiatement quelque chose d'insolite à la lettre, il la rapporta à M. de Gemeaux et tous deux ils méditèrent avec étonnement sur les étranges projets d'avenir de l'adolescent à la fois précoce et puéril :

8 avril 1778.

« Claudon, je vous écris pour vous dire combien je vous suis attaché ; vous savez ce que je vous ai promis quand je serais prêtre et que nous serons heureux d'être tous deux ensemble. Nous nous coucherons de bonne heure et nous nous lèverons matin. Nous aurons des moutons et nous causerons ensemble le soir. Je ne ferai point de différence entre vous et moi ; je vous donnerai le gage que vous demanderez et soyez bien persuadée que nous serons bien ensemble. Ayez bien soin de mes moutons et de mes agneaux et prenez garde qu'ils ne meurent. Dites bien des choses de ma part à tous les domestiques et à votre père et à votre mère et votre sœur et frère et belle-sœur et beau-frère. Adieu, chère Claudon, ne vous ennuyez pas ; il viendra un temps où nous serons bien aises d'être ensemble. Montrez cette lettre à votre père et mère et raisonnez avec eux là-dessus.

Si vous voulez me faire réponse vous m'écrirez ce que vous voudrez me dire ; vous adresserez cette lettre au Collège épiscopal Saint-Claude à Toul. Rendez réponse le plus tôt que vous pourrez. »

« L'Abbé GEMEAUX. »

M. de Gemeaux estima qu'il fallait refroidir immédiatement l'ardeur de Pichange; il sermonna Claudon et il inspira à la jeune fille une réponse des plus raisonnables, que l'abbé Milet écrivit sous sa dictée :

« Monsieur l'abbé, je vous remercie de ce que vous m'avez écrit, mais je vous prierai de ne plus m'écrire. Cela coûte trop cher. Je vous prie de me mander ce que vous aurez à me dire dans les lettres de votre cher papa, parce que toutes les fois que vous parlez de moi, on me le dit, ceci tout de même que si vous m'écriviez. Quand vous viendrez nous causerons ensemble. Je me souviens de tout ce que vous m'avez dit, Monsieur. Le temps ne m'ennuie pas du tout; je suis bien; personne ne me gronde, votre bonne maman m'a montré à bien faire mon ouvrage; je tâche de bien faire... J'ai dit à M. de Preigney de vous remercier pour moi. Je ne sais pas s'il vous a remercié de ce que vous m'avez envoyé : la lanterne, le bénitier, la petite pelote. La lanterne est bien aisée pour aller dans l'écurie pour voir les moutons. Ils se portent bien, les mères ont perdu leur laine, elles ne sont pas jolies, mais quand vous reviendrez vous les trouverez jolies. Vous avez deux petites agnelles, j'ai envie de les envoyer aux champs; je les laisse sur le pré avec leurs mères; j'en ai bien du soin. Presque tous ceux qui les voient disent qu'il n'y en a pas de plus belles dans le troupeau. Jeanneton ne dit rien à vos moutons, elle les laisse bien manger sur le pré. Vos oiseaux se portent bien. Nanette en a bien du soin, elle vous assure bien de ses respects. Tout le monde parle de vous. Je vous prie de ne me pas oublier. Je suis votre servante très humble. »

« Claudine MÉLARD. »

A la lettre trop émondée où l'on respire cependant encore l'odeur rustique de la bergerie, l'abbé Milet joignit une épître où il ne ménagea ni la solidité de son érudition, ni le miel de son onction sacerdotale et qu'il fignola comme une homélie :

« La bonne Claudine s'est adressée à moi dernièrement pour lire la lettre que vous lui écriviez. Le tendre papa n'a pas tardé à m'en demander communication, espérant y trouver des témoignages de votre tendresse pour lui. Il n'a pas été peu surpris de n'y rien voir qui le regardât. Cette faute d'attention n'est pas la seule à laquelle il ait été sensible. Il a remarqué dans votre lettre quelques articles sur lesquels vous avez besoin des avis paternels. C'est en son nom que je vous les adresse et j'espère que la voix d'un père et d'un ami fera sur votre esprit toute l'impression que nous nous promettons. Vous devez sentir qu'à votre âge on n'a pas encore assez d'expérience pour former des projets et les diriger sans conseils d'une personne prudente. Ce que vous proposez à Claudon n'est pas sans inconvénient. Les termes de votre lettre ne sont pas assez mesurés pour qu'on puisse la montrer à ses parents, comme vous le conseillez. Nous connaissons la candeur de votre âme, mais tout le monde ne vous connaît pas comme nous, et on ne saurait que penser de ces phrases : « Nous « causerons le soir ensemble, nous nous coucherons « de bonne heure et nous lèverons matin. » Heureusement que la lettre nous est tombée aussitôt entre les mains, personne ne l'a vue; ainsi voilà un inconvénient paré. Ne lui écrivez une autre fois que par votre papa, qui se prêtera à vos goûts, qui recommandera le soin de vos moutons, oiseaux, etc... Mais concevez aussi que ces amusements de votre

âge ne conviendront plus lorsque vous serez prêtre.
David menait paître ses moutons dans sa jeunesse,
mais dès qu'il fut roi, il s'occupa de gouverner son
peuple. Les apôtres étaient pêcheurs de poisson
avant leur vocation, mais dès qu'ils eurent reçu le
Saint-Esprit, ils furent pêcheurs d'hommes. Voilà
la route que vous devez prendre. Vous êtes jeune,
vous pensez en jeune homme, vous parlez en jeune
homme, mais quand vous serez homme fait, vous
dépouillerez comme saint Paul tout ce qui tient de
l'enfance. Vous êtes aujourd'hui le petit Pichange
qui s'amuse de son petit bétail; vous serez un jour
le petit-neveu des Bégon et des Donnery qui ne
songerez qu'au troupeau de Jésus-Christ. Ne croyez
pas que pour changer vos inclinations, on vous
demande de faire un effort sur vous-même; avec le
temps notre âme prend de nouveaux penchants tout
aussi naturellement que de quinze ans nous venons
à vingt-cinq.

« Ne songez donc pas à vous ménager Claudon pour
ce temps; elle vous sera sûrement inutile pour le
sujet que vous vous proposez. D'ailleurs cette fille
peut avoir d'autres inclinations. La virginité n'est
pas un état qui convienne à tous; c'est un don de
Dieu, on n'en a pas le mérite quand on le garde pour
des motifs humains. L'espérance d'avoir un gage
aussi fort qu'elle le voudra et de jouir de votre
confiance pourrait tenter Claudon; c'est à peu près
comme si on vous proposait d'être ecclésiastique
pour avoir un gros bénéfice; ce serait une fort
mauvaise vocation. D'ailleurs ne vous imaginez
pas qu'il soit bien canonique qu'un jeune prêtre
ait une gouvernante de l'âge où sera Claudon
quand vous aurez vingt-cinq ans. Elle sera encore

fort jeune alors et les saints canons et les règlements des diocèses défendent d'avoir de telles servantes. Ainsi croyez-moi, vivez au jour la journée, amusez vous à présent à ce qui vous plaît et songez qu'un autre âge amènera ses plaisirs sans que vous les ameniez de si loin. Remplissez le jour présent et souvenez-vous qu'un chrétien n'a pas de lendemain. »

L'abbé Milet venait à peine d'expédier son épître, qu'une autre lettre du petit abbé arrivait pour Claudon. M. de Gemeaux l'intercepta et cette fois il ne remit pas à la bergère, le billet peu ecclésiastique où Pichange disait :

« Ma chère amie Claudon, quelle joie nous avions tous deux quand nous étions tous deux vers ces gentils moutons, que je vous recommande toujours bien et d'avoir bien soin de ces petits agneaux, car quel plaisir pour moi, quand je m'en irai les voir aux vacances ! Chère, adorable Claudon, ce n'est pas le tout ; il faut entrer dans les affaires plus sérieuses ; c'est que, chère Claudon, pendant mes vacances j'irai tous les soirs dès cinq heures et demie dans votre chambre et nous parlerons de choses intéressantes ; nous dirons d'abord qu'il faudra tâcher de nous réveiller à cinq heures et demie pour jaser ensemble, et chère Claudon, quand vous aurez besoin de quelque chose, vous voudrez bien ne pas vous gêner avec moi, car moi-même, je ne me gênerai pas avec vous. Apprends bien la cuisine et à faire la pâtisserie, car quand nous serons dans notre ménage, nous en ferons quelquefois. Ne montre à personne cette lettre, car c'est entre nous deux qu'elle doit être lue et non par d'autres, parce que ce que nous disons entre nous deux, il ne faut pas que d'autres le sachent ;

Portrait présumé de
MARIE-FRANÇOISE DE MOULINS
BARONNE DE GEMEAUX
(*Archives du château de Gemeaux.*)

ainsi, chère amie, gardé-moi toujours un petit coin de ton cœur pour ton cher abbé qui t'aime et t'adore comme ses yeux. Conserve toujours la lanterne que je t'ai donnée. Adieu chère et adorable Claudon. Pense à moi et je penserai à vous. »

« L'Abbé GEMEAUX. »

M. de Gemeaux s'alarma ; jugeant que la lettre de l'abbé Milet malgré son éloquence savante ne serait pas suffisante, il expédia l'abbé lui-même à Toul afin de morigéner Pichange et d'arrêter les progrès d'une singulière passion, qui menaçait d'être difficile à éteindre, si on la laissait grandir.

Des lettres extravagantes du petit abbé arrivèrent à Gemeaux ; il en envoya au curé, à plusieurs habitants du pays et tout le monde s'en moquait. En même temps il ne travaillait pas ; son écriture restait irrégulière et enfantine, il ne cherchait nullement à s'initier aux usages du monde. L'abbé Milet le sermonnait. Mme d'Orb chez qui il sortait, était chargée de lire toutes ses lettres et de polir ses manières. Au milieu des démarches et des visites que Mme de Gemeaux multipliait à Paris afin de procurer des places à ses enfants, de nouveaux soucis, les plus cruels de tous, commençaient à agiter le cœur de la mère qui voyait ses fils grandir. Elle n'acceptait pas la corruption du siècle, elle aurait voulu en préserver ses enfants et ne savait pas comment s'y prendre. Elle voyait à côté d'elle la figure trop sérieuse et presque triste de Preigney, elle entendait le rire joyeux et bon du gros Chevalier, elle avait peur surtout pour les deux plus jeunes qui étaient loin. Elle pensait avec angoisse au petit abbé; pour lui donner une bonne situation temporelle, elle et son mari l'avaient engagé dans une voie où il était entré peut-être sans vocation véritable. Tous les parents faisaient ainsi alors. Mais était-ce une excuse suffisante? Il leur avait souvent écrit : « Mon bon papa, ma bonne maman, vous connaissez mon cœur; vous savez que j'ai été toujours bien porté à l'état ecclésiastique, j'en ai grand envie; quand j'aurai cet état, je me trouverai bien », mais ces lignes rassurantes étaient-elles sincères ou dictées? Elle avait peur aussi pour le dernier, le petit Neumaison au caractère impétueux, qu'on avait envoyé quelques mois plut tôt rejoindre Pichange au collège de Toul. Il apprenait bien les langues et les mathématiques, ce qui était essentiel après les principes de conduite, mais Mme de Gemeaux observait que plus on est instruit plus on court de risques. Il fallait enseigner au petit les pièges que les mauvais camarades cherchent à tendre à celui qui se conduit bien, lui apprendre à éviter les dangers multiples : les femmes, le vin et le jeu. On ne pouvait compter sur Mme d'Orb pour ce genre d'enseignement. La bonne dame vivait avec ses deux filles dans une retraite qu'elle voulait toute imprégnée d'illusions. Elle était persuadée qu'il fallait faire mystère du mal, n'en jamais parler aux enfants pour ne pas leur donner de tentations. Marie-Françoise pensait qu'on évitait ainsi peut-être les inconvénients immédiats; mais l'avenir restait redoutable. Neumaison allait faire sa première communion; ce moment-là serait bien choisi pour avoir des conversations avec ces messieurs du collège sur toutes ces matières délicates. Mme de Gemeaux se montra aussi ferme et clairvoyante vis-à-vis de Pichange. Malgré le grand désir qu'elle avait de le revoir, elle décida qu'il ne viendrait plus à Gemeaux en vacances. Il fallait éviter qu'il ne revît Claudon; si c'était nécessaire, on pourrait même, pour faire diversion, encourager un projet de mariage de Claudon avec un de ses parents qui avait l'air de lui plaire l'année précédente. L'abbé Milet revint à Gemeaux avec une lettre contrite et désolée du petit abbé qui promettait d'être bien sage aux prochaines vacances, sans se douter qu'il ne reverrait pas le château. M. de Gemeaux en fut impressionné; il avoua : « Cela me fait une pitié horrible de lui entendre dire : Pendant mes vacances, je serai toujours chez vous ou avec maman. J'aurais pleuré volontiers à la phrase : Si mes petits moutons vous incommodent, vous n'aurez qu'à vous en défaire (1). »

M. de Gemeaux eut une longue conférence avec l'abbé Milet au sujet du mariage de Claudon; l'abbé qui gardait trop d'illusions sans doute, affirma qu'il n'y avait rien à craindre de la bergère, qu'elle était très honnête et très simple, n'entendant rien au delà de ses petits moutons et qu'il n'était pas nécessaire de la marier.

A Toul, le petit exilé commençait sa dure pénitence. Il s'efforçait de témoigner son repentir, remerciait Dieu et l'évêque de Dijon qui venaient de lui accorder un canonicat, récitait pieusement l'office de la Sainte-Vierge, qu'il avait la faveur de dire à la place du bréviaire. Pichange faisait l'aumône aux pauvres comme s'il était à Gemeaux; tous les jours il baisait la montre que son père lui avait donnée; il demandait bien pardon d'avoir perdu son surplis

(1) Lettre de M. de Gemeaux à Mme de Gemeaux, 25 mai 1778.

par sa faute; il l'avait laissé sur son lit au lieu de le mettre dans le placard, il ne l'avait pas retrouvé lorsqu'il était remonté dans sa chambre, sa tante d'Orb en avait eu du chagrin, elle qui se donnait tant de mal pour raccommoder son linge. Le petit abbé offrait à Dieu ses regrets et ses peines, il se résignait en soupirant à manquer de la facilité, de la mémoire que Dieu donne seulement à ceux qui doivent réussir; il ne réclamait d'argent que pour acheter le bouquet du régent et faire des cadeaux aux écoliers; pour ses étrennes il ne demandait pas autre chose qu'un bonnet carré. Le petit abbé devenait grave et frissonnait à cette heure du crépuscule qu'il aimait jadis. La cloche de Saint-Étienne sonnait un glas. Les notes tristement balancées passaient sur le cloître et sur les toits couverts de neige. Une étrange solennité emplit le cœur de Pichange, il se voyait dans la cathédrale, montrant à la foule le clou de Notre-Seigneur accordé à saint Gérard évêque. Il parlait à tout ce peuple du haut de la chaire. Il traversait les cabinets à recevoir, les boudoirs de Mgr l'évêque de Toul, ornés de tapisseries et de dorures modernes, il entrait dans le beau salon octogone du palais épiscopal, il n'avait plus envie de danser comme autrefois, il donnait la bénédiction aux visiteurs. Le petit abbé sentait la gravité de sa mission, il s'était contenté jusqu'ici de recevoir des reproches souvent mérités, maintenant il devait enseigner les autres. Il songea à ses frères, à Chevalier, dans son régiment, à Neumaison qui venait de quitter le collège ecclésiastique pour l'École des Cadets de Pont-à-Mousson; ils risquaient tous deux de tomber dans les embûches que le démon prépare à ceux qu vivent dans le monde. Le petit abbé commença à écrire le sermon qu'il leur enverrait pour sauver leur âme :

« Mes bons frères Chevalier et Neumaison, »

« Je ne veux pas dire ceci pour vous faire de peine et pour que vous soyez fâchés; je vous souhaite au contraire à tous les deux tout le bonheur et toute la gloire possible; il ne se passera pas de jour que je ne prie le bon Dieu pour qu'il vous donne toutes les lumières dont vous pouvez avoir besoin pour bien travailler et pour être heureux dans l'état que vous embrassez et pour bien y remplir vos devoirs. Que voulez-vous mes amis? Le bon Dieu donne et répand ses lumières à qui il veut les donner. Il m'a appelé à l'état ecclésiastique. C'est pour qu'un jour j'aie le bonheur de le servir et de chanter ses louanges et pour être assis à la table des anges. Vous, mes amis, il vous a appelés à l'état militaire pour que vous défendiez notre patrie et pour que vous gardiez nos provinces. Ainsi, mes amis, il ne faut pas dire comme beaucoup : « Oh! je veux être officier pour être tranquille, aller une fois par jour à la revue ou voir monter la garde et après cela, je me mettrai à table jusqu'à quatre heures et après mon dîner j'irai prendre une belle demoiselle pour aller au bal ou à l'Opéra ou à la Comédie jusqu'à onze heures, minuit. » C'est mon avis, mes amis, que vous ne vous conduisiez pas de la sorte et que vous soyez exacts à vos devoirs. Voilà ce que le bon Dieu demande (1). »

Le glas de Saint-Étienne s'éteignait avec des

____

(1) Lettre de Pichange à ses frères, 1778.

coups plus vibrants et plus espacés; la cloche de
Saint-Gengoult faisait monter sa voix plus lointaine.
Un profil passait devant les yeux de Pichange, à
demi caché par les barbes tuyautées d'une coiffe.
Une odeur venait des friches parfumées, des
étés bourguignons. Ne pouvait-il écrire une fois
encore à la bergère une lettre qu'il prierait ses
parents de lui remettre? N'avait-il pas le devoir
d'envoyer de bons conseils, un sérieux avertissement à celle qui avait essayé de l'entraîner dans
le chemin du péché? Le petit abbé voulut forcer
sa voix à être sévère, mais il n'avait pas oublié complètement la douceur des appellations anciennes; son
sermon en devint plus tendre tout en restant
paternel :

« Vous savez, mon enfant, combien je vous aime
et combien nous nous sommes aimés. Ainsi mon
enfant, soyez bien sage et faites tout ce que maman,
papa, marraine et Sergent vous commanderont. Ne
retonnez pas et n'ayez jamais un air d'humeur. Je
vous écris, mon enfant, pour vous dire que le jour du
dimanche vous tâchiez d'aller à la grand'messe et
quand Sergent ou marraine vous dit de rester, il
faut rester et ne pas bougonner, et si votre ouvrage
est fait, prenez un livre et amusez-vous à lire. En
un mot, soyez sage, obéissante et dévote et ne vous
allez pas livrer à certaine dissipation comme font
bien des filles. »

Le petit abbé aime particulièrement le soin :
« Ménagez bien vos hardes et ne laissez jamais rien
traîner et accoutumez-vous à être toujours bien
rangée et bien propre, car, chère Claudon, la propreté
est une vertu. » Pour rappeler son souvenir à sa mie,
il lui envoya un livre de dévotion et lui recommanda

cet objet précieux : « Ne le salis pas, n'y fais aucune tache. »

Dans la tristesse de l'hiver lorrain, Pichange écrivit à celle qui lui tenait trop au cœur ses recommandations dernières : « Nous nous sommes entretenus de choses défendues qui sont des péchés. Il faut à présent oublier tous ces enfantillages de jeunesse, penser à bien mourir, demander au bon Dieu les lumières dont nous avons besoin pour nous préparer à la mort. » Simple réminiscence des sermons sur les fins dernières ou pressentiment véritable d'une mort prochaine ? Pendant trois ans encore, Pichange continua des études médiocres, toujours un des derniers de la classe, reconnaissant humblement la supériorité de ses condisciples, souhaitant de devenir moine, moitié par paresse et moitié par piété, considéré par tous comme un petit saint. Mme de Gémeaux vint le voir et le recommanda longuement au supérieur, mais l'enfant ne devait pas retourner à la maison natale. Le 2 décembre 1781, il tomba malade ; on crut d'abord à une migraine, à un rhume peu dangereux qui le retiendrait à l'infirmerie quelques jours seulement. Pendant quinze jours la fièvre ne cessa d'augmenter. Pichange se laissa soigner docilement, il but de l'eau de veau par petites gorgées, accepta les vésicatoires et les mouches sur les jambes. Il s'inquiétait en pensant au retard que la maladie allait causer à ses études. Il répétait constamment la prière qu'il avait l'habitude de dire le matin et le soir : « J'ai pris, ô mon Dieu ! cet état pour tâcher premièrement de bien en remplir les devoirs et de tâcher, ô mon Dieu, de bien prononcer et de chanter vos louanges et les psaumes de David et d'être un jour digne du sacerdoce. Ainsi, ô mon Dieu ! vous qui avez donné votre fils unique aux hommes, ce fils qui a souffert le supplice de la croix pour nous racheter au prix de son sang, me voici, ô mon Dieu, prosterné au pied de votre croix le cœur percé de larmes. Je viens, ô mon Dieu, vous demander pardon de tous les péchés dans lesquels je suis tombé tant de fois. Je viens me jeter au pied de votre croix pour vous en demander pardon et pour vous prier de me donner la lumière dont j'ai tant besoin. »

Mme d'Orb était effrayée à chaque visite de voir ce corps toujours plus maigre et qui s'écorchait le long de la colonne vertébrale, le flux et l'infection qu'on ne parvenait pas à arrêter. Tous les jours, elle envoyait un bulletin de santé à Gemeaux. Elle avait essayé de rassurer les parents d'abord; elle leur dit enfin : « Venez si vous voulez le revoir! » Mais au moment même où Pichange était terrassé par la fièvre typhoïde, une épidémie de grippe faisait de nombreuses victimes en Bourgogne. M. de Gemeaux distribuait des remèdes aux villageois, Mme de Gemeaux atteinte par la maladie pensait avec désespoir au second enfant qu'elle perdait et dont elle ne pouvait cette fois contempler l'agonie.

Le petit abbé s'en allait et son délire était doux comme une rêverie. Il parlait des troupeaux, des brebis dans la lande et il invoquait le Bon Pasteur. Les souvenirs des pieuses homélies tant de fois entendues se mélangeaient aux images de sa vie rustique. Quand son pouls défaillait, son infirmier glissait quelques cuillerées de vin entre ses lèvres. On profita d'un répit pour lui donner Notre-Seigneur. Il s'éteignit le 4 janvier 1782, à six heures et demie du soir, « en vrai prédestiné, sans avoir éprouvé les horreurs de la mort ». Suivant la volonté de la famille, on donna à des ecclésiastiques pauvres sa robe de chambre, ses habits noirs et gris, sa soutane et sa ceinture, son chapeau et son surplis. Les cousins et les amis reçurent un faire-part où pleuraient des larmes effilées comme la flamme des torchères.

CHAPITRE VII.

Ninette et le Chevalier.

Le jour cruel vint que Ninette dut partir et quitter
le cher Gemeaux. Sa famille la réclamait et voulait
la faire venir à Paris, non pas sa mère, morte depuis
deux ans, ni son père, vieux, affaibli et qui ne paraissait plus guère avoir de volonté, mais sa sœur et
ses frères. L'aînée des demoiselles Gautherot, devenue
Mme Rouhier, tenait un magasin de lingerie et elle avait
besoin de Ninette pour diriger son intérieur, tandis
qu'elle servait la clientèle. Le fils aîné Gautherot
estimait que la principale occupation de ce qu'on
appelle une femme essentielle est de veiller à l'économie du ménage; il avait aussi pour sa sœur d'autres
projets d'avenir. Gautherot se rendait maintenant
tous les jours au couvent de Belle-Chasse où Mme de
Genlis élevait les filles du duc de Chartres, il leur
donnait des leçons de clavecin et il voulait faire
profiter sa jeune sœur des bontés que la duchesse et
la gouvernante avaient pour lui. Quatre femmes de
chambre servaient les petites princesses; la première
veillait aux soins physiques, la seconde jouait parfaitement du clavecin, la troisième savait l'anglais
on ne peut mieux et ne cessait de le parler aux

princesses, la quatrième enseignait l'italien, la géographie et l'histoire. Quand Mlle d'Orléans et Mlle de Blois auraient un peu plus grandi, il leur faudrait trois nouvelles femmes de chambre; Gautherot espérait avoir à ce moment-là assez de crédit pour faire attacher Ninette à la personne des princesses; comme Mme de Genlis tenait essentiellement aux talents, Ninette, en attendant, apprendrait la harpe et se perfectionnerait au clavecin.

Tous ces projets paraissaient fort raisonnables, mais ils désespéraient Ninette; elle avait un peu oublié sa vraie famille depuis cinq ans; elle s'était au contraire attachée de plus en plus à ses bienfaiteurs, à Monsieur, auquel elle faisait la lecture et servait de secrétaire, qui s'intéressait à la formation de son esprit et lui faisait faire sous sa direction des extraits des philosophes anciens, à Madame qui avait pour elle la bonté et les tendres soins d'une mère. Elle leur devait son instruction, les talents dont ils avaient pris soin de l'orner, la vie aisée et facile qu'elle menait depuis tant d'années. Elle voyait en eux surtout les parents de celui qu'elle aimait. La camaraderie quotidienne et fraternelle qui unissait Ninette et le Chevalier s'était changée en un sentiment plus tendre; depuis deux ans, ils s'étaient avoué leur amour. Chevalier ne résidait plus habituellement au château, mais comme Ninette attendait les semestres de congé, comme elle écoutait la lecture des lettres où le jeune militaire donnait une peinture de la vie assez mélancolique qu'il menait à Mirecourt! Le matin, Chevalier allait voir quelques-uns de ses camarades ou supérieurs. A midi c'était la parade, ensuite le dîner et un tour aux écuries. L'après-midi, il fallait perdre au jeu son

temps et son argent ou bien s'enfermer chez soi.
Chevalier étudiait et prenait des leçons pour s'occuper. Il regrettait de faire table commune avec les
sous-lieutenants, car ces messieurs d'une très grande
vivacité cassaient des douzaines d'assiettes qu'ils
faisaient ensuite payer aux plus paisibles (1). Ninette
se désolait en songeant qu'elle n'entendrait pas la
voix gaie et moqueuse du Chevalier refaire orale-
ment ces amusants récits. Lorsqu'il viendrait à
Gemeaux, pendant son prochain congé, elle aurait
quitté l'hospitalière maison.

Ninette voyait avec terreur les préparatifs de son
départ. Mᵐᵉ de Gemeaux fit exécuter pour la jeune
fille un joli trousseau très complet : dix-huit chemises,
cinq jupons, dix-huit serviettes, six paires de bas, six
bonnets de nuit, six bonnets de jour, sept fichus (2).
La mélancolie de la jeune fille ne se calmait pas,
même lorsqu'elle faisait bouffer dans ses mains les
jolies mousselines tuyautées des coiffes, les fichus
garnis de volants et de dentelles, toute cette charmante lingerie dont s'ornait la toilette des femmes
au temps de la reine Marie-Antoinette. Elle admirait
certes les deux frais déshabillés de coton blanc, la
baigneuse, le cul de Paris, le jupon et mantelet à
raies rouges et blanches, le jupon et mantelet rouges
à bouquets ; la polonaise blanche allait bien avec la
robe bleue ; les accessoires ne manquaient pas :
tabliers de taffetas noir, souliers blancs à hauts
talons. Ninette essaya sur ses boucles poudrées les
grands chapeaux de paille plats ; elle se regarda dans
les glaces troubles qui estompaient les traits et

____

(1) Lettre du Chevalier à ses parents.
(2) Mémoire des effets de Mˡˡᵉ Gautherot, 10 juillet 1781.

pâlissaient le visage. Elle pensa que le seul être pour qui elle eût désiré se parer ne la verrait pas porter ses fraîches toilettes et elle comprima à grand'peine ses sanglots. Refoulant ses larmes, elle enfila dans une grimace de velours ses modestes bijoux, son coulant de pierrerie et un petit œuf d'ivoire. Avec Mme de Gemeaux elle plia les robes et les coucha dans la malle, elle y rangea ses livres et ses objets familiers; quand la caisse fut partie, il lui sembla qu'un peu d'elle-même avait déjà quitté la Bourgogne. Son frère aîné écrivit une lettre de déclamatoire enthousiasme, comme il en avait l'habitude, pour célébrer l'arrivée du trousseau à Paris. Il disait : « Je ne puis vous exprimer l'émotion que j'ai ressentie en voyant arriver la malle de ma sœur. Ses robes, ses corsets, ses petits jupons, enfin la vue de toutes ces nippes me causait un délire qui me faisait prendre pour elle toutes les personnes qui arrivaient et me faisait aller à leur rencontre comme un insensé. Nous vous remercions d'une caisse si bien fournie, mais ce qui m'a causé le plus de plaisir et ce dont je vous remercie bien particulièrement et sincèrement, ce sont des papiers d'extraits de géographie, d'histoire et à ce que je crois avoir entrevu aussi des extraits des philosophes anciens, car j'ai cru voir critiquer le cynisme (1). » Cette amitié qui s'offrait avec tant d'enthousiasme pourrait-elle remplacer les affections que Ninette allait quitter?

Tous les prétextes étaient bons à Ninette pour retarder le moment du départ; elle ne voulait pas faire seule cette longue route dont son âge et son

____

(1) Lettre de Gautherot aîné à Mme de Gemeaux, 1er août 1751.

sexe doublaient les inconvénients. Un de ses cousins lui proposa de voyager avec des jeunes gens qui avaient dix-sept ans et demi comme elle; elle se récria bien fort, déclarant que cela ne serait ni convenable ni décent, qu'il lui fallait une personne d'âge pour l'accompagner... et comme on ne connaissait aucune dame respectable se dirigeant sur Paris, c'étaient autant de jours de plus dans cette chère maison adoptive, jours troublés et mélangés de remords. Ninette sentait bien qu'elle luttait contre la raison; il lui faudrait s'en aller tôt ou tard. Que pouvait-elle attendre du Chevalier? Elle ne voulait pas manquer à l'honneur, elle ne pensait pas à un mariage disproportionné, elle aurait eu honte de récompenser la générosité confiante de ses bienfaiteurs par des calculs et des intrigues. Elle n'espérait rien de précis, mais elle ne pouvait s'arracher de la maison où il devait revenir.

Cependant le 22 août 1781, un exprès vint chercher Ninette pour la conduire à Dijon où elle devait prendre la diligence. Mᵐᵉ de Gemeaux raisonnait doucement la jeune fille en larmes, lui conseillant de déraciner petit à petit tout ce qui pouvait être préjudiciable à sa tranquillité. Ninette s'écria avec le mouvement le plus énergique : « Ah! Madame, aimez-le donc bien! » Mᵐᵉ de Gemeaux devina tout et elle en fut vivement touchée. « Hélas! hélas! répondit-elle, ma chère enfant, travaillez à ôter ce sentiment de votre âme; il pourrait faire le malheur de votre vie. Que ne m'avez-vous parlé plus tôt? (1) »

A huit heures du soir, Ninette monta dans la dili-

_____

(1) Cet épisode est raconté dans une lettre adressée par Mᵐᵉ de Gemeaux à Gautherot aîné, le 26 novembre 1781.

gence qui faisait le trajet entre Lyon et Paris. Cruel voyage de Ninette ! Elle pleura jusqu'à l'épuisement. A Châtillon elle perdit son petit cœur d'or, à Tonnerre un mouchoir blanc ; à Montereau elle s'évanouit dans la turgotine.

Charenton lui apporta un divertissement qui changea un moment le cours de ses idées. Elle se penchait pour voir si l'on n'approchait pas de Paris ; un homme sauta à la portière, saisit sa main et la baisa. Elle poussa un cri d'abord, puis elle reconnut Darboy l'ancien agent seigneurial de M. de Gemeaux qui était venu s'établir depuis quelque temps à Paris. Ninette était si heureuse de voir une figure connue, une figure de Gemeaux qu'elle se jeta au cou de Darboy et l'embrassa. Le vieux père Gautherot vint ensuite, il voulut aider sa fille à descendre ; sa force le servit moins que son zèle, il faillit tomber avec sa chère enfant sous les chevaux d'une voiture qui passait à côté de la diligence. Le frère aîné et la sœur : Mme Rouhier arrivèrent à leur tour, ils couvrirent Ninette de caresses et de baisers. La jeune fille demanda où se trouvait son plus jeune frère et M. Rouhier. On lui répondit que l'un était à la campagne, l'autre un peu incommodé. Tous allèrent à l'auberge pour se restaurer. Un marquis fort élégant s'approcha du frère aîné avec de grands airs de protection et lui demanda ce qu'il était venu faire à Charenton. Le marquis offrit sa voiture, mais il n'avait demandé ses chevaux que pour sept heures. Les Gautherot avaient l'intention de gagner Paris par la rivière, ils proposèrent au marquis de monter dans leur bateau. Le marquis réclama un crocheteur pour porter son paquet. En entrant dans l'auberge, Ninette aperçut un crocheteur vêtu grotesquement qui buvait son demi-setier. Darboy l'appela :

— Hé ! l'homme.

— Plaisir notre bourgeois.

Le marquis et le crocheteur convinrent ensemble d'un prix. Toute la compagnie s'attabla devant des rafraîchissements. Brusquement le marquis, que son rôle oppressait, envoya promener en l'air sa dignité et son tricorne :

— Hé ! Ninette. Tu ne reconnais pas ton frère cadet ?

— Mon frère, c'est vous ?

— Ce déguisement qui me prive du plaisir de t'embrasser me pèse à la longue. Quant au crocheteur que voici, c'est ton estimable beau-frère M. Rouhier.

Comment peindrais-je cette cascade de reconnaissances, ces effusions, ces caresses, ces larmes, l'épilogue de cette charmante mascarade ? Ninette monta avec sa famille dans une barque ornée de tapis et de banderoles. Elle descendit la Seine, entre les terrasses où s'étageaient les maisons et les jardins, tandis que ses frères faisaient monter sur la rivière le chant de leurs violons. On était entré dans les années quatre-vingt ; c'était dans toute la France la saison des idylles, des déguisements et des parties sur l'eau (1).

Qu'importe au cœur privé de ce qu'il aime la tendresse des autres et les plus beaux spectacles ? Mme Rouhier montra à sa sœur la jolie chambre qu'elle occuperait dans son appartement. Ninette s'en voulait de ne pas pouvoir témoigner plus de reconnaissance. La jeune fille fut emmenée par son frère aîné au

____

(1) D'après une lettre de Ninette à Mme de Gemeaux, du 22 août 1781, et une lettre de Darboy à M. de Gemeaux.

Palais-Royal, au couvent de Belle-Chasse où Mme de
Genlis et les petites princesses lui firent beaucoup
de compliments. Ninette ne tenait pas à la fréquen-
tation des princes. Les Tuileries, les Champs Élysées
ne l'étonnèrent point. Cè qu'elle connaissait de plus
beau dans le monde, c'était un château blanc,
flanqué de quatre pavillons, une haute terrasse
dominant la plaine. Ce qu'elle préférait aux galeries
royales, c'était une grande salle ouverte sur les
balcons, un plafond aux poutrelles peintes et dorées,
des murs couverts de tapisseries, une vaste cheminée
de pierre où le bon châtelain chauffait ses rhumatismes et faisait griller ses tartines, une table volante
que les domestiques dressaient près des porte-fenêtres
à l'heure des repas, un clavecin qui tant de fois
accompagna la voix du bien-aimé...

Le regret intense de ce qu'elle avait quitté allait
en grandissant chaque jour ; elle en vint à refuser les
sorties et les distractions. Elle perdait l'appétit et
s'enfermait dans sa chambre pour y pleurer. Son
frère aîné venait souvent s'informer d'elle et lui
conseillait de prendre médecine. Elle lui répondait
assez brusquement : « Je ne veux pas faire de mon
corps une boutique d'apothicaire. » Ninette se ranima
seulement lorsqu'elle reçut un paquet et une lettre
de Mme de Gemeaux. A la vue de l'adresse et du
cachet, rien ne put arrêter ses démonstrations de
joie. La lettre était affectueuse et maternelle ; Ninette
fut touchée par la gentillesse de sa protectrice et
puis tout ce qui venait de Gemeaux lui rappelait
le souvenir cher entre tous. Tandis que des ruisseaux
de larmes d'attendrissement coulaient sur ses joues,
elle s'écriait : « Quelle bonté ! O mon frère ! Quelle
bonté ! Et serais-tu sensible à mon amitié si je ne

l'étais moi-même à tant de générosité? (1) » Elle acheta un réchaud pour que Monsieur pût y chauffer son bouillon, une boîte pour Madame, une écuelle pour Mlle Henriette, elle en fit un paquet et pria son frère de l'envoyer bien vite à Gemeaux. Mais avec le Chevalier rien ne la rattachait? Que devenait-il dans sa garnison de Strasbourg? Souffrait-il autant qu'elle? Ce n'était pas possible. Elle se souvint que Mme de Gemeaux, un jour, voulant sans doute lui donner un avertissement opportun, lui avait dit : « Prenez garde, mon enfant, à ce sentiment si pernicieux pour votre sexe et que les hommes ont tellement l'occasion de divertir. » Hélas! Il l'oubliait peut-être.

Le dimanche 9 septembre, après une nuit sans sommeil, Ninette fut prise d'un grand frisson, suivi d'un mal de tête foudroyant et continuel. Le médecin, M. Hallé, jugea que la maladie était dans les premières voies; il ordonna de l'émétique, des gouttes anodines pour calmer les nerfs, une boisson d'eau d'orge dans laquelle on mettait un peu de gelée de groseille et des bains de pieds. Ninette était oppressée par les plus noires vapeurs; elle demandait toujours : « Il n'est encore arrivé aucun paquet de Gemeaux aujourd'hui? » Et si on ne lui répondait pas, les palpitations l'étouffaient (2).

Un jour elle reçut la visite de M. Darboy l'ancien homme d'affaires de M. de Gemeaux, qui s'avançait prétentieux et faisait de grandes phrases selon son habitude. Ninette retrouva une présence d'esprit

(1) Lettre de Gautherot aîné à M. de Gemeaux, 15 septembre 1781.

(2) Lettre de Gautherot aîné à M. de Gemeaux, 15 septembre 1781.

extraordinaire... Il s'agissait de son amour. Afin d'éloigner Mme Rouhier, elle lui dit : « Ma chère sœur, le bouillon viandeux me dégoûte. Ne pourrais-tu me préparer une tisane? » Quand Mme Rouhier se fut dirigée vers la cuisine, Ninette saisit la main de Darboy et elle lui demanda de lui rendre un très grand service, sous le sceau du secret le plus inviolable. Darboy promit le silence; Ninette lui confia qu'elle aimait M. le Chevalier de Gemeaux... et de quel amour! Elle mourait de se sentir loin de lui, privée de toute nouvelle. La jeune fille supplia Darboy de mettre à la poste les lettres qu'elle écrirait au Chevalier et de recevoir les réponses à son adresse. L'homme d'affaires accepta cette proposition avec enthousiasme; sa curiosité était piquée; il questionna longuement Ninette sur les circonstances de son amour mystérieux. Darboy écrivit trois lettres au Chevalier pour lui donner des nouvelles de Ninette; le jeune homme répondit avec beaucoup d'exactitude; il suppliait Ninette de lui envoyer quelques lignes si elle n'était pas trop épuisée. Un jour qu'elle s'était pâmée six fois, Ninette écrivit dans son lit un petit billet, en s'appuyant sur la main de Darboy qui lui servait de bureau. Voilà la lettre d'amour de Ninette, petit carré de papier bleu clair qui a défié le temps :

« Mon cher amour, je t'adore et suis bien faible, Je te serai toujours fidèle, sois le moi aussi toujours, sans quoi je mourrais. Adieu, mon adorable ami. Ah ! si tu savais combien je t'aime ! Le genre de ma maladie est nerveux. Je t'écris dans mon lit. »

Les noires vapeurs s'éloignèrent un peu de Ninette. Elle se leva pendant quatre heures, supporta qu'on entr'ouvrît les volets, mangea quelques feuilles d'artichaut, de la purée, des raisins. Une espérance nouvelle la redressait ; elle en venait presque à rêver de quelque impossible avenir. Les lettres du Chevalier étaient pour la malade un cordial moins anodin que les gouttes de M. Hallé. Les amoureux se mirent à plaisanter ; le joyeux Chevalier, toujours facilement moqueur, riait d'une lettre pompeuse et ridicule que Darboy lui avait envoyée. Terrible imprudence ! Darboy qui voulait savoir ce que le Chevalier disait de lui à Ninette, décacheta la lettre, la lut et en conçut un vif dépit. Il recacheta l'enveloppe assez mal et la donna à la jeune fille. Saisi ensuite par l'inquiétude, il voulut payer d'audace, rentra comme un furieux dans la chambre de Ninette et sans égard pour son état de souffrance, il l'accabla de sottises et de menaces. Après cette scène, la fièvre reprit Ninette ; elle vécut dans l'angoisse en songeant à la vengeance de Darboy.

Un jour, son frère aîné vint la trouver, plus solennel encore que d'habitude ; il lui reprocha d'avoir fait choix d'un mauvais confident ; Darboy avait écrit à M. de Gemeaux pour lui révéler le secret de la correspondance. Ninette poussa un cri déchirant, elle sauta hors du lit, tomba à genoux les bras tendus vers le ciel ; tandis qu'elle répandait des ruisseaux de larmes et que les palpitations entrecoupaient ses paroles, elle dit : « Le barbare, le scélérat, il m'a donc trahie, il a donc écrit à Gemeaux, il s'est joué de ma confiance et c'est M. le Chevalier qui va en être la victime. Voilà le comble de mon malheur, je n'y survivrai pas (1). »

Ninette se désolait en pensant qu'elle portait

____

(1) Lettre de Gautherot aîné à M. de Gemeaux, 2 octobre 1781.

malheur à celui qu'elle aimait. Il ne pouvait pas l'épouser sans renoncer à l'amitié de ses parents, à la considération de ses supérieurs et de ses égaux et à la plus grande partie de sa fortune. Dans la triste persuasion, qu'elle ne serait hélas ! jamais unie à lui, elle avait désiré au moins le pauvre bonheur de penser à lui, de s'occuper de lui, de recevoir de ses nouvelles... Elle avait eu tort, même de souhaiter ces consolations modestes si, à cause d'elles, Chevalier perdait l'estime de sa famille.

Tandis que Ninette se lamentait, son frère lui dit : « Ce que je redoute ce sont les infidélités de Darboy pour ce lieu-ci qui te seront bien plus funestes que celles là-bas. » Darboy en effet ne tarda pas à raconter toutes les anecdotes possibles à Mme Rouhier, à la cuisinière de son propriétaire, à tous les voisins ; il se faisait gloire d'avoir dénoncé à M. de Gemeaux cette correspondance illicite.

La pauvre Ninette ne voulait plus voir personne, elle dut cependant subir la visite de l'abbé Milet. Le digne abbé ayant terminé l'éducation des jeunes de Gemeaux, était entré comme précepteur chez un M. Titon qui demeurait à Paris. M. de Gemeaux l'avait prié de reprendre encore une fois son rôle de mentor des amoureux. L'ecclésiastique s'épuisa en citation des malheurs que de jeunes personnes s'étaient attirés en nourrisant des sentiments secrets. Ninette convint que cela était vrai, qu'elle plaignait ces personnes, mais l'abbé n'obtint pas d'autre succès.

Des reproches sévères de ses bienfaiteurs auraient peut-être révolté Ninette ; mais les lettres de Mme de Gemeaux à la fois indulgentes et fermes la touchèrent et lui donnèrent la force de se vaincre. La bonne protectrice disait au frère aîné l'opinion favorable qu'elle avait toujours de la jeune fille : « C'est un excellent sujet. Heureux et bienheureux ceux qui l'auront ! » Elle conseillait d'user de calmants plutôt que de remèdes violents ; elle espérait que le temps, les occupations affaibliraient peu à peu la passion déraisonnable de la petite ; elle désirait que la correspondance avec le Chevalier s'espaçât, mais elle priait la famille Gautherot de ne pas imposer ce sacrifice de force ; elle demandait à Ninette de bien vouloir y consentir d'elle-même.

Ninette convalescente écouta docilement les avis de Mᵐᵉ de Gemeaux qui lui conseillait de rester seule le moins de temps possible et de multiplier les petites occupations afin de distraire son chagrin. Elle allait et venait, essuyait les meubles, prenait son ouvrage, étudiait son clavecin. Elle écrivait :

« Madame, vos bontés et votre indulgence pour moi sont si grandes et si multipliées qu'il m'est impossible de vous exprimer à quel point j'en suis pénétrée et combien mon âme en est reconnaissante. Je ne devais certainement pas m'attendre que vous m'excuseriez avec tant de bienfaisance des fautes dont j'ai fait bien rudement pénitence. Oui, Madame, je sens dans toute la force que si j'avais suivi exactement ce que vous avez bien voulu me conseiller, je ne souffrirais pas ce que j'endure actuellement (1). »

Pendant l'hiver, le petit abbé mourut ; Ninette partagea le chagrin de ses bienfaiteurs et elle évita encore plus de leur déplaire. Comme on le lui avait ordonné, elle écrivit au Chevalier de plus en plus rarement. Le jeune homme avait d'abord manifesté une grande colère lorsqu'il avait appris la découverte

____

(1) Lettre de Ninette à Mᵐᵉ de Gemeaux, 8 décembre 1781.

de la correspondance et le mécontentement de ses parents; il avait répondu assez impoliment à l'abbé Milet qui lui envoyait des « représentations indirectes » assaisonnées de « quelques plaisanteries pour ne pas avoir l'air pédagogue ». Quand il était venu en congé à Gemeaux, il s'était renfermé dans un mutisme qui avait navré ses parents. Cependant lorsqu'il ne reçut plus de lettres de Ninette, il ne chercha guère à prolonger la correspondance. Madame de Gemeaux écrivait : « Chevalier chasse et se porte bien. » Ninette se désola de ce qu'elle appelait les « mépris » de son amoureux ; elle avait trop bien réussi dans sa raisonnable tactique; elle ne devait pas reculer pourtant devant un nouveau et suprême sacrifice.

Depuis qu'elle habitait chez sa sœur, Ninette voyait souvent venir en visite un ami de son beau-frère, jeune homme de vingt-cinq ans, très savant dans les mathématiques. M. Claude-Joseph Ferry appartenait à des gens honnêtes mais pauvres. Dès sa plus tendre jeunesse, il avait manifesté le génie dont il était doué pour les sciences exactes à tel point que les journaux en avaient fait mention. Quand il était âgé de neuf ans, il avait été conduit à l'Académie par M. de Schomberg. Là, M. d'Alembert lui avait demandé combien il y avait de secondes que lui d'Alembert était au monde, lui ayant désigné le nombre d'années qu'il avait. Peu de moments après, l'enfant lui avait donné sa réponse. D'Alembert lui avait répliqué : « Je crois que vous vous trompez, mon ami; je ne suis pas tout à fait si âgé. » Ferry lui avait répondu : « Sans doute, Monsieur, que vous oubliez les années bissextiles » et véritablement elles avaient été oubliées. Cette sagacité dans un âge aussi tendre avait enchanté tout le monde et particulièrement d'Alembert qui s'était chargé de l'éducation du jeune homme et lui avait fait faire ses études. Les Gautherot savaient tous ces détails par M. Monge qui s'intéressait vivement au jeune savant. Pendant plusieurs années, Ferry avait donné des leçons de mathématiques qui lui rapportaient deux mille écus par an. Croyant faire mieux pour son avancement dans les sciences, il avait écouté les propositions du prince de Salm dont il était le maître de mathématiques et qui l'avait nommé trésorier de son régiment avec le brevet de lieutenant. Mais le mathématicien n'avait pu tenir la mer et il était revenu à Paris quelques semaines après l'arrivée de Ninette. Dès qu'il avait vu la jeune fille, il avait été frappé par sa grâce et sa beauté; il avait mis alors un grand intervalle entre ses premières visites; mais ne pouvant vaincre le penchant qui l'attirait vers Ninette, il avait voulu l'étudier scrupuleusement avant que de parler. Tout, dans la jeune fille, l'avait étonné, charmé, attendri; il trouvait un rapport entre leurs deux situations : Ninette avait été élevée par Mme de Gemeaux comme lui par M. d'Alembert. Elle manifestait en toute occasion sa reconnaissance et sa tendresse pour cette famille à laquelle elle devait tant; il ressentait la même gratitude à l'égard d'un homme qui faisait tout pour lui (1). Ninette en effet parlait de ses bienfaiteurs devant M. Ferry, comme elle en parlait à tous les gens qu'elle voyait; le ton d'enthousiasme qu'elle employait, l'animation que lui donnait le rappel des chers souvenirs la rendait plus séduisante, plus jolie encore devant cet homme

____

(1) D'après une lettre de Gautherot aîné au Chevalier, 4 février 1782.

qui lui était indifférent; elle célébrait avec chaleur les merveilles gémelloises, oubliant la personnalité de son auditeur. M. Ferry s'écriait : « Ah ! Mademoiselle ! que vous faites aimer Mme de Gemeaux. » En évoquant le souvenir de ce qui approchait son amour, Ninette produisait un effet qu'elle était loin de chercher.

Ferry n'attendait que d'avoir une place fixe pour se déclarer. Il obtint un brevet de nomination comme adjoint de M. Monge à l'école du génie de Mézières; il devait recevoir quinze cents livres d'appointements et le logement. Le jeune mathématicien demanda Ninette en mariage. Ce fut pour elle un moment de terrible angoisse. Son frère aîné lui représenta qu'elle retrouverait difficilement un aussi bon établissement et un homme aussi délicat; depuis la mort de Mlle d'Orléans elle n'avait plus l'espoir d'être placée auprès des petites princesses. Ninette se fit un scrupule de rester toujours à la charge de sa famille; elle espéra aussi, en consentant ce sacrifice au-dessus de ses forces, retrouver entièrement l'estime de Mme de Gemeaux. La sensible Ninette devenue cornélienne écrivit à sa bienfaitrice : « Je me crois plus digne de vos bontés et j'ai ce que vous m'avez vanté tant de fois, le repos de la bonne conscience. J'aime mieux que mon cœur souffre, puisqu'il a eu le malheur et a été assez déraisonnable pour ne pas suivre tous les avis que vous avez daigné lui donner (1). »

Le fils aîné Gautherot se chargea d'annoncer à Chevalier la nouvelle résolution de Ninette; il le pria en termes pompeux de renoncer définitivement à elle et de ne pas chercher à troubler son repos :

(1) Lettre de Ninette à Mme de Gemeaux, 21 février 1782.

« Vous m'entendez, sans doute, monsieur, vous savez l'influence que vous pouvez avoir dans une telle affaire. Si ma sœur vous convenait, si elle pouvait faire votre bonheur, si elle ne nuisait pas à votre fortune et à votre avancement, si elle était votre égale ou du moins si vous étiez le sien, ah ! qu'une telle union nous comblerait de satisfaction, et moi avec quelle effusion d'âme je presserais contre mon cœur un aimable et jeune ami que je pourrais appeler mon frère. Mais pourquoi tracer de si flatteuses chimères ? Effaçons-les plutôt ; cette lettre-ci doit être tout entière pour la raison. Écoutons-la, monsieur, et suivons-la. Épanchez dans le sein de vos parents la douleur qui doit vous oppresser ; ils vous aiment, ils vous chérissent et à combien de titres encore ; suivez entièrement leurs conseils et vous sentirez la tranquillité renaître dans votre âme. Il n'y a que le remords qui peut la troubler et vous vous en exempterez en suivant les lois de l'honneur et de la raison. Considérez, monsieur, ce que ma sœur a souffert pour vous depuis son arrivée à Paris ; elle a manqué perdre la vie ; que s'en est-il fallu qu'un étourdi ne l'ait noircie dans le monde ? N'a-t-elle pas craint de perdre l'estime et l'amitié de votre famille ? Eh bien ! tout cela n'était rien encore auprès de la crainte de vous occasionner la moindre peine. Voyez, monsieur, ce qu'elle aurait encore à souffrir, si elle restait la victime d'un si malheureux amour (1). »

Ninette pria Mme de Gemeaux d'intercéder auprès du Chevalier pour qu'il lui renvoyât ses lettres et son portrait ; elle-même mit à la diligence tous les

(1) Lettre de Gautherot au Chevalier, 4 février 1782.

billets qu'elle avait reçus de son ami. Elle travaillait courageusement à effacer toutes les traces de ce
malheureux amour, sans parvenir toutefois à l'arracher de son cœur. Elle devait attendre encore avant
d'épouser Ferry qu'il eût payé les dettes contractées
aux jours de grande gêne, mais les mois passèrent
trop vite à son gré ; elle ne se réjouissait pas en
voyant approcher le terme de cette attente. Pendant l'automne qui suivit sa détermination, elle
écrivit à Mme de Gemeaux : « Ferry compte, si ses
affaires vont comme il le présume, s'établir dans un
an. Cette idée me fait trembler. J'ai peur d'être
malheureuse, malgré qu'il soit le jeune homme le
plus honnête que je connaisse, mais je ne l'aime
pas autant qu'il m'aime. Cependant je ne puis faire
autrement. Jamais je ne trouverai un parti comme
lui, quand même j'aurais de la fortune, car il est
d'une délicatesse et d'une probité à toute épreuve
Je ne puis réellement pas faire autrement. Mes
parents ne peuvent pas toujours me garder et je
n'ai pas l'espérance de trouver une place. D'ailleurs,
je suis trop avancée avec lui pour me rétracter. Ce
serait manquer à l'honneur. Mais quelle position !
Si je ne peux pas lui donner sentiment pour sentiment, au moins je l'estime infiniment (1). » Le
mariage redouté ne devait pas se conclure aussi vite
que Ninette le pensait. Ferry la fit attendre deux
ans encore... deux années pénibles. Ninette les passa
auprès de sa sœur qui souffrait d'une grave maladie.
Mme Rouhier vivait enfermée dans un air vicié où
Ninette étouffait ; elle devenait acariâtre, reprochait

____

(1) Lettre de Ninette à Mme de Gemeaux, 15 septembre
1782.

à sa jeune sœur de mettre la maison au pillage. Le frère cadet de Ninette, qui était lecteur chez la duchesse d'Orléans, épousa une femme de chambre des princesses. Mme de Genlis en conçut un vif mécontentement; elle retira leurs places aux deux frères qui cherchèrent des leçons souvent en vain. Pour gagner un peu d'argent, Ninette servait de gouvernante à deux jeunes filles nobles, les demoiselles de la Valette. Années de vie difficile et sans espérance! Où étaient les jours de la lumineuse Bourgogne? Après avoir enterré sa sœur, Ninette épousa Ferry en novembre 1784.

Ils eurent à Mézières de durs commencements de ménage. Ferry avait encore mille livres de dettes; il fallut acheter des meubles et du linge. Ninette fut obligée de recourir à la bonté de Mme de Gemeaux et de lui emprunter de l'argent. Elle eut deux petites filles, Fanny et Françoise, et ses grossesses la fatiguèrent beaucoup. Après avoir terminé ses travaux de ménage, pour se procurer quelques ressources supplémentaires, elle filait le lin et le chanvre, en rêvant au château de Gemeaux. Depuis son mariage, elle songeait sans cesse à un voyage en Bourgogne qui lui ferait revoir ses bienfaiteurs. En 1786, elle annonça enfin son arrivée à Mme de Gemeaux, lui demandant de préparer deux berceaux pour ses enfants. Elle se mit en route avec ses petites filles, mais à Vaucouleurs elle reçut des mauvaises nouvelles de son mari qui souffrait d'un violent mal de poitrine. Elle hésita un moment, cruellement tentée de continuer sa route; le devoir lui disait de revenir sur ses pas, elle obéit. Deux ans plus tard, elle revit le bien-aimé d'autrefois. Chevalier, passant par Mézières, vint lui rendre visite... entrevue gênée et

qui laissa à Ninette des regrets. Elle sentit se rou-
vrir une plaie mal fermée; et puis Chevalier n'était
pas seul, un de ses camarades de régiment l'accompagnait et la présence de ce tiers importun rendit
la conversation banale et distante (1). Ainsi, jusqu'aux années révolutionnaires qui devaient changer toutes les existences, Ninette mena auprès d'un
mari très estimable une vie sans allégresse. Plus
d'une fois sans doute, elle regretta tout bas d'avoir
pris contre son cœur le grand parti de la raison.

(1) Lettre de Ninette à Mme de Gemeaux, 18 octobre 1788.

CHAPITRE VIII

Un amour de philosophe.

Parmi tous les seigneurs de Bourgogne, le plus glorieux était certainement le docteur Dechaux, lorsqu'il venait se reposer quelques jours dans son fief de Chevigny. Il oubliait la femme de conseiller qu'il avait accouchée la veille, le vieux président auquel il avait défendu le café et recommandé l'eau de rhubarbe; avec bonheur il délaissait la capitale dijonnaise où il était estimé certes, mais où il n'avait qu'un rang de bourgeois insuffisant pour contenter sa vanité; il regardait avec amour les champs et les vignes de sa terre et il s'apprêtait à régenter ses vassaux. Au mois de septembre 1785, il séjournait ainsi au milieu de ses paysans lorsqu'il reçut une lettre dont il reconnut immédiatement la fine écriture. C'était de Preigney, le fils aîné de son vieux client et ami le baron de Gemeaux, auquel il envoyait régulièrement des consultations sur ses maux d'estomac et des remarques sur les livres nouvellement parus. Le docteur Dechaux connaissait également bien Preigney. Le jeune homme avait été obligé de quitter Paris en 1779, lorsque Mlle Bégon avait eu une attaque de paralysie qui devait la faire mourir peu après. L'étudiant était venu terminer son droit à Dijon et ses parents avaient été heureux de lui trouver une pension honorable chez leur respectable ami le docteur Dechaux. Preigney avait passé son baccalauréat en 1783, il avait soutenu en 1784 ses thèses de droit civil et de droit canon sur les contrats et les clercs non résidents. M. de Gemeaux avait beaucoup dépensé pour son fils; il lui avait acheté une charge de conseiller moyennant 36.000 livres, il l'avait logé dans une jolie maison rue Charbonnerie, lui avait donné une cuisinière et un laquais. Le docteur Dechaux savait que Preigney, heureusement doué pourtant et qui aurait pu aller loin s'il l'avait voulu, faisait la désolation de ses parents. Le malheureux garçon s'était épris avec une violence extrême d'une fille de Gemeaux nommée Tonton, servante chez le notaire du village. Ses parents s'étaient efforcés d'éloigner leur fils, ils l'avaient fait voyager en Suisse, mais, à peine établi chez lui, Preigney avait fait venir la fille à Dijon et l'avait installée en chambre à grands frais.

Le docteur Dechaux prit avec méfiance la lettre où Preigney le prévenait, avec toute la révérence due à un supérieur, qu'il avait logé dans son village, chez le chirurgien Bouthier, une personne bien chère en état de grossesse et dont la santé était très altérée. Il venait la voir le plus souvent qu'il pouvait et le manque d'argent le forçant à garder pour lui-même l'économie la plus rigide, il parcourait à pied les quatre lieues et demie qui séparaient Dijon de Chevigny. Bien loin de se laisser attendrir par ces détails, le docteur Dechaux entra dans une grande colère contre ces aubains qui étaient venus s'établir dans son fief sans sa permission. Il écrivit à M. de

PILIERS NOTRE-DAME A DIJON
(*Lithographie de Martel.*)

Gemeaux pour le prier d'imposer à son fils une autre résidence; à tous les gens qu'il rencontrait, il criait comme s'il avait eu Preigney en face de lui : « Drôle de morveux qui vient tenir bordel chez moi, dans ma terre, avec une gueuse. Je vous en ferai déguerpir (1) ! »

M. Dechaux se montra moins féroce en action qu'il n'était énergique en paroles. Quinze jours plus tard, lorsque Preigney le fit appeler auprès de la malheureuse qui avait eu un accouchement désastreux, il accourut au milieu de la nuit pour aider son confrère de Dijon, obéissant à son devoir professionnel; le seigneur offensé s'effaçait devant le médecin.

De cet événement qui bouleversa son cœur, des embarras pécuniaires occasionnés par les frais de la maladie et qui le forçaient à implorer la générosité paternelle, des réflexions philosophiques que toutes ces conjonctures lui inspiraient, le sensible Preigney ne nous a rien laissé ignorer. Pour les connaître, nous n'avons qu'à relire les lettres adressées par lui à ses parents, où en digne fils de Jean-Jacques, il rythmait pompeusement ses soupirs :

Ce 25 septembre, à 11 heures du matin.

«Mon père, mon enfant est mort et sa mère qui vient d'accoucher après vingt et un jours de maladie est menacée d'une fièvre putride. Je n'ai pas un liard. Donnez-moi, s'il vous plaît, de l'argent et réduisez-moi si vous le voulez à vingt-cinq louis de pension pour le reste de ma vie. »

Les larmes de ce jeune homme infortuné tom-

(1) Cet épisode est raconté dans une lettre de Preigney à ses parents, du 13 septembre 1785.

bèrent en grande abondance sur le papier à lettre ;
elles délayèrent la signature et laissèrent la trace
de trois éclaboussures jaunes, visibles aujourd'hui
encore.

Quelques jours plus tard, Preigney ne se borna
pas à un billet aussi laconique ; il laissa parler l'éloquence de son cœur :

1er octobre 1785.

« Mon père, après avoir perdu un enfant que six
ans de ma vie avaient souhaité avec la plus tendre
ardeur et pour lequel les sens étaient le moindre
objet, j'ai vu le surlendemain sa mère aux portes
du trépas. Je pleurais le jour et le lendemain de la
mort de mon fils, mais quand on m'a tiré à part pour
m'annoncer qu'il fallait administrer la mère qui était
dans un péril évident, mes larmes ont tari subite-
ment, j'ai senti un frissonnement dans les cheveux
et la tête en terre j'ai prié Dieu de me guider. A
l'instant même, j'ai senti un courage surnaturel et
j'ai cru devoir suspendre les sacrements. Je m'en-
ferme seul avec elle dans sa chambre. Tout le monde
l'avait abandonnée ; la tête était prise. Désespéré
de ne trouver aucun moyen de la tirer d'un assou-
pissement qui allait être mortel, je prends mon
violon et j'en joue pendant longtemps à son chevet.
Ce moyen, qui paraîtra à tous gens bornés, ridicule
pour celui qui l'emploie et inutile pour celui à qui
on le donne, donna un ébranlement au cerveau.
Elle ouvre l'œil, me reconnaît et prend une potion
que l'on ne pouvait faire passer d'aucune manière ;
une demi-heure de sommeil succède ; je me remets
à genoux devant un crucifix, j'implore le tout-puis-
sant Jésus-Christ, l'Esprit Saint, la Vierge, saint

Charles et de ma vie je n'ai éprouvé le sentiment sublime de la religion à ce point si éminent. C'était une inspiration de l'Éternel, c'était Dieu qui me couvrait de sa lumière.

M. le Roux et M. Dechaux arrivèrent à onze heures du soir et ne firent que confirmer le danger où elle était. Ils la trouvèrent très mal et cependant ils arrivaient dans un moment où il y avait un mieux sensible. Je conduisis ces deux messieurs et M. Bouthier dans un cabinet séparé. Là ils conseillent devant moi et jugent que si c'était une complication de la fièvre miliaire avec les rallonges du lait, qui pouvait se déclarer le lendemain aux approches du jour en fièvre puerpérale, la nature opprimée par vingt et un jours de fièvre serait trop faible pour résister seulement aux premières invasions de cette redoutable maladie. Si c'est une complication de fièvre bilieuse, son état est absolument dans la balance pour neuf jours, parce que si la sécrétion du lait se fait mal comme la toux semble le présager, le dépôt laiteux à la poitrine est toujours à craindre. O Dieu! c'est bien là ce qu'ils m'ont dit. Après cela, je leur demandai audience et leur expliquai l'âge du sujet, son tempérament, les longues maladies qu'elle pouvait avoir eues, leur époque; je leur dis le journal de sa maladie, le degré des doses où les remèdes avaient été portés, leur effet et je finis par les instruire sur la sensibilité extrême du caractère moral porté dans cette chère âme jusqu'au dernier degré. Ils écoutèrent avec attention, délibérèrent de nouveau et écrivirent l'ordonnance. A une heure du matin, ils repartirent.

Ainsi je revins donc auprès de cette chère enfant, dans la proportion au moins des trois quarts et demi pour la mort. Je portais cette mort dans le cœur, mais j'avais la vie sur le visage par un effort inconcevable. La fin de la nuit se passa en rêves sur son enfant qui auraient déchiré le cœur le plus impassible; elle croyait le voir et c'était son drap qu'elle tenait; elle me serrait par intervalle avec fureur dans ses bras, m'embrassait, pleurant sur mes joues, me regardait avec des yeux fixes et tour à tour était d'une agitation terrible ou dans un affaissement total. Tout cela fut suivi aux environs de cinq heures de ce calme doux et raisonnable, de cette résignation entière, de noms précieux, uniques, attendrissants, attachants, qu'elle me prodiguait et d'une manière suivie, de ces prévoyances dernières qui arrachent l'âme. Ce calme, plus orageux que la tempête, mit presque le comble à nos craintes et à mon épouvante, mais à cinq heures un quart les crises revinrent et c'est alors que nous commençâmes à combattre la mort. Mon Dieu m'a protégé jusqu'à présent. J'ai l'œil tendu sur elle jour et nuit et mes espérances qui n'étaient qu'une débile lueur commencent à s'accroître.

Si elle était morte, ce ne serait pas sans avoir embrassé mon père. Le peintre m'apporta votre miniature, le lendemain de son accouchement; je la lui montrai, elle me l'ôta des mains et après l'avoir bien embrassée, elle voulut dormir dessus en disant : « C'est mossieu le grand papa de mon enfant, du pauvre petit Preigney » et puis elle me dit tout de suite : « Oh! ne l'y dites pas, y suis trop honteuse » et elle pleura. J'étais trop timide aussi pour vous écrire ce mouvement involontaire de la nature, mon père, mais ce n'est pas moi qui vous l'écris, ce n'est pas ma main, c'est une des artères de mon cœur.

Recevez, mon père, le témoignage de mon respect et de ma vive tendresse, qui durera, je vous jure, autant que moi. »

« Votre fils, Loppin DE PREIGNEY. »

Jusqu'à la fin d'octobre, Preigney continua ses allées et venues à pied entre Dijon et Chevigny où Tonton revenait doucement à la vie. Harcelé par la gêne, il vendit sa bague et son écuelle d'argent; il n'avait pas pu acheter sa provision de bois pour l'hiver; tandis qu'il traînait ses pieds las sur la route de Saint-Jean-de-Losne, il pensait au froid coupant qui l'attendrait bientôt dans son appartement de Dijon. M. de Gemeaux se laissa pourtant attendrir, il envoya 252 livres à Preigney en avance sur sa pension avec une plainte sur la triste existence qu'il voyait mener à son fils : « Point de bois, point d'amis, point de société qu'on puisse avouer. Quel sort ! Et quel avenir ! Voilà ce qu'une sincère et éclairée dévotion vous ferait envisager et ce que nous sentons (1). »

Bien loin de vouloir abandonner sa maîtresse, Preigney était seulement ennuyé à la pensée des frais que lui causerait encore leur double installation de Dijon; rien que son loyer à lui absorbait déjà la plus grande partie de la pension. C'est alors que Tonton eut une idée à la fois économique et sublime. Elle conseilla à Preigney de renvoyer la cuisinière respectable que Mme de Gemeaux lui avait donnée et elle proposa de la remplacer. Le jeune homme essaya de faire partager à ses parents son enthousiasme : « Pour prix d'avoir été aussi près du tombeau qu'il soit

(1) Lettre de M. de Gemeaux à Preigney, 9 octobre 1785.

possible, elle me demande humblement, quoi? De me servir. C'est à peu près comme si un général, pour avoir perdu bras et jambes dans une bataille, demandait au prince une pièce de deux sols. » Preigney prévoit les objections de M. de Gemeaux et il s'applique à le rassurer : « Ici la plus stricte sagesse, mon père, sera mon unique loi. Quand on a passé par les mortelles épreuves dont je sors, cela tempère à un cruel point, et les sens qui chez la tourbe des jeunes gens sont le souverain but, ne deviennent chez l'homme expert et délicat que le premier pas d'une carrière dont la fin est quelquefois désastreuse. En un mot il faut aimer celle qu'on aime, pour elle-même et non pour soi et ne pas l'exposer à la mort pour le bien de tripler son être. Avec l'âme que je connais à cette fille, si sa juste demande ne lui était pas accordée, elle fuirait le pays, car par un contraste réel, j'étais son ennemi et je suis maintenant sa seule sauvegarde (1). »

M. de Gemeaux ne croit pas à la prétendue sagesse de son fils, il redoute le scandale inévitable; il pense que la fille, dont Preigney ne veut pas se séparer, serait aussi heureuse avec une pension de cent écus qui lui ferait trouver un bon parti. Il déclare solennellement qu'il ne laissera déshonorer ni lui ni les siens. Les parents ont soulagé leur conscience en blâmant leur fils, sans vouloir toutefois recourir aux mesures de justice : lettres de cachets, emprisonnements, fréquemment employées alors, mais qui répugnent au cœur indulgent du père et que Mme de Gemeaux abomine depuis les malheurs de son frère. L'abbé Milet, encore une fois disponible pour ce

(1) Lettre de Preigney à M. de Gemeaux, 11 octobre 1785.

genre de sermon, propose d'entrer en conférence avec le malheureux égaré et de le désabuser par toutes sortes de considérations propres à la détacher de son amour plus que romanesque. Le jeune Neumaison, sous-lieutenant au régiment de Chartres infanterie, qui occupe ses sages loisirs à étudier l'allemand, « langue vraiment essentielle pour un militaire terrestre » écrit à son aîné une lettre énergique : « ... Vraiment, mon frère, si tu as continué, il n'y a rien qui t'excuse, car ouvre les yeux, réveille-toi et regarde la clarté. Dis-moi en vérité, qu'est-ce qui peut t'attacher à cette fille? Quelles sont ses qualités, son esprit, ses connaissances? Enfin qu'est-ce qui en elle a le pouvoir de te faire le plus grand tort dans l'esprit de tes parents, de les affliger et de te couvrir de ridicule à l'égard de tout le monde? Si tu veux tout peser avec égalité, tu ne croiras pas comment tes yeux ont pu s'abuser à ce point et comment ton esprit a eu assez peu de ressort pour ne pas te faire sortir de cette nasse plus vite que tu n'y étais entré. Réfléchis donc que ta passion est purement animale. Mon cher Preigney, toi qui as de l'esprit, des qualités, un bon cœur, comment as-tu pu te laisser captiver si longtemps par une chose qu'on trouve bien vite honteuse, quand l'esprit, la conversation agréable et l'amour que seule peut nous inspirer une femme qui a ces qualités ne jette pas dessus un voile et quand l'âme n'y a pas plus de part que le physique?... Ce que je te dis ne m'est inspiré que par mon amitié qui me force à être l'organe de la vérité. Je sens que cela doit te peiner; je souhaite que cela fasse sur toi l'impression la plus vive et que tu quittes une chose que je compare à un zéro pour s'occuper de ton bien, c'est-à-dire la tendresse de ton père et de ta mère chez lesquels tu ne crois pas assez avoir démérité, ton état, la considération de ceux avec qui tu vis et un mariage que comme aîné tu dois prétendre à faire. Et quelle est celle qui voudra t'épouser avec ton genre de vie? »

Tonton vit ces lettres de remontrances et celle où M. de Gemeaux lui interdisait de servir son amant. Quel effet ces pages produisirent sur son organisme ébranlé ! Elle pleurait le soir, elle pleurait la nuit; le matin, Preigney la trouvait en larmes; il se disposait à la conduire à la messe pour remercier Dieu du cruel pas dont il l'avait tiré avec sa grâce, lorsque la fièvre la reprit; l'on vit reparaître la bouffissure du ventre...

Preigney retourna à Dijon pendant quelques jours puis il annonça à Tonton qu'il viendrait la chercher pour lui faire quitter définitivement Chevigny. La pauvre fille toute tremblante collait son front à la vitre. La nuit tombait rapidement en ce jour d'automne : « Viendra-t-il pas? Où va-t-il me conduire? » Elle désespérait de voir arriver Preigney, lorsqu'elle entendit la sonnette des chevaux. Un frisson la saisit. Elle allait savoir ce qu'il avait décidé pour elle et elle avait grand'peur. Il la trouva debout au milieu de la chambre, vêtue de tous ses plus beaux affiquets : une cornette blanche de mousseline, un tablier d'indienne et une chemise cirée du bout des manches, ce qui était un vrai luxe pour les personnes de cette classe. Preigney fut ému en voyant cette grande toilette qui avait dû causer bien de la fatigue à la pauvre créature pendant qu'elle l'ajustait et qui cadrait mal avec un visage battu de cinquante-sept jours de maladie.

En apercevant Preigney, Tonton sentit ses jambes flageoler. Il la porta dans la voiture. Pendant tout le temps que dura la route, elle regarda constamment à la portière, tantôt à droite, tantôt à gauche, affolée comme une chauve-souris qui se cogne contre les murs. Elle ne distinguait rien dans la nuit opaque. « Où voulez-vous m'emmener? Bien loin de Dijon. Vous m'avez trompée. »

Preigney lui montra une eau miroitante, c'était la rivière d'Ouche, une masse plus sombre, les arbres du parc; elle ne distinguait rien. Les lumières se multiplièrent, ils passèrent sur un pont, sous une porte; Tonton reconnut la porte Saint-Pierre. Tandis que la voiture roulait dans la rue du Singe, elle serra son amant dans ses bras avec une telle véhémence qu'il en fut épouvanté. Tonton faillit mourir de joie en traversant la ville.

Le lendemain matin, Preigney fut réveillé par la sonnerie du Jacquemard; il ouvrit ses volets et regarda un moment la façade plate de Notre-Dame, les galeries superposées aux fines colonnettes. Il n'était que sept heures; Tonton devait dormir encore, il lui avait tellement recommandé de rester au lit jusqu'à dix heures. Preigney descendit à la cuisine. Quelles ne furent pas son émotion et sa surprise lorsqu'il aperçut Tonton qui récurait, affublée d'un gros tablier et d'un torchon ! L'ardeur de sa joie soutenait sa faiblesse; elle était si heureuse qu'elle ne voulait pas attendre le jour avant de commencer à servir celui qu'elle aimait. Preigney pensa : « Voilà donc une créature de Dieu plus contente avec un torchon à la main qu'une autre créature de Dieu qu'on appelle duchesse, à qui on aura donné le tabouret six mois trop tard (1). »

(1) D'après une lettre de Preigney à M. de Gemeaux 1er octobre 1795.

Le 14 novembre, le philosophe Preigney redevint magistrat. Tous les membres du Parlement étaient rassemblés en la Grand'Chambre pour la séance des mercuriales; le premier président Legouz de Saint-Seine lisait un discours sur les devoirs généraux et particuliers du magistrat, discours rempli de la morale la plus saine et la plus persuasive. Preigney promenait son regard sur ces visages qu'il connaissait, il scrutait les vieux présidents, les conseillers clercs, les jeunes gens nouvellement reçus. Il se demandait combien de ces hommes honorés menaient ou avaient mené une vie semblable à la sienne, combien avaient passé leur jeunesse, non « dans une inclination délicate, mais dans la débauche la plus vile ».

L'avocat général Colas porta la parole au nom des gens du Roi. Il développa le texte *Erudimini qui judicatis terram;* il parla comme un médiocre prédicateur; dans son discours on pouvait reconnaître des phrases entières de d'Aguesseau... *Qui judicatis terram.* Quelle dignité Preigney avait-il revêtue ! Il était jugé sévèrement lui qui jugeait la terre. Lequel cependant, parmi ces hommes enivrés d'intérêt, d'ambition, de faux respect humain, de sordide égoïsme, avait le droit de le condamner ?

Les huissiers recevaient à leur tour leur mercuriale. Ils se tenaient debout, côte à côte, dans le dernier banc, avec des figures patibulaires comme d'habitude. Si les magistrats plus importants ne subissaient que des observations adoucies, les huissiers eux étaient traités comme des chevaux. On leur reprochait durement leurs exactions. Preigney pensait que les plus lourdes peines tombaient toujours sur les plus faibles. Il contemplait le plafond à caissons dorés et les trois verrières qui représentaient la Foi, l'Espérance et la Charité. La Foi porte le calice mystique, l'Espérance une gerbe d'épis, la Charité un enfant qui a l'apparence d'un négrillon. Preigney se disait : « Ils aimeraient mieux tous laisser périr une fille pauvre que de s'exposer à perdre une place lucrative, une dignité de plus, à prendre la fièvre ou à sentir léser leur amour-propre par des bêtes féroces humaines qui diront d'eux : « C'est un conseiller et il va veiller une paysanne, une pauvre fille ». Je me fais gloire d'avoir pansé les plaies de Tonton; je dis gloire et ne crois pas outrer. Si celle d'un militaire est de tuer des milliers d'hommes, je fais consister la mienne à exposer ma vie pour sauver celle d'une personne qui m'est chère et la voix de la nature qui crie dans mon sein est plus sûre que la loi de fer que les hommes ont créée (1). »

Quand il fut rentré chez lui, Preigney passa son regard sur les rayons de sa bibliothèque. Les œuvres complètes de Voltaire et de Rousseau y figuraient à côté de la Coutume de Bourgogne et des livres de droit. Il prit un tome de l'Encyclopédie et il l'ouvrit au mot *préjugé* (2).

____

(1) D'après les lettres de Preigney à M. de Gemeaux, du 18 octobre et du 15 novembre 1785.

(2) Journal de Preigney et inventaire de sa bibliothèque.

CHAPITRE IX.

D'Orb l'aînée
et l'Assemblée Constituante

« O Assemblée maudite, il n'est donc personne à qui tu ne feras du mal et aucun n'en recevra de bien ! Mais pour vous, bons et chers parents, vous qui toute la vie sacrifiâtes à vos enfants et n'en recueillez aucun fruit, pour vous dont la fortune modique ne peut souffrir la moindre diminution sans qu'elle ne porte sur l'absolu nécessaire, ah ! que je m'afflige encore et bien vivement sur ma position ! Ah ! ma pauvre mère qu'elle est douloureuse ! (1) »

Ainsi gémissait le Chevalier François de Gemeaux, sous-lieutenant au régiment de la Reine-cavalerie, à la fin d'octobre 1789, dans la chambre garnie qu'il occupait à Metz où il venait d'arriver en garnison. La révolution portait un coup terrible à la fortune du baron de Gemeaux, constituée en partie par des droits personnels, tels que la clergie et les amendes, qui étaient supprimés sans indemnité. La contribution patriotique menaçait de lui enlever en plus le quart de son revenu diminué.

1) Lettre du Chevalier à ses parents ,22 octobre 1789.

François, n'ayant pas encore de lieutenance en pied, ne touchait que cinq cents livres d'appointements. L'avancement était très lent, surtout dans la cavalerie. Dix ans de sous-lieutenance à la suite, c'était bien long pour un militaire capable comme lui, estimé de tous ses chefs et qui n'avait jamais fait le plus petit faux pas. Neumaison était mieux traité dans l'infanterie. Le Chevalier avait grand besoin des 1.500 livres de pension que lui servaient ses parents et qui allaient peut-être lui manquer. Chaque mois passé au régiment avec un cheval et un domestique lui coûtait :

1e Auberge maître : 60 livres ;

2º Extra et déjeuner maître : 10 livres ;

3º Auberge domestique : 20 livres ;

4º Déjeuner domestique : 4 livres ;

5º Blanchissage, poudre, pommade, ruban de queue ; etc... Maître et valet : 12 livres ;

6º Port de lettre : 6 livres ;

7º Papier, chandelle, cire d'Espagne, balais 3 livres ;

8º Pansage du cheval : 6 livres ;

9º Abonnement de livres : 3 livres ;

10º Pour choses imprévues : 6 livres.

Au total................................. 130 livres.

La dépense journalière pour l'année était de 1.560 livres. Il fallait y ajouter les gages du domestique : 90 livres ; les étrennes et profits : 10 livres ; l'habillement du domestique : 40 livres ; les routes : 120 livres, et 500 livres encore pour l'entretien du maître, le chauffage, les habits, les bas, les souliers, les chapeaux, le jeu, si minime fût-il, et les dépenses de fantaisie, en tout 2.320 livres. Même avec les ressources qu'il avait eues jusque-là, Chevalier ne parvenait pas à faire face à toutes ses dépenses, Il avait été obligé d'emprunter à un camarade, pour payer un maudit tailleur de Stenay, qui lui avait confectionné un habit dont le besoin urgent se faisait sentir; il devait rembourser sa dette :

« O mon papa envoyez-moi vingt louis ! Hélas vous ne le pouvez pas. Vous me dites qu'on ne trouve même pas à emprunter; toutes les transactions sont arrêtées; les gens qui ont de l'argent le réservent pour acheter des biens nationaux. Jamais je ne trouverai les 4.900 livres nécessaires pour acheter une lieutenance en pied. Je ne sortirai pas du subalterne, je ferais mieux de retourner à Gemeaux planter mes choux. O mon amie, quel avenir ai-je à vous offrir? »

Le désespoir du Chevalier n'eût pas été aussi intense, s'il avait souffert seulement du mal d'argent. Depuis combien de temps aimait-il sa cousine d'Orb l'aînée? On ne sait pas quand on commence d'aimer celle qu'on a connue toujours. Le Chevalier avait été constamment en garnison dans les villes de Lorraine et d'Alsace et il avait multiplié ses visites chez la tante qui avait été pour le petit abbé une seconde mère. C'était peut-être en l'année 1786 qu'il avait pris conscience de son nouvel amour. Ninette était alors mariée depuis deux ans, il ne lui gardait plus qu'un amical et pieux souvenir, mais le vide laissé par sa passion d'adolescent lui avait donné le désir de connaître un autre sentiment aussi pur et aussi tendre. Sa sœur Henriette passait l'hiver à Toul; cette enfant qui vivait trop solitaire au château de Gemeaux depuis que ses frères en étaient partis, était venue chercher chez sa tante un peu de jeunesse et de distraction. Les deux grandes cousines, Marie-Wilhelmine et Louise, gâtaient la petite Henriette; elles la faisaient lire, jouer du clavecin, elles s'occupaient de sa toilette. Chevalier revenant de Gemeaux, apporta le corps d'Henriette à Toul; il faut entendre par là le corsage fortement baleiné que l'adolescente mettait pour garder sa taille droite. Marie-Wilhelmine essaya le corps à Henriette; elle remarqua qu'il fallait l'envoyer chez un tailleur et comme il n'y en avait pas d'assez bon à Toul, on l'expédia à Nancy. Les belles promenades dans les environs de la cité épiscopale! Les trois jeunes filles se tenaient par le bras, elles chuchotaient... et se racontaient leurs petits secrets. Chevalier se sentait parfois un peu à l'écart; il s'apercevait qu'il souffrait et qu'il tenait ainsi jalousement à sa cousine. Pendant les séjours que François faisait à Gemeaux, ses parents recevaient souvent des lettres signées d'Orb l'aînée ou d'Orb la jeune. Il se rappelait un passage où d'Orb l'aînée s'était montrée toute gracieuse pour lui et qu'il avait appris par cœur :

« Je n'ai qu'une grâce à vous demander, c'est que vous chassiez incessamment de votre présence un certain petit chevalier que nous aimons beaucoup et que vous lui donniez pour prison la ville de Toul. Nous vous en aurons une obligation infinie (1). »

Il avait réfléchi et médité à perte de vue sur ces lignes. Était-ce l'amitié ou l'amour qui les inspirait? Poussé par une téméraire espérance, François avait osé parler à sa tante, il y avait deux ans déjà; Mme d'Orb s'était hâtée de lui fermer la bouche,

(1) Lettre de Mlle d'Orb à Mme de Gemeaux, 1786.

VUE DE LA PLACE ROYALE DE DIJON
(Gravé par Née, dessiné par Lallemand.)

elle lui avait objecté les inconvénients de la parenté et la modicité de la fortune; elle l'avait prié de ne plus revenir sur ce sujet (1). Le Chevalier avait pris sa mère pour confidente; Mme de Gemeaux à laquelle ce projet ne déplaisait pas, avait conseillé l'attente et la patience. La patience silencieuse ! Cruel temps d'épreuve pour le bouillant sous-lieutenant ! Les souvenirs en renaissaient les uns après les autres. François sentait encore l'émotion trop violente qu'il avait éprouvée lorsqu'il avait entendu dire dans un salon dijonnais que Mlle d'Orb l'aînée allait se marier, ne sachant s'il avait en face de lui un menteur ou quelqu'un de trop bien informé. Il revoyait surtout, dans ses plus menus détails, le séjour fait, l'hiver précédent, chez Mme de Toucheprès, en Poitou, avec sa tante d'Orb et ses deux cousines. La neige couvrait le parc et les champs autour du château de la Traverserie; on ne recevait pas de visites parce que les voisins n'osaient pas s'aventurer sur les routes gelées. Ces dames restaient confinées dans un salon décoré de toile de Jouy imitant la perse. De temps en temps, une des trois femmes de chambre venait prendre des ordres; c'étaient toutes trois de canoniques personnes dont la plus jeune avait quarante-huit ans. Depuis qu'elle avait perdu son mari, Mme de Toucheprès, ne craignant plus de le réveiller, donnait de petits concerts pour tromper la longueur des jours; elle jouait de la vielle, tantôt avec son bouvier Loiseau, garçon de trente à quarante ans, à face blême et nigaude, homme de confiance cependant qui gardait les clefs

(1) D'après une lettre de Neumaison à Mme de Gemeaux, 9 février 1789.

des armoires, tantôt avec M. Blavet, son ancien maître de musique qu'elle avait recueilli par charité. Le petit vieillard tout caduc et aveugle, se croyait de grands talents et faisait zon, zon, zon, sur sa vielle; Mme de Toucheprès l'accompagnait avec un instrument semblable et elle se fâchait parce que ses jointures raides lui faisaient faire des fausses notes. Tandis que se répondaient la trompette et le bourdon de la vielle, Chevalier regardait à la dérobée Marie-Wilhelmine qui se penchait sur un métier à broder. Gêne insipide de ces jours monotones! Elle était à côté de lui et il ne pouvait lui parler librement. Il ne savait pas si elle était encore dans l'ignorance totale de son amour. Elle lui témoignait de l'amitié certes, mais pas plus peut-être qu'on n'en donne naturellement à un cousin connu depuis l'enfance. Il regrettait la contrainte imposée par la présence des tantes et cependant il se disait qu'il n'aurait jamais le courage de questionner Marie-Wilhelmine sur ses sentiments. Elle les ignorait peut-être elle-même. Une hâte immodérée pouvait l'inquiéter, lui donner de l'éloignement pour celui qui l'aimait trop. Ah! mieux valait l'ignorance qu'une douloureuse certitude!

Quelquefois, oppressé par l'angoisse et par l'atmosphère confinée du salon de perse, Chevalier sortait dans la campagne blanche. Le jeune homme que son éducation à la Jean-Jacques avait rendu bon observateur, remarquait les caractères du pays qui ressemblait au Charolais à cause des arbres et des haies autour des champs, l'aspect misérable des maisons paysannes, sans pavé, ni plancher, sans fenêtre et sans grenier où les habitants couchaient tous entassés dans le même lit; François comparait ces pauvres demeures aux solides maisons de pierre bourguignonnes, mais il notait en même temps que le pot de ces Poitevins si mal logés était toujours très bien fourni de lard, de légumes, même de poule bouillie. Les paysans avaient trois plats à chaque repas; l'étable à bœufs paraissait bien tenue et bien garnie, les bestiaux gros et en bon état. Chevalier, observateur exact des choses rustiques, s'intéressait certes à l'air d'abondance des moutons, vaches, veaux et volailles, mais sa pensée se dédoublait et tout en examinant les étables, il rêvait à d'Orb l'aînée, si proche et si lointaine, qu'il adorait humblement sans oser même avec elle aucune des familiarités innocentes qu'avait autorisées la sentimentale Ninette; il savait que dans son enfance la petite Wilhelmine avait désiré se faire religieuse, il éprouvait une peur respectueuse devant cette pureté parfaite.

Pendant le carême, Mme de Toucheprès avait conduit presque tous les jours sa famille au couvent de Saint-Mars dans sa voiture traînée par une paire de bœufs. Mme de Toucheprès communiait trois ou quatre fois la semaine, Mme d'Orb tous les huit jours. Le sous-lieutenant trouvait que les prières, offices et lectures pieuses prenaient un temps inimaginable, coupaient, hachaient la journée et empêchaient de se voir. Il parlait encore plus difficilement à la chère cousine. Chevalier s'effrayait en voyant arriver les Pâques; les prêtres poitevins lui paraissaient rigoristes en diable et il se demandait quelles oreilles pastorales voudraient entendre ses iniquités après avoir ouï les saintes peccadilles de ses tantes. Il supportait cependant cette dévotion qui le tuait parce qu'il espérait ainsi rendre favorable à son amour la Providence et Mme de Toucheprès qui le pouvait aider d'un cadeau et donner à propos un conseil à Mme d'Orb (1).

Il avait cru au mois de juin voir se terminer le temps d'épreuve, Mme d'Orb était venue à Gemeaux avec ses filles et elle avait enfin donné son consentement. L'aveu devant lequel François avait tant hésité n'avait pas éloigné Marie-Wilhelmine, bien au contraire...

Il était aimé, il touchait presque au bonheur, il n'était qu'un simple particulier ne s'occupant pas des affaires de l'État, il cherchait le repos et la satisfaction dans ce qui agréait à sa famille et à ses amis, il n'aurait jamais songé que la nation, les États-Généraux pussent venir mettre obstacle à son humble félicité ! C'était vrai pourtant ! Depuis quelques mois tout s'écroulait de ce qu'il avait cru si solide. Les privilèges de son père étaient abolis, sa fortune diminuée. Au régiment la vie devenait difficile. Constamment des insurrections, des désertions ! Les soldats s'en allaient par groupe de quatre ou cinq pour passer la frontière ! Ils revenaient quelquefois, mais on n'osait pas les punir et cette tolérance énervait la discipline. Chevalier ne comprenait pas l'indulgence de Neumaison pour cette Révolution. Déjà deux ans plus tôt, le plus jeune des enfants de Gemeaux avait salué avec enthousiasme la révolte des Pays-Bas autrichiens ; il aurait voulu voler au secours des insurgés et il regrettait de voir la France gouvernée par la sœur de l'Empereur et par un Roi sans nerf et sans argent (2). Maintenant,

(1) D'après les lettres écrites par Chevalier à ses parents, de janvier à mai 1789.

(2) Lettres de Neumaison à ses parents, 29 avril - 18 juillet 1787.

de sa garnison de Givet, il suivait avec intérêt le déroulement des péripéties dramatiques. On voyait bien qu'il n'aimait pas.

Chevalier pensait à la figure pâle, aux yeux châtains, à la petite bouche de sa tendre amie et à ce dernier obstacle soulevé par Mᵐᵉ d'Orb : maintenant que la France se brouillait avec le pape et que l'Assemblée interdisait de payer le Saint-Père avec des deniers, comment ferait-on pour obtenir les dispenses de parenté? Jamais Mᵐᵉ d'Orb n'accepterait une union où tout ne serait pas parfaitement en règle avec la conscience. Pourquoi le pape et l'Assemblée se liguaient-ils contre lui? Que leur avait-il fait? Pourquoi était-il né dans une époque aussi misérable? En verrait-il jamais la fin?

Se laissant aller à son chagrin, les bras croisés sur la table étroite et la tête sur les bras, le sous-lieutenant de Gémeaux pleura comme un enfant.

CHAPITRE X

Les messieurs de Gemeaux devant la Révolution.

« Quel horrible spectacle pour tous et pour les gens de votre âge en particulier, cher oncle, que l'incroyable Révolution qui vient de se consommer ! »

Dans la solitude encore paisible de Gemeaux, l'ancien avocat général recevait l'annonce des sanglants événements qui désolaient la France et dont son neveu Claude-Bernard Loppin de Montmort (1) lui envoyait le récit. La lettre n'était pas rassurante :

« Heureux encore, si après ces jours d'orage, on pouvait aux dépens de son état et de sa fortune espérer quelque lueur de paix et de tranquillité, mais, en vérité, nous sommes encore dans un abominable chaos. L'Assemblée nationale pourra-t-elle, voudra-t-elle, osera-t-elle faire quelque chose ? Livrée peut-être au caprice d'une populace effrénée et sous le couteau de la licence et de la cruauté, entourée

(1) Germain-Anne Loppin de Montmort avait laissé trois enfants : l'aîné, Claude-Bernard, dont il est question ici ; une fille Catherine qui avait épousé Gabriel-Joseph de Tournemire et un autre fils, Bénigne-Magloire, chevalier de Malte, dit le Chevalier de Montmort.

de sang, d'effroi, de sédition et de tous les fléaux qui désolent l'humanité, pourra-t-elle avoir un plein pouvoir, lui restera-t-il même des moyens de calmer l'étonnante et incalculable effervescence des têtes, sans frein, sans lois, sans force? Qu'attendre d'une nation ardente qui est devenue cruelle, qui ne sait plus sourire, qui ignore ce qu'elle veut et qu'aucunes conditions quelque justes qu'elles puissent être, quelque avantageuses qu'on pût les lui proposer, ne calmeraient ni ne pourraient flatter, car ce n'est plus un royaume qu'il est question de rendre heureux; ce ne sont plus des provinces qu'il s'agit de concilier, des districts, des villes mêmes, mais vingt-quatre millions d'hommes ayant chacun des instincts, des volontés, des prétentions différentes, sans lien, sans ordre, sans association, sans aucun accord entre eux (1). » Loppin de Montmort, accompagnant le maréchal de Broglie dans sa retraite vers Metz, envoyait à son oncle de Gemeaux une page remarquable de méditation historique. Il y faisait ressortir le caractère individualiste de la Révolution; il y dénonçait la gravité affectée et l'emportement cruel qui remplacèrent l'ancienne gaieté. Une nation qui ne sait plus sourire? Y avait-il spectacle plus regrettable pour un Bourguignon comme M. de Gemeaux, pour un gentilhomme qui avait connu la société la plus raffinée, la plus spirituelle du xviiie siècle à son apogée?

L'ancien avocat général était inquiet pour ses deux fils militaires, exposés dans leurs garnisons de Givet et de Metz, aux émeutes, aux rébellions des soldats. Preigney assistait à Dijon à l'agonie du

(1) Lettre de Loppin de Montmort à M. de Gemeaux, 27 juillet 1789.

Parlement; agité par les événements du jour et par la crainte de perdre son état, il devenait de plus en plus nerveux. Il arrivait brusquement à Gemeaux, il remarquait que les paratonnerres n'étaient pas en bon état, que l'orage menaçait et il repartait en hâte pour Dijon, vaincu par une invincible crainte physique. Lorsqu'il était revenu auprès de Tonton, il se demandait avec angoisse ce que deviendrait cette fille, si la privation de sa place le forçait à demeurer chez ses parents; il suppliait M. de Gemeaux d'accorder une pension à la ménagère dont il avait apprécié l'économie admirable. Les soucis n'empêchaient pas Preigney de s'intéresser aux affaires générales, il envoyait à son père le compte rendu de ce que l'on pensait à Dijon sur les événements révolutionnaires. Le 8 décembre 1789, il écrivait :

« Dans l'Assemblée nationale, il y a différents partis : le parti de M. le duc d'Orléans, le parti du Roi, le parti des furieux... On disait qu'au milieu de tout cela notre Roi était d'une faiblesse insigne, qu'il accordait tout ce qu'on lui demandait, qu'il compromettait à chaque instant les personnes qui lui étaient le plus dévouées en répétant ce qu'on lui confiait et nommant les gens par leur nom, que l'on commençait beaucoup à revenir sur le compte de la Reine, qu'elle montrait dans la circonstance actuelle autant de prudence que de courage, mais que cependant la santé de cette princesse souffrait un peu et qu'elle était maigrie. »

Preigney terminait en priant son père de brûler sa lettre; mais plus fort que la prudence était chez Charles-Catherine l'amour de la conservation, le désir de ne jamais détruire ce qui venait des siens et qui devait leur survivre; à côté des lettres où son fils aîné racontait ses malheureuses aventures, il rangea soigneusement le périlleux hommage à la reine de France.

Rester sur sa terre avec un courage impassible, une volonté tenace d'y défendre ses droits légitimes, telle fut du reste l'attitude constante de M. de Gemeaux au cours des années révolutionnaires. Au temps de la grande peur, Loppin de Montmort proposa à son oncle de venir se réfugier dans son château de la Boulaye qui était bien protégé par de grands fossés pleins d'eau. Charles-Catherine refusa; il demeura avec sa femme et la jeune Henriette dans sa maison et dans son jardin ouvert à tous les passants.

Pendant l'été de 1789, si houleux ailleurs, les Gémellois n'inquiétèrent pas les seigneurs qu'ils aimaient. Les paysans n'oubliaient pas leur charité et leur justice, mais quelques fortes têtes commençaient à s'agiter au conseil général de la commune; deux aubergistes surtout se montraient acharnés révolutionnaires : Pâté, du Lion d'or et Estivalet, de la Grande Auberge; aux clients qui se réunissaient chez eux, ils offraient de grands discours contre les aristocrates; ils avaient pour allié un laboureur enrichi nommé Lécuret qui forçait les gens à l'appeler Monsieur Lécuret jusqu'au jour où le terme de citoyen devint seul licite. L'amour des Gémellois pour la Révolution ne tarda pas à grandir à cause des biens nationaux qui en enrichirent plusieurs, à cause aussi de la brillante garde nationale où les habitants se groupèrent en deux partis : les Plumetiers et les Cocardiers. C'est en mars 1790 que les châtelains connurent la première alerte sérieuse. Les électeurs du canton s'étaient réunis à

Gemeaux pour former la première assemblée primaire.
Pendant l'examen des urnes, la « canaille » se réchauffa,
se félicitant des biens que produisaient pour elle
l'abolition des droits et surtout l'égalité. Les buveurs
se mirent en tête de faire venir M. de Gemeaux
avec eux ; puisque tous les électeurs étaient égaux,
il n'y avait pas de raison pour que Loppin se tînt
à l'écart. Les habitants de Savigny-le-Sec, « gens
fort impertinents et anti-seigneurs » aidèrent ces
mauvais sujets qui, à cinq heures du soir, se diri-
gèrent vers le château. Une vingtaine d'entre eux
se présentèrent d'abord et demandèrent que M. de
Gemeaux vînt prêter le serment civique. Le vieux
châtelain, devenu très sourd et qui se trouvait
enfermé dans sa chambre, ne les entendit pas venir.
Mᵐᵉ de Gemeaux les reçut avec Henriette qui resta
très bravement à côté d'elle ; elle les congédia en
les assurant que son mari allait se rendre à l'église
où se tenait l'assemblée. Les mauvais sujets ne furent
pas contents de cette douceur. Une troupe plus
nombreuse envahit la cour ; un des gaillards les plus
excités portait au bout d'une longue perche un
bonnet de la Liberté en fer blanc, peint en tricolore.
Mᵐᵉ de Gemeaux parut de nouveau sur le perron ;
elle ouvrit les portes, espérant que cet accueil apaiserait les révoltés ; elle fut embrassée deux ou trois
fois par les plus forts mutins ; ceux-ci lui assuraient
qu'ils ne lui voulaient point faire de mal. Cependant,
la foule, ne voyant pas paraître M. de Gemeaux,
recommença ses hurlements et ses menaces :

« Mettons le feu ! Nous le ferons bien descendre ! »

Les pierres crevaient les vitres de la salle basse.
La garde nationale arriva enfin et essaya de remettre
un peu d'ordre. Le commandant de cette milice,

serrurier-chaudronnier de son état, brave homme et pacifique malgré son grade, pénétra dans le château jusqu'à la chambre de l'avocat général; il saisit le vieux seigneur par le bras et l'entraîna au balcon qui donnait sur le jardin. La foule présentait à M. de Gemeaux le bonnet de la Liberté pour qu'il s'en coiffât. Charles-Catherine ne perdit pas son sang-froid; il saisit le bonnet qu'on lui offrait au bout de la perche, le posa tranquillement par terre et fit signe qu'il voulait parler :

« Mes amis, merci de votre visite patriotique. Sachant que l'âge m'a rendu un peu sourd, vous avez cru devoir faire un peu de bruit pour annoncer votre arrivée. C'était bien naturel, mais est-ce que, dites-moi, on vous a offert quelques rafraîchissements par cette grande chaleur?

— Bien sûr que non ! cria-t-on de toutes parts,

— Eh bien, mes amis ! je vais réparer cet oubli. Vous méritez bien d'être abreuvés largement, piquiers, hallebardiers, porteurs de fusils et vous tous, citoyens de tout âge et de tout poil. En travaillant aussi énergiquement que vous le faites au salut de la patrie et de la liberté, vous avez droit à un vin d'honneur et du meilleur.

— Bien dit ! Bravo ! C'est cela, s'exclama l'assistance en masse. On ne saurait mieux dire. »

L'ex-seigneur descendit et fit monter de ses caves quelques tonneaux de vin vieux que sur ses ordres on plaça debout, en les défonçant par le haut. « Maintenant, mes amis, dit-il, approchez à volonté et puisez à pleines écuelles. »

L'enthousiasme fut à son comble. Un immense cri retentit : « Vive M. de Gemeaux ! », et l'on but à sa santé, lui souhaitant longue vie et prospérité. C'est ainsi qu'en ce jour, à Gemeaux en Dijonnais, la Révolution fut battue par le vin de Bourgogne (1).

M. de Gemeaux put s'estimer heureux d'avoir sauvé sa famille grâce à son esprit et à son sang-froid, lorsqu'il apprit deux mois plus tard la mort affreuse de son ami, M. de Sainte-Colombe. Les paysans de Vitteaux fort surexcités demandèrent à leur seigneur qui passait sur la route s'il avait fait par écrit sa déclaration du quart du revenu. Celui-ci ne leur répondit pas assez vite à leur gré. Une voiture nouvellement déchargée se trouvait sur le bord du chemin, un homme prit une bûche et la cassa sur la tête de M. de Sainte-Colombe. Toute la troupe des furieux, excitée par cet exemple sanguinaire, se précipita sur le malheureux à demi assommé et le tortura jusqu'à la mort, sans que la municipalité pût les retenir (2).

L'émeute ne revint plus devant la porte du château de Gemeaux, ce qui n'empêcha pas ses propriétaires de souffrir encore de vexations, de préjudices et même de graves dangers. Estivalet de la Grande Auberge qui faisait partie du conseil général de la commune et ne se résignait pas à son échec du mois de mars, réclama, en mai 1790, la destruction de divers arbres plantés jadis par Jean-Claude Loppin, le long d'un chemin et au bord de ses héritages. Le

(1) Cet épisode est raconté d'après une lettre de Mme de Gemeaux à l'abbé de Lentillac et une page extraite d'un travail manuscrit intitulé *la Révolution à Gemeaux*, resté inédit mais fort intéressant, où M. Césaire Huot, instituteur et remarquable érudit local, a recueilli de curieuses traditions orales.

(2) Lettre de Preigney à M. de Gemeaux, 1er mai 1790.

Conseil général décida l'arrachage et la vente des arbres. M. de Gemeaux protesta avec modération et dignité :

« Je déclare que si la municipalité persiste à faire détruire et vendre ces arbres, je la laisse entièrement maîtresse d'en appliquer le prix au profit de ce qu'elle jugera à propos, renonçant à tous droits que je puis y avoir et ne demandant rien autre pour le sacrifice que je fais de ma propriété, sinon que, lorsqu'il sera question à l'avenir de choses auxquelles je puis être intéressé, on veuille m'en faire part avant de prononcer, afin que, de concert avec la municipalité, il soit avisé gracieusement aux difficultés qui pourraient se présenter d'après la différence du Régime passé et du Régime actuel. (1) »

Les beaux ormes qui projetaient sur le chemin une ombre aristocratique furent abattus et adjugés au profit de la caisse communale.

La municipalité voulut aussi retirer à M. de Gemeaux le banc qu'il possédait à l'église; celui-ci ne put le conserver qu'en offrant une surenchère considérable. L'abbé Mochot, alors curé de Gemeaux, brave homme très doux, soucieux principalement d'élever en paix ses abeilles, se rangeait du côté du Conseil général; il passait pour avoir prêté serment; le 14 juillet 1790, il dit la messe sur l'autel de la patrie et il suivit la procession où le bonnet de la Liberté promené au bout d'une perche remplaçait le saint sacrement. D'autres incidents menus, mais désagréables pour des gens bons et généreux, habitués à vivre au milieu de la sympathie générale, troublèrent plus d'une fois la quiétude des jours.

(1) Lettre de M. de Gemeaux à Estivalet, 16 mai 1790.

Des meuniers faisaient traverser de force à leurs
voitures la cour du château; lorsque le Chevalier
revint à Gemeaux en novembre 1790, un paysan
nommé Genret, enrichi par des biens nationaux
achetés à vil prix, le menaça avec des gestes violents;
le chien du jeune officier qui l'accompagnait mordit
Genret pour défendre son maître; le Conseil général
de la commune condamna à mort le chien et le fit
abattre.

Les pertes pécuniaires s'ajoutaient à ces ennuis
journaliers. Dès le début de la Révolution, M. de
Gemeaux dut renoncer à 2.000 livres de revenus
constitués par des droits personnels, supprimés sans
indemnité. C'était un dommage sensible; cependant
Charles-Catherine le trouva justifié et s'y résigna
courageusement. Il avait longtemps médité les
ouvrages des philosophes et quoique les événements
tragiques du jour lui donnassent bien des désillu-
sions, il reconnaissait que les tailles, les corvées, les
banalités, les amendes seigneuriales devaient être
supprimées pour le bien du peuple. Il admettait
aussi les mesures de la Constituante qui donnaient
aux paysans la faculté de racheter les droits fon-
ciers, moyennant un juste prix. Comme le Chevalier
l'écrivait à Ninette Ferry, toute la famille en prenait
galamment son parti. La fortune de l'ancien avocat
général reçut le coup de grâce, lorsque le décret du
25 août 1792 supprima sans indemnité les dîmes
inféodées; c'était un capital de 80.000 livres qui
s'en allait. Joint aux pertes précédentes, le déficit
dans la fortune de la famille de Gemeaux s'élevait
à 250.000 livres. Charles-Catherine trouva que le
« respect sacré des propriétés », dont tout le monde
parlait et que personne n'observait, se trouvait

cette fois gravement lésé. Etait-ce juste de perdre
« sans indemnité, une propriété acquise sous la garan-
tie des lois, consacrée par des siècles de jouissance
mise dans le commerce sous la bonne foi publique
et achetée sous tous ces titres? (1) » S'il était obligé
de renoncer à la dîme, il demandait au moins de
conserver le champart qui lui donnait droit à la
treizième gerbe sur un certain nombre de champs.
La décision du district, favorable à M. de Gemeaux,
fut annulée par le directoire du département, le
8 janvier 1793. Charles-Catherine réclama auss
longuement contre la contribution patriotique qui,
en vertu du décret du 9 octobre 1789, l'obligeait à
verser le quart de son revenu, sans tenir compte de
ses pertes.

M. et Mme de Gemeaux s'étaient donné autant de
peine pour procurer des états avantageux à leurs
fils que pour faire fructifier leurs biens. Sans la
Révolution et bien que l'avancement fût lent, les
militaires auraient fait de bonnes carrières. Preigney
aurait conservé l'état de ses pères, la charge de
conseiller où il vivait « satisfait quoique malaisé ».
Tous les efforts des parents et des enfants se trouvèrent anéantis. C'est Preigney qui perdit sa place
le premier; le 1er juillet 1790, le Parlement de Bourgogne n'existait plus; les 36.000 livres que M. de
Gemeaux avait dépensées pour acheter la charge
de son fils furent englouties sans profit. Tout en
déplorant la Révolution qui le privait de son état,
l'ancien conseiller voulut se servir du bouleversement

(1) Lettre du Chevalier François de Gemeaux à Mme Ferry,
2 octobre 1792.

général pour mettre à exécution une idée qui lui était chère; il présenta à ses parents sa requête :

Ce 4 mai 1791.

« Mon père et ma mère,

« J'ai été si ému de la bonté paternelle et maternelle avec laquelle vous m'avez parlé que j'espère que si ce que je vais vous dire est mal, vous voudrez bien m'excuser. S'il était possible en un mot que vous eussiez l'esprit assez fort pour écarter le préjugé, voir la nature et permettre mon mariage avec une fille douée de toutes les vertus, je crois que vous agiriez bien, vis-à-vis de Dieu et vis-à-vis des hommes.

Il n'est pas nécessaire de fatiguer votre sensibilité pour me permettre ou me défendre ce que j'ai l'honneur de vous demander là. Ce n'est point la passion qui me fait parler, c'est la raison.

Je suis résigné à tout. Si vous consentez à ce que je vous demande, je vous dirai : « C'est bien. » Si vous n'y consentez pas, je dirai : « Mon père et ma mère n'ont pas eu sous les yeux comme moi, pendant sept années consécutives, les vertus de la personne que j'aime et que j'estime. Ils ne voient en elle qu'une paysanne et point d'argent. Laissons fuir le temps. Mon père et ma mère viendront à connaître que toutes les vertus anoblissent une paysanne et que sa parfaite économie supplée à son défaut de fortune. »

Je n'en dirai pas davantage. Les grandes vérités s'affaiblissent en voulant trop les étendre; elles parlent elles-mêmes et n'ont besoin que d'être dites en peu de mots.

Je suis calme et ce calme-là résulte de l'altitude de mes sentiments et est (si je puis m'exprimer ainsi)

11

le faîte de la conviction intime que j'ai en ma conscience de la vérité et de la raison de ce que je vous
écris.

Dieu veuille, mon père et ma mère, vous élever
à ce calme bienheureux qui est le plus haut période
des vertus.

Quand on quitte ce calme il n'y a plus d'appel et
on ne peut plus que redescendre.

Lorsqu'un homme est sur une haute montagne,
le ciel est serein autour de sa tête et les orages sont
sous ses pieds. Voilà le calme.

Recevez, mon père et ma mère, les témoignages
les plus profonds de mon respect et de ma tendresse.»

« PREIGNEY. »

La lettre de Preigney ne reçut pas l'accueil qu'il
espérait; même en temps de Révolution, l'ancien
avocat général ne pouvait se résigner à voir son fils
épouser une cuisinière; il lui dit :

« Votre mère et moi désirons sincèrement votre
bonheur, mais nous ne pouvons que vous plaindre
amèrement de vouloir le chercher dans des arrange-
ments aussi bizarres à tous égards que ceux que vous
me laissez entrevoir. Quel projet mon ami et quelles
maximes vous avez débitées pour l'appuyer ! Cela
choquerait toutes les idées et toutes les conventions
possibles. Elles vous mettraient dans le cas si vous
aviez le malheur de persister, de vous expatrier,
car dites-moi, comment une affaire comme celle-là
pourrait soutenir le grand jour, vis-à-vis de votre
famille et du public. »

Des hauteurs où il s'était réfugié, au-dessus des
orages et des passions vulgaires, le disciple de Jean-

Jacques répliqua avec plus de dignité encore que de déférence :

Ce 5 mai 1791.

« J'ai reçu, mon père, la lettre que vous m'avez fait l'honneur de m'écrire aujourd'hui.

Pour toute réponse, afin de ne point vous fatiguer, je vous engage à jeter les yeux quelquefois sur la lettre que j'ai pris la liberté de vous écrire hier. Elle est notable, j'ose vous le dire et frappée à un coin auquel je persiste.

Je n'ajouterai qu'un mot; ce dont j'ai l'honneur de vous parler dans ma lettre d'hier ne peut blesser ni ma famille ni le public.

Daignez recevoir mille tendresses et respectueux bonsoirs. »

« PREIGNEY. »

A la fin de juillet 1792, l'ancien conseiller se rendit à Paris pour faire des démarches afin d'obtenir le remboursement de sa charge. Le 2 août, il assista à une séance de la Législative et il envoya ses impressions à ses parents :

« Ce que je puis vous dire de plus nouveau est de vous parler d'une séance de l'Assemblée nationale que j'ai vue. Je m'attendais bien à entendre parler haut, j'en étais prévenu, mais jamais je n'aurais cru que cela pût aller à un degré si fort. C'est au point que je ne conçois pas comment ces messieurs peuvent s'entendre. Je ne sais pas trop à quoi pouvoir comparer cela. Le bruit qui s'y fait est plus fort que celui du spectacle le plus tumultueux. Si on était au parterre, on serait infailliblement mis à la porte. Ce bruit est encore plus fort que celui d'une halle, parce qu'une halle est en plein air et que l'Assemblée nationale est close; en un mot, on y crie, on y hue, on y hurle avec une telle violence que jamais je n'aurais voulu le croire, si je ne l'avais entendu de mes propres oreilles (1). » Le 11 août suivant, Preigney écrivit encore à ses parents pour leur faire part en bref d'une violente catastrophe arrivée la veille et qui avait coûté la vie à deux mille personnes environ. C'est ainsi qu'au château de Gemeaux, on apprit la chute de la Royauté.

Preigney eut de la peine à quitter Paris; M. de Gemeaux écrivit au député Guiton de Morveau afin que son fils obtînt un passeport pour revenir en Bourgogne. A Dijon, le jeune homme reprit son ancienne vie, réclamant sans cesse de l'argent à ses parents de plus en plus gênés et qui lui proposaient en vain de venir habiter chez eux par économie. Malgré toutes les inquiétudes nouvelles que leur causait la Révolution, le sort de leur fortune et de leurs autres enfants, la plaie la plus profonde, la plus secrète au cœur des parents était celle que leur fils aîné avait ouverte depuis tant d'années déjà. « Vous verrez trop tard, lui disaient-ils, ce que nos année sont enduré de tortures. Dieu vous ait en sa sainte garde pour vous préserver d'un pareil sort ! »

La Révolution fit perdre également à Chevalier son état; elle retarda encore son bonheur, mais elle ne lui le déroba pas tout entier comme il l'avait craint aux premiers jours de la catastrophe. Le jeune officier, qui n'aimait pas les idées de la Révolution et moins encore l'état d'indiscipline où était tombée l'armée, donna sa démission en novembre 1790; il

(1) Lettre de Preigney à M. de Gemeaux, 2 juillet 1792.

pensait aussi que sa présence était nécessaire à
Gemeaux auprès de son père âgé, infirme et accablé
de soucis. Mme d'Orb cessa de faire des objections
au mariage; Marie-Wilhelmine était résolue à braver
toutes les épreuves de la vie difficile, elle ne tenait
pas aux cadeaux de noce; grâce à la générosité de ses
beaux-parents, elle put recevoir quelques bijoux et
quelques ajustements lorsqu'elle épousa son cousin
dans l'église de Gemeaux, le 9 novembre 1790.
François garda la petite note où il avait inscrit les
dépenses faites pour ses noces :

Dispenses de Rome.................... 250 livres.
Cadeau fait à M. Capelle............. 250   —
Cadeaux faits à ma femme............ 1360   —
Dépenses faites, relatives à la noce, telles que
cadeaux, gants, rubans, frais de la fulmination des
dispenses, publication de bans, voyages, dons aux
gens............................... 366 livres,
Droits de contrôle et du notaire pour
le contrat........................... 300   —
En tout : 2391 livres.

Quelques années plus tard, ces restes de somptuosité auraient été totalement impossibles !
Malgré la tristesse de la situation, la vie revint
encore une fois animer, plus nombreuse et plus jeune,
le château où les vieux parents avaient vécu presque
solitaires pendant les dernières années de l'Ancien
Régime. De 1790 à 1795, Marie-Wilhelmine donna
quatre enfants à son mari, dont trois survécurent :
Charles, Christine et Étienne (1). Au mois de mars

(1) Charles, né le 1er août 1791; Christine, née le 18 septembre 1792; Étienne, né le 20 septembre 1794.

1792, Mme d'Orb effrayée par les troubles, ne voulut pas rester à Toul; elle vint se réfugier à Gemeaux avec sa fille cadette, Louise. En 1793, Preigney sans ressource et mal portant, se résigna enfin à chercher un abri dans la maison paternelle. Neumaison, qu'on appelait maintenant Émilien, fut le dernier à rejoindre la famille, regroupée de nouveau toute entière.

Le jeune lieutenant d'infanterie aimait passionnément son métier; plus encore que François, il se sentait militaire; souvent dans le séjour des garnisons, il avait rêvé au plaisir qu'il y aurait à guerroyer quelque part en Allemagne ou aux Pays-Bas; en lui revivait l'autre Neumaison, le mort de Fontenoy. Une guerre s'offrait. Quelle tentation d'y prendre part ! Aussi n'écouta-t-il ni les reproches de Chevalier qui l'engageait à imiter sa conduite, ni les longues considérations de Preigney, qui prenait sa revanche des sermons à lui adressés jadis par son cadet. Émilien pensait aussi que le meilleur moyen de sauver la France n'était pas d'émigrer, mais de conserver sa place et de la bien remplir. « Il faut qu'il y ait de bons sujets qui restent en place. Hélas ! si tous eussent pensé ainsi, les choses auraient mieux été, vous n'en pouvez douter», disait Mme de Gemeaux, en novembre 91, résumant la pensée de son fils.

Émilien fut blessé à la bataille de Mons et fait prisonnier à la fin de 1792. Rendu par les ennemis à condition qu'il ne combattrait plus jusqu'à ce qu'un prisonnier eût été restitué en échange par les Français, il vint séjourner à Gemeaux de janvier à avril 93. Il vit plus longuement sa cousine Louise. La jeune fille était peu jolie, elle ne possédait pas l'exquise finesse de son aînée, son nez était long et pointu, sa bouche trop grande; ses cheveux blonds et son teint éclatant la rendaient cependant agréable. La pauvre enfant, triste, songeuse, souffrait aussi de la Révolution qui compromettait ses chances d'avenir. Mᵐᵉ d'Orb voulait la marier à tout prix et les circonstances étaient si peu favorables à la conclusion des alliances qu'elle songeait à unir sa fille avec un vieillard riche et de nom illustre, mais qui avait quatre fois l'âge de Louise, qui était veuf de trois femmes, avare et ivrogne. François prenait la défense de sa belle-sœur devant Mᵐᵉ d'Orb :

« Quelle imprudence de vouloir donner une jeune fille à ce vieillard dont le moindre défaut est d'être dégoûtant ! Que deviendra cette enfant au cœur sensible, seule à deux cents lieues de sa famille, sans amis, sans secours, sans expérience? Quelle affreuse révolution peut lui causer la première nuit des noces ! Cette idée m'est horrible pour elle ! (1) »

Émilien parut et Louise vit en lui le sauveur; elle s'en éprit de toute son âme; elle espérait déjà un meilleur avenir, quand le 1ᵉʳ avril 1793, le jeune homme apprit que l'échange des prisonniers avait été fait et qu'il devait rejoindre son régiment. Au même moment, l'administration du département et du district reprochait violemment à la municipalité de Gemeaux de ne pas posséder de suspect sur son territoire. Les braves Gémellois qui avaient retrouvé leur attachement pour leur ancien seigneur après la brève échauffourée de 1790, n'allaient plus être libres de lui sauver la vie. Rester à Gemeaux, déserter, c'était pour Émilien condamner toute sa famille à mort. Il rejoignit les armées en déroute, gagnant le

(1) Mémoire rédigé par François sur ce projet de mariage.

nord par Verdun et Mézières. De cette dernière ville, il écrivit à son père :

Mézières, le 7 avril 1793, l'an II de la
République.

« Mon cher bon papa, j'espère que la lettre que je vous ai écrite le 6, de Verdun, vous aura tranquillisé sur mon compte. Je viens d'arriver à bon port, et comme il est de bonne heure, j'irai coucher à une ou deux lieues plus loin. Ne soyez pas inquiet au moins ; j'ai trouvé les endroits où j'ai passé, calmes et j'aurai soin pour me rendre à Lille, de ne faire route que par des communications sûres. Je vous baise les mains de tout mon cœur et vous donnerai de mes nouvelles le plus souvent qu'il me sera possible. Je ne sais ce qu'aura fait mon bataillon, mais s'il s'est laissé entraîner dans le parti du traître Dumouriez, je demanderai du service au général Dampierre qui a servi autrefois dans mon régiment.

« E. LOPPIN-NEUMAISON. »

Émilien se trouva de nouveau exposé aux dangers des déroutes et des combats. Le 4 Nivôse an II, il adressa une longue dissertation sur les avantages de l'amalgame à sa sœur Henriette. Le 20 pluviôse (8 février 1794), il fut renvoyé dans ses foyers, les ci-devant nobles ne pouvant plus continuer à servir dans les armées de la République. Avant de le congédier, son général lui donna un certificat de civisme : « En applaudissant à la mesure de sûreté générale qui exclut les ci-devant nobles de l'armée du Nord, la justice me fait un devoir sacré de rendre hommage à la bonne conduite qu'a tenue le citoyen Neumaison depuis qu'il est sous mes ordres ; il s'est toujours fait distinguer par un caractère républicain fortement prononcé et des connaissances militaires peu communes. Je joins mes sincères regrets à ceux de mes frères d'armes. Le citoyen a mérité l'estime des républicains qui l'ont connu et il rachète par beaucoup de vertus le vice natif dont il est entaché. Le général de brigade, Osten. »

Pour les autres membres de la famille, serrés à Gemeaux les uns contre les autres comme sur un radeau de sauvetage, l'année 1793 se passa au milieu des alertes et des inquiétudes. Le conventionnel Bourdon écrivit à Pierre Chauvot, ancien avocat au Parlement de Bourgogne, président du district d'Is-sur-Tille, en lui enjoignant de faire arrêter Charles-Catherine Loppin. Pierre Chauvot qui passait ses vacances à Gemeaux, et son frère Honoré, notaire du pays, faisaient partie de cette bourgeoisie, nombreuse dans le village, qui défendait vivement ses droits contre les privilèges du seigneur. Les Chauvot et M. de Gemeaux avaient été assez souvent en luttes et en procès; cependant Pierre Chauvot oublia les anciennes querelles, il répondit au conventionnel que Loppin était un vieillard inoffensif et qu'on ne pouvait rien reprocher à ses fils. La municipalité, inquiétée par le Comité de surveillance, (1) se contenta de réquisitionner la cloche du château, qui appelait à l'heure des repas les maîtres de la maison et les travailleurs dispersés dans les champs et dans les jardins. François dit à son père avec une mélancolie résignée : « C'était peut-être, en effet, une distinction encore ! »

____

(1) Le comité de surveillance avait été établi à Gemeaux le 19 mai 1793.

En 1794, une nouvelle et dernière alerte. Les commissaires chargés de rechercher les titres récognitifs des droits seigneuriaux vinrent perquisitionner au château; ils accusèrent Charles-Catherine de ne pas avoir remis tous ses titres à la municipalité. L'ancien avocat général affirma qu'il ne lui restait plus de terriers, mais il avait des archives si complètes et si bien rangées que les commissaires trouvèrent suspecte cette abondance de vieux papiers. Charles-Catherine conservait comme dans un musée, des pièces anciennes, certaines lettres de Charles-Quint qui attiraient les visiteurs, des correspondances héritées des Duprat où l'on trouvait des billets du Grand Condé; il avait accumulé lui-même d'innombrables livres de comptabilité et toutes les lettres reçues pendant sa vie de tant de parents et d'amis. Les commissaires pouvaient soupçonner la présence de censiers derrière les liasses de missives jaunies, blasonnées de cachets de cire; il aimait mieux mourir que de détruire ce trésor de souvenirs.

Le 30 messidor an II (18 juillet 1794), les gendarmes de la brigade d'Is-sur-Tille vinrent chercher le vieillard octogénaire et le conduisirent à la maison d'arrêt de cette ville. En suivant le chemin à flanc de colline qui domine la large vallée de l'Ignon, il nous semblait voir le vieux seigneur, assis dans une charrette, portant une perruque à la mode ancienne, regardant bien en face de ses yeux bruns sous ses sourcils noirs, épais, parsemés de blanc; il allait cahoté sur la route pierreuse, brûlé par le soleil de juillet si dur en Côte d'Or et croyant marcher à la mort à cause des archives qu'il avait tant aimées.

Jean Chauvot, juge de paix, officier de police du

canton de Gemeaux, frère de Pierre et d'Honoré qui avait été obligé de signer le mandat d'arrêt (1), put empêcher le transfert de Charles-Catherine à Dijon où il aurait été infailliblement guillotiné; il prouva l'innocence du citoyen Loppin et le fit relâcher le lendemain. On n'était pas loin du 9 thermidor...

Plusieurs fois M. de Gemeaux avait échappé à la condamnation suprême; il le devait principalement à l'affection de ses paysans qui lui restèrent fidèles malgré les excitations des cabaretiers, aux bons offices des Chauvot qui oublièrent les anciens dissentiments et se servirent de leurs nouvelles fonctions pour défendre leur ci-devant seigneur. Rien ne fait plus d'honneur à cet avocat et à ce notaire qui ne suivirent pas leurs confrères dans leurs mesquines rancunes contre les anciens membres du Parlement. Rien ne fait mieux l'éloge de la famille de Gemeaux qui avait su mériter l'estime à tel point dans sa seigneurie, qu'elle eut pour défenseurs tous ses anciens vassaux.

(1) Mandat d'arrêt daté du 22 messidor an II.

CHAPITRE XI

La citoyenne Ferry.

La citoyenne Ferry ne se coucha pas dans la nuit du 12 au 13 vendémiaire an IV. Elle était inquiète de son mari qui siégeait à la Convention et qui n'était pas rentré; depuis deux jours les royalistes s'efforçaient de soulever Paris contre l'Assemblée; elle n'était pas rassurée non plus sur son sort et celui de ses trois petites filles, car elle demeurait sur le territoire d'une section révoltée. Cependant, malgré les dangers de l'heure présente, son rêve s'échappait vers les jours d'autrefois et pour la dixième fois elle lisait une lettre de celui qu'elle appelait jadis le Chevalier, devenu sous la république le citoyen François Loppin. Elle ne l'avait revu qu'une fois depuis les temps lointains du premier amour, dans cette courte visite de 1788, devant un tiers importun.

La Révolution était venue; Ferry élevé par d'Alembert dans les idées philosophiques s'était pris immédiatement d'un grand enthousiasme pour les nouveaux bouleversements, il tenait l'œuvre des assemblées révolutionnaires pour la plus belle qui eût jamais honoré aucun siècle ni aucun peuple. Quoi qu'il se défendît de se laisser conduire par la vile séduction

de l'intérêt particulier, Ferry avait bien vite montré
à sa femme les avantages qu'eux-mêmes et leurs
enfants pourraient retirer du nouvel état social.
Ninette, qui n'avait jamais beaucoup réfléchi aux
questions politiques, croyait facilement ce que lui
disait son mari; elle ne regrettait pas l'ancienne
constitution de la société qui l'avait empêchée de
connaître le bonheur convoité; elle espérait que
ses trois filles, Fanny, Cécile et Delphine ne souffri-
raient pas des mêmes contraintes, qu'elles ne seraient
pas obligées d'étouffer en elles l'ardente aspiration
d'un amour véritable. Cependant, elle avait gardé
encore un vif sentiment de reconnaissance pour
M. et Mme de Gemeaux; elle regrettait que la suppression des droits féodaux, si heureuse en elle-même,
causât la gêne et la ruine de ses bienfaiteurs. Elle
ne se sentait pas aussi philosophe que son mari,
elle aurait voulu conserver leurs privilèges et leur
fortune à ceux qui en avaient toujours fait un noble
et généreux usage. Elle avait souvent écrit à Gemeaux
sur sa manière d'envisager la situation pendant les
premières années de la Révolution, mais depuis
septembre 1792 la correspondance avait été interrompue. Ferry avait été élu député des Ardennes à la
Convention et il avait voté les motions les plus révolutionnaires. Lorsqu'on décida le sort de Louis XVI,
sur huit députés des Ardennes, deux demandèrent la détention perpétuelle, un la réclusion et
la déportation après la paix, deux la mort avec
sursis et l'exécution en cas d'invasion du territoire,
trois la mort immédiate. Parmi ces trois, on trouve
le nom de Claude-Joseph Ferry (1). Le conventionnel

(1) *Procès-verbaux de la Convention nationale*, janvier 1793,
p. 280.

avait été chargé aussi de missions en Corse et dans les places du Rhin. Pendant la Terreur, Ninette n'avait pas reçu de lettres de Gemeaux et elle n'avait pas osé écrire elle-même. Des nouvelles du pays regretté arrivaient enfin et données par celui qui pouvait lui faire le plus de plaisir. A la vue de l'écriture chérie dont elle n'avait pas contemplé les caractères depuis tant d'années, Ninette sentit remonter en elle toutes les émotions douces et déchirantes que la vie très remplie, agitée, souvent pénible de ces dernières années avaient rendues plus lointaines. L'ami d'autrefois lui donnait des nouvelles de toute la famille qu'elle avait connue jadis, groupée et nombreuse et que le malheur avait de nouveau réunie, après les années de dispersion. Le vénérable M. de Gemeaux ne sortait plus guère de sa chambre et son amour de la solitude augmentait avec l'âge. Une cataracte rendait Mme de Gemeaux complètement aveugle, il était question de l'opérer. Preigney privé de sa charge était revenu vivre chez ses parents, une dangereuse consomption le minait. François parlait de ses trois enfants; Émilien, ci-devant Neumaison, avait épousé Louise d'Orb (1); Henriette était mariée avec un M. Hocquart. Ils vivaient tous ensemble pour faire les économies devenues nécessaires depuis la diminution de leurs revenus. Il leur restait cependant encore un espoir de réparer leur fortune; Mme de Toucheprès était morte en décembre 1793, Mmes de Gemeaux et d'Orb devaient hériter de la moitié de ses biens qui étaient importants; malheureusement Mme de Toucheprès, au moment

(1) Le mariage s'était fait à Gemeaux le 6 brumaire an III (27 octobre 1794). (Registres de l'état civil de Gemeaux).

des guerres de Vendée, avait quitté la Traverserie ;
elle avait succombé dans la déroute du Mans et
l'administration de la Sarthe, la croyant émigrée,
avait mis ses propriétés sous séquestre. François de
Gemeaux s'efforçait de faire rayer le nom de Mme de
Toucheprès sur la liste des émigrés, il espérait que
la citoyenne Ferry pourrait peut-être l'aider dans
cette tâche en lui fournissant l'appui de ses nombreuses relations politiques.

Ninette s'était sentie un peu irritée d'abord en
voyant que son ancien amoureux l'avait laissée si
longtemps sans lui donner de ses nouvelles et qu'il
lui récrivait pour lui demander un service. Une
minute, elle avait eu envie de jouer à la dignité
offensée, puis elle s'était rappelée la gratitude qu'elle
devait à M. et Mme de Gemeaux ; surtout elle s'abandonna à la lâcheté de l'amour. Son cœur battait,
tandis qu'elle pensait au bonheur de servir et de se
dévouer pour celui qu'elle aimait encore. Comme elle
multiplierait les démarches auprès des députés chez
qui elle avait quelque crédit ! Il parlait de venir à
Paris pour régler cette affaire ; elle lui chercherait
un logement ; un appartement serait peut-être
bientôt vide dans sa propre maison ; il serait là
tout près d'elle. Elle lui avait avoué déjà sa tendre
défaite :

« Qu'on est faible quand on aime ! Je ne puis
m'empêcher, mon ami, de commencer ma lettre par
cette réflexion à cause que la vérité s'en fait sentir
vivement à mon cœur, car sans cette faiblesse, qui
est toujours la compagne de l'amour et de l'amitié
et qui entraîne avec elle l'indulgence en repoussant
bien loin l'amour-propre, aurais-je pu, dites-moi,
vous pardonner d'avoir été si longtemps sans jaser

MICHEL-FRANÇOIS LOPPIN DE GEMEAUX
(*Miniature appartenant au Baron Albert de Gemeaux.*)

avec moi? Mais au lieu de la colère et de toute cette fierté qui décore l'amour-propre quand il est blessé, je n'ai senti en lisant votre lettre que le plaisir de retrouver les expressions d'une amitié à laquelle j'attache beaucoup de prix... »

Dans la nuit de vendémiaire, tandis que la foule grondait dans la rue houleuse, Ninette en pleurs écrivait à l'ami retrouvé :

« Comment vous exprimerais-je, citoyen, tout ce que j'ai éprouvé à la seule vue de ces caractères chéris et qui n'ont jamais cessé de l'être?... »

Ninette laissa tomber brusquement sa plume; des balles claquaient avec un bruit sec contre ses volets. Au crépitement, au sifflement des balles succéda le ronflement des boulets de canon. La citoyenne Ferry pensa de nouveau à son mari et aux dangers qu'il courait. La Convention était cernée sans doute, prise d'assaut peut-être. Dès qu'elle perçut une trève dans la fusillade, malgré le danger, Ninette ouvrit la fenêtre, et se pencha au-dessus de la rue, essayant de deviner l'issue du combat.

Les sectionnaires furieux, sachant où logeait Ninette et qu'elle était femme de député, crièrent des injures vers la fenêtre qui venait de s'ouvrir : « Il faut la fusiller ! Qu'elle descende dans la rue ! » Ninette, arrachée à ses rêves par le danger présent, se retrouva femme de Conventionnel :

« Pourvu que la bonne cause triomphe ! » Elle attendit dans l'angoisse jusqu'à six heures du matin. Les bruits de la bataille s'étaient tus. Ferry apparut fatigué, mais joyeux et criant : « Les républicains sont vainqueurs ! »

Ninette l'embrassa. Elle ne sentait plus la lassi_ tude de ses nuits sans sommeil. Elle reprit la lettre qu'elle avait commencée pour le citoyen Loppin. Quittant le ton de mélancolique tendresse qu'elle avait employé d'abord, elle entonna un hymne de triomphe où elle glissait peut-être la joie d'une secrète revanche :

« J'en étais ici de ma lettre que je m'étais empressée de faire pour satisfaire aux besoins de mon cœur, lorsque la plus affreuse conspiration de l'aristocratie en fureur a éclaté contre la représentation nationale. Ces misérables partisans de la royauté voulaient la massacrer en entier et ensuite établir le gouvernement monarchique. Ils se croyaient si assurés de leur succès qu'ils ne se donnaient plus la peine de déguiser leurs projets en manifestant un amour perfide pour la République; ils exprimaient avec une rage qui aurait pu épouvanter tout autre que les défenseurs de la Liberté, ils exprimaient, dis-je, leur coupable volonté, mais la valeur invincible de nos troupes et celle de tous les patriotes que la Convention a appelés à son secours ont triomphé encore une fois de ses nombreux ennemis et je pense qu'ils ne pourront oublier de si tôt la journée du 13 vendémiaire. Elle a été sanglante et terrible; la Convention a cherché par tous les moyens à empêcher l'effusion du sang des coupables, mais comme ils ont été les agresseurs, on leur a opposé une défense qui les a terrassés et qui les a en même temps couverts d'infamie, car les rebelles étaient au moins au nombre de 25.000 combattants; de plus ils avaient encore pour eux la grande majorité des habitants de Paris et la Convention n'avait pour elle que la pureté de ses intentions, puis environ 5.000 défenseurs, des cannes et son courage... »

Après avoir chanté la victoire républicaine, Ninette pensa qu'elle avait été dure pour ceux qui gardaient peut-être quelques regrets du passé. Elle chercha la phrase apaisante qui appelait un état où tous les adversaires seraient réconciliés :

« Mon mari, en me chargeant d'interpréter sa reconnaissance et ses sentiments pour vous, me dit de vous assurer qu'il conçoit l'espérance que la Convention se conduira avec largesse dans ces circonstances périlleuses et qu'elle saura également comprimer les excès de la Terreur et ceux de l'aristocratie. Si elle prend cette belle attitude, nous pourrons espérer le bonheur et le repos (1). »

La famille de Gemeaux avait grand besoin que Ninette Ferry l'aidât à recouvrer l'héritage de Mme de Toucheprès. Les dangers de la Terreur étaient passés; à partir du 22 frimaire an IV (12 avril 1796), les Loppin ne furent plus rangés au nombre des suspects, on leur rendit les armes qu'ils avaient déposées à la municipalité. Les anciens seigneurs durent encore, il est vrai, supporter quelques tracasseries; la municipalité fit à M. de Gemeaux un procès qui lui fut très sensible; lorsque l'avocat général avait dessiné son jardin, il avait détourné et fait passer plus au nord un chemin qui reliait le village à la route de Langres. Charles-Catherine fut obligé de rétablir à ses frais la route qui coupa désagréablement le parc et sépara les quinconces de tilleuls. Le cabaretier Pâté devait forcer un peu plus tard François à venir jouer du violon pour

____

(1) Lettre de Ninette Ferry à François de Gemeaux. Reçue à Gemeaux le 16 octobre 1795.

augmenter la solennité d'une fête civique. Le style et l'orthographe de la lettre méritent sa conservation :

Gemeaux, ce 26 ventôse an VI.

« L'agent municipal de la commune de Gemeaux, au citoyen François Loppin, musicien à Gemeaux. Je vous invite au nom de la loi à assister mardi prochain, 30 du courant, à la célébration de la fête de la souveraineté du peuple et pour la rendre plus solennel (sic) d'y aporter un viollon dont vous voudré bien vous servir pendant la célébration qui commencera à 10 heures précises.

Salut et fraternité. »

« PATÉ. »

Ces vexations ridicules que les anciens châtelains acceptaient avec une résignation calme ou une ironique bonne humeur étaient peu de chose à côté de la gêne matérielle qui allait en s'aggravant chaque jour. Depuis le 10 février 1794, M. de Gemeaux ne touchait plus aucune sorte de droits féodaux; les censitaires eux-mêmes ne lui devaient plus rien. Le déficit résultant de la suppression des droits féodaux s'élevait à 7.000 livres. Si l'on y ajoute 2.600 livres de pertes provenant du non-paiement des rentes, on voit qué les 15.000 livres de revenus possédées par M. de Gemeaux avant la Révolution se trouvaient considérablement diminuées. En même temps, la vie en Bourgogne, comme partout ailleurs en France, devenait épouvantablement chère à cause de la dépréciation de la monnaie. On ne mourait pas de faim au château de Gemeaux parce que les fermiers payaient leurs loyers en grains, mais toutes les denrées que l'on faisait venir de Dijon étaient

d'un prix exorbitant et d'une qualité détestable.
Mˡˡᵉ Dupoirier qui faisait les commissions de la
famille envoyait avec le « Journal dromadaire »
(on lisait encore au château de Gemeaux) de l'huile
pleine de crottes de rats, achetée chez l'épicière
Gelquin; Marie-Wilhelmine s'efforçait de faire elle-
même les chaussures de ses enfants. Les maîtres,
vieux, fatigués et trop bons pour leurs domestiques
avaient laissé aussi peu à peu un certain désordre
pénétrer dans la maison. François rédigea un long
rapport, pour démontrer à son père la nécessité des
réformes et des économies. Les revenus de M. de
Gemeaux, de Mᵐᵉ d'Orb et de leurs enfants ne s'éle-
vaient plus qu'à 7.215 livres. Les charges se décom-
posaient ainsi d'après l'estimation de François :

Impôts.......................... 3.000 livres.
Intérêts dus à des particuliers....   450   —
Pension viagère provenant de legs.   600   —
Gages de deux gardes............   320   —

Gages de 12 autres domestiques, tant hommes
que femmes, ceux des femmes portés l'un dans l'autre
à 70 livres (deux cuisiniers, le père et le fils comptés
ensemble 200 livres, le jardinier 120 livres, six servantes).

En tout : 930 livres.

Restaient disponibles seulement 1843 livres 10 sols,
pour faire face aux autres nécessités de la vie : « bou-
cher, épicier, autres fournisseurs ou marchands, à
l'entretien des personnes, des biens et des bâtiments
et en général à toutes les dépenses de ce genre pré-
vues et imprévues ». A première vue leur insuffisance
éclatait. Il fallait à tout prix plus d'ordre et d'économie. « Cet ordre et cette économie, ajoute François,

doivent surtout porter sur la cuisine et par ce mot j'entends, continue-t-il, tout ce qui tient à la nourriture (surtout le pain) et à la basse-cour; ce sont deux gouffres où s'engloutit, sans agrément ni profit une grande partie de ce qui contribuerait efficacement à rétablir l'aisance ou au moins à diminuer le mésaise. Le nombre d'allants et de venants, tant ouvriers que passagers, etc., que diverses causes amènent à la maison pour y manger et boire, est aussi excessif que leur consommation. » François entre ensuite dans le détail de ce qui est nécessaire pour la consommation des trente et une personnes dont se composait la maison. Au total, « on consomme actuellement plus de 900 mesures de grain, alors que 500 devraient largement suffire en y comprenant encore :

1º Une grosse lessive tous les mois à douze lessiveuses;

2º Trois blanchisseuses employées chacune quatre jours tous les mois;

3º Deux ouvrières en linge, etc... employées chacune six jours tous les mois.

On ne saurait trop faire attention à cette énorme différence, elle est le fait de la foule de monde et d'animaux, tant sédentaires que passants qui mangent journellement ici et d'un vice quelconque dans l'administration. On pourrait dès aujourd'hui réformer trois bouches inutiles, dont deux à gages et cela non seulement sans que le service en souffre, mais même de manière à ce qu'il y gagne ».

A la basse-cour dont François va parler maintenant, il y a aussi un coulage formidable : « Cet établissement emploie personnellement quatre personnes dont deux ont des gages, les deux autres l'entretien seulement. » On dépense autant pour mener paître les huit ou dix vaches du château que pour le troupeau collectif de Gemeaux et de Pichange et ces huit ou dix vaches, mauvaises laitières ou trop vieilles, ne fournissent même pas à la consommation de la maison; il faut acheter chaque semaine un supplément de lait et de beurre. François parle ensuite des économies à réaliser sur l'élevage des volailles; cette économie devra surtout porter sur les dindons, auxquels il en veut tout particulièrement. Les moutons sont peut-être moins onéreux, mais les cochons sont « un objet majeur *(sic)*, ils consomment à peu près tout le son de la maison; il y en a trop et ils sont nourris trop longtemps ».

Vient ensuite la culture du jardin pour laquelle un homme ne suffisant pas, on avait eu la bizarre idée d'adjoindre une jeune fille. Naturellement l'ouvrage n'en allait pas plus vite et l'amour s'étant mis de la partie, comme c'était inévitable, une réforme radicale était devenue nécessaire.

Les domestiques étaient en général, au dire du mémoire, payés trop fortement. Après avoir analysé la distribution du temps de plusieurs servantes, François en vient à celle des cuisiniers. Le fils Sergent ne loge pas au château. « Qu'il se dépêche un peu, il aura le temps d'aller voir sa femme; c'est un inconvénient grave dans une maison que ces visites conjugales, sans parler des maternelles et des fraternelles. » Le père Sergent était vieux et fatigué, il n'y voyait plus assez pour éplucher les légumes; le château lui servait de maison de retraite ainsi qu'à la Mochot préposée au soin des dindons et dont le nom se retrouve à chaque page de l'histoire de Gemeaux pendant quarante années. Encore aux jours difficiles de la Révolution, les vieux maîtres ne renonçaient pas aux habitudes généreuses de toute leur vie; le château de Gemeaux restait l'arche de Noé où s'abritaient bêtes et gens, la maison du bon Dieu largement ouverte à tous les hôtes !

On n'avait jamais fini non plus de payer les impôts. En vertu de l'arrêté du Directoire exécutif du 14 pluviôse an IV, la famille Loppin dut donner 900 livres à l'emprunt forcé; elle en acquitta la moitié avec 45.000 livres d'assignats, valant 450 livres, et l'autre moitié avec 107 mesures de grains estimées à 550 livres. Pour se procurer les assignats nécessaires, Émilien vendit sa montre d'or, François une paire de boutons de manchettes et un écritoire également en or, Mme d'Orb son bracelet et ses cuillères à café (1). On envoya à Dijon aussi la batterie de cuisine en cuivre, orgueil de Sergent père et fils et la chasuble d'or, héritée de Mgr Bégon, prince-évêque de Toul, que l'officiant revêtait aux jours de grandes fêtes dans la chapelle du château.

François de Gemeaux supportait cette pénurie extrême en songeant que la fortune de Mme de Toucheprès les aiderait peut-être bientôt à retrouver une situation meilleure. Il attendait avec impatience les lettres de Ninette. Les Ferry avaient eux-mêmes des épreuves à supporter. L'ancien conventionnel, en sortant du corps législatif où il n'avait pas été réélu, perdit son traitement de député. Il espérait une place de professeur à l'Ecole polytechnique; il acceptait en attendant, pour quatre mois, un poste de commissaire près les armées des Pyrénées Orien-

_____

(1) Note des différents effets envoyés à Dijon pour acquitter l'emprunt forcé de la seconde édition due par papa et Mme d'Orb, 20 germinal an IV (de la main de François).

tales, où le traitement était payé en partie en nature. Il avait grand besoin d'emprunter 20.000 francs en assignats ou leur valeur, soit en grains, soit en légumes secs. Ninette qui aurait voulu donner largement sa peine et son crédit, sans faire payer ses services, se trouva forcée d'obéir à son mari et elle demanda au citoyen Loppin de lui prêter 20.000 francs de pois et de haricots, qu'il lui expédierait de Gemeaux à Paris (1).

François, malgré sa gêne, obligea ses amis plus pauvres que lui. Ninette multiplia les démarches pour faire rayer Mme de Toucheprès de la liste des émigrés; son mari n'était plus député, mais elle connaissait intimement Le Couteulx de Canteleux, membre du Conseil des anciens; elle le pria d'intervenir auprès du Directoire en faveur de la famille Loppin.

Ninette essaya aussi d'arranger les difficultés que suscitait Mme de Champagne, une nièce de Mme de Toucheprès, cohéritière avec Mmes de Gemeaux et d'Orb. La coutume du Poitou accordait la moitié de la succession aux deux demi-sœurs de la défunte, mais Mme de Champagne aurait voulu l'accaparer tout entière. Ninette se rendit chez cette ci-devant où elle fut introduite par un valet de chambre. La citoyenne Ferry n'aimait pas beaucoup ces manières d'Ancien Régime. Mme de Champagne la reçut dans un salon à corniche dorée, meublé en superbe damas cramoisi, garni de tables, corniches, bonheurs du jour en acajou et marbre blanc. La dame avait le goût des gros oiseaux; elle gardait constamment près d'elle un perroquet qui faisait un bruit insup-

(1) Lettre de la citoyenne Ferry à François Loppin, 27 frimaire an IV.

portable et qu'elle trouvait charmant parce qu'il sifflait, miaulait et jappait. Elle logeait trois perdrix rouges dans son cabinet de toilette et elle forçait les visiteurs à se baisser pour les caresser. La citoyenne Champagne et la citoyenne Ferry s'abordèrent avec une certaine prudence, chacune essayant d'abord de deviner les opinions de l'autre, sans exprimer trop clairement les siennes. Ninette démêla cependant que son interlocutrice préférait l'ancien régime au nouveau; elle recevait beaucoup de ci-devants : Tourzel, Béthune, Choiseul, Luynes, mais elle était surtout très pieuse; elle accepterait toute espèce de gouvernement qui la laisserait vivre et pratiquer sa religion en paix. La citoyenne Ferry crut qu'il y aurait lâcheté à trop dissimuler ses principes et sa façon de penser sur la Liberté et sur la Révolution, mais elle s'abstint de prononcer un jugement sur les hommes qui y avaient joué un rôle et elle évita toutes les réflexions qui auraient pu blesser Mme de Champagne. La dame se plaignit longtemps de sa misère malgré le démenti que lui donnaient son valet de chambre et son salon doré. Elle demanda sans empressement des nouvelles de ses cousins Gemeaux qui devaient jouir, pensait-elle, d'un parfait bonheur. Il ne leur manquait, en effet, pour être heureux que de quoi vivre.

Mme de Champagne faisait agir auprès du Directoire et pour son compte personnel, le citoyen Salmon. Ninette craignit que Le Couteulx qui défendait les intérêts des Loppin n'en conçût de l'ombrage; elle se dépensa en manœuvres habiles pour faire servir ces deux hommes politiques à la cause de ses amis, elle adressa une requête au ministre de la police. Ninette retourna même chez Mme de Champagne décidée à l'adoucir par tous les moyens ; elle écrivit à François :

« J'irai chez la citoyenne Champagne, munie de tous les ingrédients qu'emploient les coquettes lorsqu'elles veulent faire tomber quelques dupes dans leurs filets et comme elles également, je prendrai ce masque hypocrite qui ne laisse apercevoir que simplicité et innocence, tandis que la perfidie et l'intérêt sont dans le cœur. Voyez, mon ami, combien j'ai envie que mon amitié vous soit bonne à quelque chose, puisque je suis déterminée à jouer un rôle dans lequel je suis en vérité bien novice, malgré ma qualité de femme, mais de quoi l'amitié ne viendrait-elle pas à bout?... Adieu, mon ami, aimez-moi bien et ne tardez pas à votre tour à me répondre promptement. Je mérite en vérité que vous soyez un peu touché de la docilité que j'ai pour vos conseils. »

Elle était femme, moins par la coquetterie que par le dévouement et la tendresse, mais elle savait pourtant avec finesse exprimer la vivacité de son sentiment sous les dehors corrects d'une amitié ancienne.

Cependant les démarches de Ninette ne pouvaient aboutir, tant que l'administration de la Sarthe n'aurait pas reconnu la non émigration de Mme de Toucheprès. En fructidor an IV, François se vit obligé d'entreprendre un long et coûteux voyage. Il alla au Mans et en Vendée, à la recherche de témoins qui pussent éclairer les autorités. Plusieurs femmes affirmèrent que Mme de Toucheprès était restée chez elle, à la Traverserie, jusqu'en octobre 1793, qu'elle avait fui devant l'armée républicaine commandée par Westermann, en se mettant à la suite d'une bande d'insurgés ; elle était morte au Mans dans la prison de l'Oratoire, le 29 frimaire an II. Mme de

Toucheprès étant insurgée, non émigrée, ses héritiers devaient profiter du bénéfice de la loi qui amnistiait les insurgés et voir lever à leur profit le séquestre qui avait été mis sur les biens de la défunte. Mais les autorités de la Sarthe étaient difficiles à convaincre, elles ne voulaient pas accepter comme témoins des femmes illettrées; elles avaient dépeint au ministre de la police François de Gemeaux, comme un royaliste, un chouan, un émigré ayant répandu l'or et les bijoux à pleines mains, comme un homme extrêmement dangereux pour la République.

François se rendit à Paris à la fin de Fructidor pour continuer ses démarches; il tâcha de vivre avec frugalité, se contentant de repas à 30 sous : une tête de veau ou un fricandeau, un rôti, un entremets et un dessert; il fut obligé d'offrir un dîner à trois invités influents et de dépenser la forte somme de 28 livres pour leur donner du bouilli, du fricandeau, des côtelettes de mouton, du poulet rôti, des artichauts frits (1), de l'omelette soufflée, de la salade, du dessert et des vins.

François faisait avec remords ces dépenses nécessaires en pensant qu'à Gemeaux on se privait pour lui. Charles-Catherine envoya à son fils sa plus belle argenterie, son boîtier de montre et des gravures anciennes.

Tandis que le séjour de François se poursuivait à Paris, pénible à cause des fastidieuses démarches, mais adouci par l'amitié et l'obligeance inépuisable de Ninette, Marie-Wilhelmine se rongeait et se désolait de cette séparation qui lui semblait interminable. Elle pensait souvent à ce château de la

(1) Lettre de François, 24 fructidor an IV - 9 septembre 1796.

Traverserie que François venait de revoir. Elle se rappelait la solitude blanche, le salon tendu de perse où elle restait pendant des jours, enfermée, mais heureuse d'un bonheur imprécis et d'autant plus intense, grisée par l'éveil d'un amour qui s'ignorait encore.

A la fin du séjour chez Mme de Toucheprès, elle avait eu la rougeole. Wilhelmine croyait sentir encore la fièvre qui la brûlait, la chaleur des tisanes et la joie qui l'envahissait lorsque son cousin ouvrait la porte pour venir prendre de ses nouvelles. Souvenirs enchantés ! Pauvre tante de Toucheprès, bienveillante et généreuse, digne d'être aimée malgré les petites étroitesses de sa dévotion exacte et l'énervement causé par son retour d'âge dont elle faisait quelquefois souffrir ses proches. Quelle mort tragique avait terminé sa triste vie ! La pieuse dame qui oubliait ses peines en jouant de la vielle était devenue une brigande, elle avait suivi les hordes de scélérats et de réfractaires, elle avait soutenu leur rage jusqu'à la mort, au dire du commissaire national près le tribunal de district du Mans. Un témoin l'avait vue, dans l' « armée brigantine », qui marchait à pied, malade, exténuée de fatigue et de faim ; Wilhelmine pensait à l'épuisement de ces marches forcées, à l'horreur de cette mort en prison, au milieu des enfants, des femmes, des vieillards qui avaient agonisé en même temps que la malheureuse. La tristesse de la maison oppressait Wilhelmine ; Preigney se mourait, Mme de Gemeaux était aveugle ; M. de Gemeaux de plus en plus sourd ne communiquait plus avec sa famille que par écrit ; il avait parfois des manies de vieillard, trouvait que ses confitures de coing baissaient trop vite dans le pot et reprochait à sa belle-fille d'en avoir mangé en cachette. Wilhelmine souffrait aussi de l'hostilité qu'elle rencontrait chez Henriette. Cette toute jeune femme se montrait un peu revêche et intéressée. Wilhelmine avait espéré jadis plus de douceur chez l'adorable Henriette, la petite cousine dont elle raccommodait le corps baleiné et qu'elle promenait sur les rives de la Moselle.

En de longues lettres adressées à son mari, elle exprimait son chagrin et son amoureuse impatience :

18 Fructidor.

« Grand Dieu ! que de maux nous éprouvons l'un et l'autre depuis cette fatale séparation. Ah ! si je les avais prévus, jamais, jamais nous ne nous serions quittés. L'injustice nous poursuit. Nous lui opposons la justice, l'équité, la probité et cette lutte nous donne de l'inquiétude... Je ne te donnerai pas le lâche conseil de quitter avant d'avoir confondu les calomniateurs, mais seras-tu écouté? Ces gens sont puissants. Ils sont soutenus par des gens en place et tu n'es pas connu. Je suis bien tourmentée, bien agitée. Je voudrais être près de toi. Je le pourrais si tu voulais. Si j'étais dans ta position, tu ne m'y laisserais pas seule. Dis un mot. Je vole dans tes bras... Comme ta lettre d'aujourd'hui est tendre. Mon bon ami, j'en ai été vivement émue. Tu m'aimes comme je t'aime et ton cœur a sur le mien d'être plus éloquent et sait bien faire entendre tout ce qu'il ressent d'amour. »

Dernier jour complémentaire.

« Encore une lettre, mon bon ami. Pour le coup j'espère qu'elle sera la dernière que je t'adresserai à Paris. Il est temps et plus que temps de nous réunir. Nous en avons besoin l'un et l'autre. Cependant tu éprouveras encore bien des ennuis ici, mais nous serons ensemble pour les supporter. Quelle différence pour tous deux ! L'union de deux êtres qui s'aiment comme nous, donne bien du courage et de la force. On se les communique l'un à l'autre. Les peines et les plaisirs se partagent ; les premiers diminuent de moitié et les derniers se doublent, se triplent selon le degré de tendresse que l'on a l'un pour l'autre. Ah ! quelle joie, quels transports vont éclater dans cette première entrevue ! De quel bonheur nous allons nous enivrer et je ne pourrai me rassasier de te voir, de t'embrasser. Je te dirai et répéterai mille et mille fois que je t'aime, que je t'adore, que je vis et ne vivrai jamais que pour toi, que je suis ton amie, ton amante, ta maîtresse, ta femme, la mère de tes petits enfants. »

Aucune hyperbole ne paraissait trop exagérée à Wilhelmine pour chanter sa délirante tendresse :

« Tu es pour moi la rosée du ciel. Je possède tous les biens quand je suis avec toi. Quand j'en suis séparée, je vis, mais je languis. »

Elle posait ses lèvres sur la lettre qu'elle allait envoyer et elle écrivait dans un coin : « Baise cette place, elle en reçoit de bien tendres. » Elle joignait les mains de ses enfants et leur faisait répéter : « Dieu, protecteur de ceux qui vous aiment, accordez-nous bientôt le retour de notre papa ! » Elle courait à la fenêtre chaque fois qu'un coup de fouet claquait derrière le mur du jardin et se fatiguait les yeux en regardant la route blanche. La voiture désirée n'émergeait pas en haut de la côte. Que faisait-il ? Sortirait-il jamais des embarras inextricables ? Un accident avait-il interrompu son voyage, ou une attaque des brigands qui désolaient le territoire de la République? Reverrait-il son frère mourant? Une autre femme peut-être le retenait là-bas...

François parut enfin et le tourment de Wilhelmine s'apaisa. Ninette retrouva à son tour les heures chagrines; elle avait appris depuis longtemps à se résigner et à dire : « Je ne suis pas heureuse, mais j'ai encore du courage et je ferai en sorte de le conserver jusqu'au bout. » Pendant les jours de grâce que François avait passés auprès d'elle, avait-elle su lui dissimuler suffisamment sa trop ardente tendresse? Nous ne le savons pas; mais les lettres que Ninette adressa désormais à Gemeaux sont plus froides, plus contenues. On n'y retrouve plus les expressions affectueuses et familières dont elle usait avant le voyage de François. La républicaine Ferry, luttant contre sa faiblesse de femme qui l'a peut-être épouvantée, se cache derrière le masque d'une vertu toute civique. Avant de clore les lettres pour celui qu'elle n'ose plus appeler : « Mon ami », elle écrit seulement d'une main qui tremble : « Adieu, citoyen. »

UNE SERVANTE
DU CHÂTEAU DE GEMEAUX
(Archives du château de Gemeaux.)

CHAPITRE XII

Leur maison.

Avait-il prévu ces jours de lente agonie lorsqu'il écrivait à son père jadis :

« Je puis être malade légèrement peut-être, mais peut-être, aussi grièvement. Je sais par expérience et ancienne (cette ancienne expérience me retrace chaque jour dans mon cœur la double vie que je dois à ma mère, si sublime et si tendre alors à mon égard) et récente que les médecins sans quelqu'un (et ce quelqu'un est unique) que le cœur guide entièrement et qui par ses soins continuels est à vrai dire l'ange tutélaire du patient, que les médecins, dis-je, avec la meilleure ordonnance du monde, laissent souvent périr leur malade. Où trouverai-je cette personne (1) ? »

Dans un petit bâtiment situé derrière le château de Gemeaux, Preigney s'en allait d'une maladie de poitrine. Sa mère ne pouvait pas l'assister; aveugle, elle ne voyait pas mourir le fils qui avait été le tourment de sa vie. Preigney recevait les visites d'Hen-

(1) Lettre de Preigney à M. de Gemeaux, 18 octobre 1795.

riette et de ses belles-sœurs, mais elles étaient absorbées par leurs jeunes enfants et ne restaient pas longtemps auprès de lui. Wilhelmine se sentait effrayée quand elle entrait dans la chambre de son beau-frère, en remarquant le changement de sa figure; elle n'osait pas lui parler de peur qu'il ne découvrît l'altération de sa voix (1). M. et Mme de Gemeaux n'avaient pas voulu priver leur fils des soins dévoués qui lui étaient nécessaires; depuis que Preigney était mourant, ils toléraient ou feignaient d'ignorer la présence de l'ancienne servante-maîtresse; au chevet du malade se tenait Tonton, l'ange tutélaire.

Le chirurgien Rouget venait toujours au château faire une visite quotidienne; il avait bien vieilli depuis le temps où Mme de Gemeaux lui commandait des pilules et des clystères pour tous ses protégés, et elle la malheureuse femme ne pouvait plus courir au devant de lui en dégringolant les étages. Elle souffrait non seulement de la cataracte mais encore d'une fistule lacrymale. Ses yeux, que sa nature sensible avait souvent fait pleurer, étaient maintenant toujours noyés de larmes. Rouget appliquait à la malade les soins ordonnés par les médecins Evaux et Hoin qui avaient rédigé une consultation en style républicain : « Les citoyens Évaux et Hoin en discutant entre eux sur l'état de la fistule de la citoyenne Loppin, ont effectivement dit que si on tentait la cure par la cautérisation, il fallait donner la préférence au beurre d'antimoine, mais ils n'ont dit ni conseillé qu'il fallût le faire, parce que s'ils eussent pensé que cela fût nécessaire, ils auraient engagé cette citoyenne à passer quelque temps à la

____

(1) Lettre de Wilhelmine à son mari, 30 fructidor.

ville pour suivre par eux-mêmes l'effet d'une ou de plusieurs cautérisations. »

Rouget se dirigeait ensuite vers la petite maison de Preigney. Le 9 septembre 1796, le chirurgien-apothicaire qui s'appelait maintenant officier de santé, rédigea un mémoire sur la maladie du sieur Charles-Élisabeth Loppin, à l'usage d'un médecin consultant : « Un jeune homme âgé d'environ trente-quatre ans, ayant été sujet à de petites incommodités aux yeux et aux oreilles, pour lesquelles il s'était astreint à un exutoire qu'il a gardé pendant environ quatre ans au bras. On l'a cessé ; on a repris le cautère qu'on a laissé subsister pendant environ un an, au bout duquel temps il a été supprimé sans aucune espèce de précaution dans le temps d'un commencement de rhume. Les deux dernières époques datent d'environ dix-huit mois. Le rhume avec le temps est devenu plus fort, plus opiniâtre ; la fièvre avec des redoublements marqués de frisson s'y est jointe, la fréquence de la toux a dérangé le sommeil ; les crachats qui étaient rares dans le principe sont devenus plus abondants ; tous ces dérangements ont amené la fièvre lente, l'amaigrissement et même la bouffissure des jambes, mais qui a été de peu de durée. »

Malgré les remèdes administrés : lait d'ânesse et quinquina, le mal avait empiré avec l'hiver, puis avec l'été ; on avait interrompu le lait d'ânesse et les eaux de Cotteret. « État actuel. La toux est fréquente, elle dure même quelquefois plusieurs heures ; les crachats purulents sont très abondants, la maigreur est grande ; il y a un déchirement qui se fait sentir à la poitrine, du côté où les crachats viennent ; il y a même quelque fois un point de côté ; souvent la toux fatigue encore plus la nuit que le jour et malgré l'usage des pilules de styrax, on ne repose que quelques heures. Il y a presque toutes les nuits et depuis longtemps des sueurs nocturnes considérables; la fièvre lente continue, il y en a même quelquefois beaucoup le soir. Depuis une dizaine de jours, il est survenu un dévoiement avec légère douleur et qui est quelquefois fort abondant. L'appétit, les nourritures ont soutenu le malade, mais depuis quelque temps le dégoût se met de la partie; le pouls est petit, faible et fréquent. Il se plaint encore de mal de gorge, de difficulté d'avaler. Voilà l'état où est le malade qui implore avec impatience les lumières de M. Portal.

Nota. — Depuis environ quinze jours, le malade entend un peu dur et il a dans son repos des rêveries· M. le malade a encore essuyé à différentes fois un crachement de sang considérable, quelquefois clair, d'autres fois mêlé de crachat. »

Preigney, se sentant mourir, s'inquiétait du sort de Tonton; ses frères et sœurs qui étaient ses héritiers pourraient-ils assurer une pension à la pauvre fille? Il leur laissait une rente sur l'État de 600 livres qui lui venait de Mlle Bégon, mais depuis que les paiements des rentes se trouvaient suspendus, ce legs était vraiment dérisoire. M. et Mme de Gemeaux rassurèrent le mourant; ils promirent de constituer à la ménagère de leur fils une pension annuelle et viagère de 30 quintaux de blé froment de bonne qualité. Cette rente en nature mettrait Tonton à l'abri des fluctuations désastreuses de la monnaie (1). Les frères de Preigney ne se montrèrent pas moins généreux, ils abandonnèrent à Tonton le mobilier et la garde-robe de son maître. Preigney put regar-

____

(1) Dispositions testamentaires de Preigney et convention qui les ratifie après sa mort, datée du 24 vendémiaire an V.

der une dernière fois ce qu'il laissait à sa compagne :
sa montre d'or à répétition et tous ses vêtements,
ses trois peignoirs, sa redingote de drap bleu façon
de schlouffe, son habit de moire noire, son habit de
satin noir avec glands et franges. Le mourant recommanda que, par exception, l'on rendît à la citoyenne
Émilien Loppin sa belle-sœur, un devant de gilet
en casimir brun qu'elle lui avait brodé. La vaisselle
et les ustensiles de son ménage seraient aussi pour
Tonton ; elle pouvait sortir du tiroir les deux couverts d'argent et les deux petites cuillers à café, du
placard la lampe à pompe, la cafetière, la tourtière
en rosette où elle avait fait cuire de si bons gâteaux,
le tournebroche à la mode qui lui avait servi à rôtir
des volailles dorées dans la petite cuisine de la rue
Charbonnerie. Tonton prendrait aussi le secrétaire
et quand son maître serait couché dans le cimetière,
elle décrocherait de la croisée les rideaux de mousseline, le rideau de taffetas vert qui adoucissait la
lumière pour ses yeux fatigués (1). Que ferait-elle
des deux violons, des deux guitares aux fredons
légers, du parapluie en taffetas rose, souvenirs inutiles
des jours meilleurs ?

Preigney, s'étant acquitté de sa dette, se sentit
plus tranquille, mais toute joie était finie pour lui.
Il ne pouvait même plus rêver d'une lente promenade au soleil ; sa dernière course en voiture avait
été désastreuse, les cahots de la route avaient amené
un crachement de sang.

Ce fils de la nature se rappela sans doute qu'il
avait écrit dans son journal :

____

(1) Le mobilier de Preigney fut estimé à 1045 livres. (Inventaire du 24 vendémiaire, an V - 14 novembre 1796.)

« Ah ! si quelque chose peut donner une idée de la divinité, c'est la musique (1) ! » Mais nul ne songea à réveiller pour lui l'instrument qui avait sauvé Tonton ; il n'entendit pas la mélodie qui exaltait en lui la tendresse la plus humaine et le sentiment sublime de la religion ; cette charité suprême fut refusée à sa pauvre âme confuse.

Il mourut un jour de vendémiaire, quand l'automne échevelait les grands frênes à la porte du parc (2).

Mᵐᵉ de Gemeaux ne survécut que peu d'années à son fils. En nivôse an VI, elle subit l'opération de la cataracte qui ne réussit pas et demeura aveugle, supportant courageusement son malheur ; elle mourut encore pendant les années républicaines ; sur la dalle qui la recouvrit, ses fils ne purent faire graver que ces mots : Françoise Moulins, née le 20 juin 1737, mariée à Charles-Catherine Loppin, décédée le 22 fructidor an VIII.

Le vieil avocat général vécut suffisamment pour voir la France changer encore une fois de régime, ses huit petits-enfants naître et grandir (3) dans sa maison et l'aisance y revenir après les années de détresse, grâce à l'héritage de Mᵐᵉ de Toucheprès. Ninette fit intervenir Pison du Galland auprès du

(1) Journal de Preigney.

(2) Acte de décès de Charles-Élisabeth Loppin, du 5 vendémiaire an V - 26 septembre 1796. (Etat civil de Gemeaux.)

(3) Nous avons déjà parlé des trois enfants de François ; Émilien en eut quatre : Charlotte, née le 12 fructidor an VIII - 29 août 1795 ; Albert, né le 5 thermidor an V - 23 juillet 1797 ; Henri, né le 29 germinal an VIII - 29 avril 1800 ; Elisa, née le 26 thermidor an XI - 14 août 1803. Henriette Hocquart fut mère d'une fille, Olympe qui épousa en 1818 Charles-Edouard de Froissard-Broissia.

directeur Merlin et le député Chérier auprès du directeur François de Neufchâteau. En nivôse an VI, elle obtint que le nom de Mme de Toucheprès fût rayé provisoirement de la liste des émigrés. Elle continuait à servir ses amis avec dévouement, bien que sa situation personnelle fût de plus en plus pénible. Depuis la fin de la Convention, Ferry n'avait pu retrouver les faveurs de la fortune; il avait été quelque temps examinateur à l'École polytechnique, mais le Directoire ne payait pas ses fonctionnaires et finalement sa place avait été supprimée. Il avait fondé une fabrique de vitriol qui donnait d'heureux résultats, quand les événements du 18 fructidor ruinèrent l'entreprise naissante. Tout le commerce en souffrit, particulièrement les marchandises de luxe; le vitriol rentrait dans cette classe, parce qu'il servait surtout à la fabrication du papier. Ninette qui avait souvent gémi de n'avoir que des filles, enfants destinés par leur sexe au malheur, donna enfin le jour à un fils, mais le petit Achille accrut encore la gêne du ménage et la mère resta longtemps languissante après ses couches. Les Ferry trouvèrent du secours chez Cabanis, l'ancien médecin de Mirabeau et chez Garat de l'Institut, mais de vieux amis comme Prieur de la Côte d'Or se conduisirent fort mal avec eux.

Le coup d'État donna à Ninette l'espoir de rendre définitive la mesure provisoire qui avait fait rayer le nom de Mme de Toucheprès. Elle et son mari avaient en effet beaucoup fréquenté au temps de la Convention, Fouché qui devenait ministre de la police. Ninette tenta une démarche auprès de ce puissant personnage; elle raconta l'entrevue en ces termes à François :

« Je ne me suis pas pressée de vous répondre, citoyen, parce que j'étais bien persuadée que mon silence ne vous ferait pas conclure que je négligeais l'affaire qui vous intéresse... Vous vous doutez bien aussi que je ne me suis pas occupée de voir le ministre, immédiatement après les événements des 18 et 19 brumaire. Il fallait bien lui laisser tous ses moments car ils étaient nécessaires à la chose publique. J'ai donc attendu quelques jours avant de lui demander un rendez-vous. Il me l'a accordé et le résultat me remplit d'espérance pour le succès de votre affaire. Il m'a promis avec l'air de la sincérité tout ce que je pouvais désirer qui est que la radiation aura lieu, malgré toutes les mauvaises chicanes qu'on pourra vous faire, parce qu'il m'a dit qu'il était persuadé que votre cause était juste d'après ce que je lui affirmais et qu'il paraissait que vous aviez suffisamment de recommandations pour qu'on se prononçât sur cette radiation en votre faveur. Ensuite il m'a accordé la demande que je lui ai faite encore de donner au citoyen Prévôt les moyens de communiquer avec ceux qui dans son ministère sont chargés de la partie de la radiation... Je lui ai demandé aussi la permission de le revoir pour cet objet si cela devenait utile et je l'ai obtenue très gracieusement (1). »

Ferry, qui ne pouvait plus vivre à Paris, redemanda son ancienne place à l'École du génie. En quittant Paris pour se rendre à Metz, Ninette comprit qu'elle perdait sa dernière chance de revoir François. S'il revenait faire de nouvelles démarches

(1) Lettre du 8 frimaire an VIII (29 novembre 1800). Adresse de la citoyenne Ferry : rue de Courcelle, faubourg Saint Honoré, n° 258.

auprès des ministres, elle ne serait plus là pour le recevoir. Cela valait peut-être mieux ainsi. Le repos de son cœur ne serait pas troublé une fois encore. Dans sa gêne voisine de la misère, elle eut la force de se réjouir en songeant que, par ses soins, l'abondance allait rentrer au foyer de ses bienfaiteurs. Le « hideux sentiment de l'envie » ne pouvait l'atteindre, elle ne penserait pas au bonheur dont elle aurait su si bien jouir auprès de François, mais à celui qu'il donnait, grâce à elle, à une autre.

Depuis l'avènement de Bonaparte, la famille de Gemeaux pouvait compter sur une autre protection puissante. De toute façon, François aurait vu avec joie le succès de l'homme qui pouvait sauver la France de l'anarchie. La révolutionnaire Ninette elle-même ne lui était pas défavorable. Elle disait: « Si l'on payait, je serais très contente de notre nouveau gouvernement. Bonaparte, s'il reste tel qu'il s'est montré jusqu'à présent, était le seul homme qui fût en état de cicatriser les plaies faites par les factions qui se sont succédées depuis le commencement de la Révolution, mais il n'est peut-être pas en son pouvoir de nous sauver des maux attachés à l'appauvrissement des finances (1). »

François de Gemeaux avait une autre raison de se réjouir, en se rappelant l'alliance qui avait uni les Bégon et les Beauharnais; ayant « l'honneur d'appartenir à la famille du citoyen Beauharnais » par sa mère et par sa femme, il écrivit le 12 thermidor an VIII (31 juillet 1800) à Joséphine pour lui demander sa protection. La fortune de Mᵐᵉ de Toucheprès enfin libérée du séquestre, compensa

(1) Lettre du 12 ventôse an VIII (31 février 1800).

largement les pertes que la Révolution avait fait éprouver à la famille de Gemeaux; sous la direction habile de François et d'Émilien, le domaine connut une nouvelle prospérité; grâce à leur intelligence et à leurs qualités de cœur, les fils de l'ancien seigneur retrouvèrent à Gemeaux une nouvelle suzeraineté économique et morale.

Charles-Catherine s'éteignit brusquement en 1805, à l'âge de quatre-vingt-onze ans. Son vieil ami, l'abbé Roux qui arrivait comme lui aux limites de l'extrême vieillesse, regretta de ne pas s'être trouvé là à ce dernier instant, mais il n'avait jamais interrompu la tradition qui, depuis quarante-cinq ans, lui faisait entendre la confession pascale du vieux magistrat.

Des enfants de l'avocat général, Émilien mourut le dernier, en 1846, à quatre-vingts ans. Nous avons connu des vieux Gémellois qui avaient encore rencontré dans les rues du village, l'ancien lieutenant du régiment de Chartres-infanterie. Il avait gardé l'allure militaire et se tenait très droit, tâtant avec sa canne la route que sa vue affaiblie ne distinguait plus; sa vivacité d'autrefois s'était adoucie et sa grande charité le faisait aimer de tous les villageois, même des enfants qui s'écartaient respectueusement sur son passage. Il a rejoint ses parents et ses frères derrière le chevet de l'église paroissiale.

Le cimetière où les ossements des générations pendant cinq siècles se sont entrecroisés, surplombe de bien haut le chemin pierreux; on aperçoit en contre-bas dans la plaine les tilleuls du parc que l'avocat général a plantés. Sous les grandes dalles que les hautes herbes entourent, les Loppin se serrent

en famille, les uns contre les autres; le caveau de
Magdeleine Bégon n'est pas loin dans la chapelle
latérale, la dalle républicaine de la citoyenne Moulins voisine avec les tombes refaites sous l'Empire;
la colline rocheuse les a reçus tous; de là-haut ils
regardent leur maison.

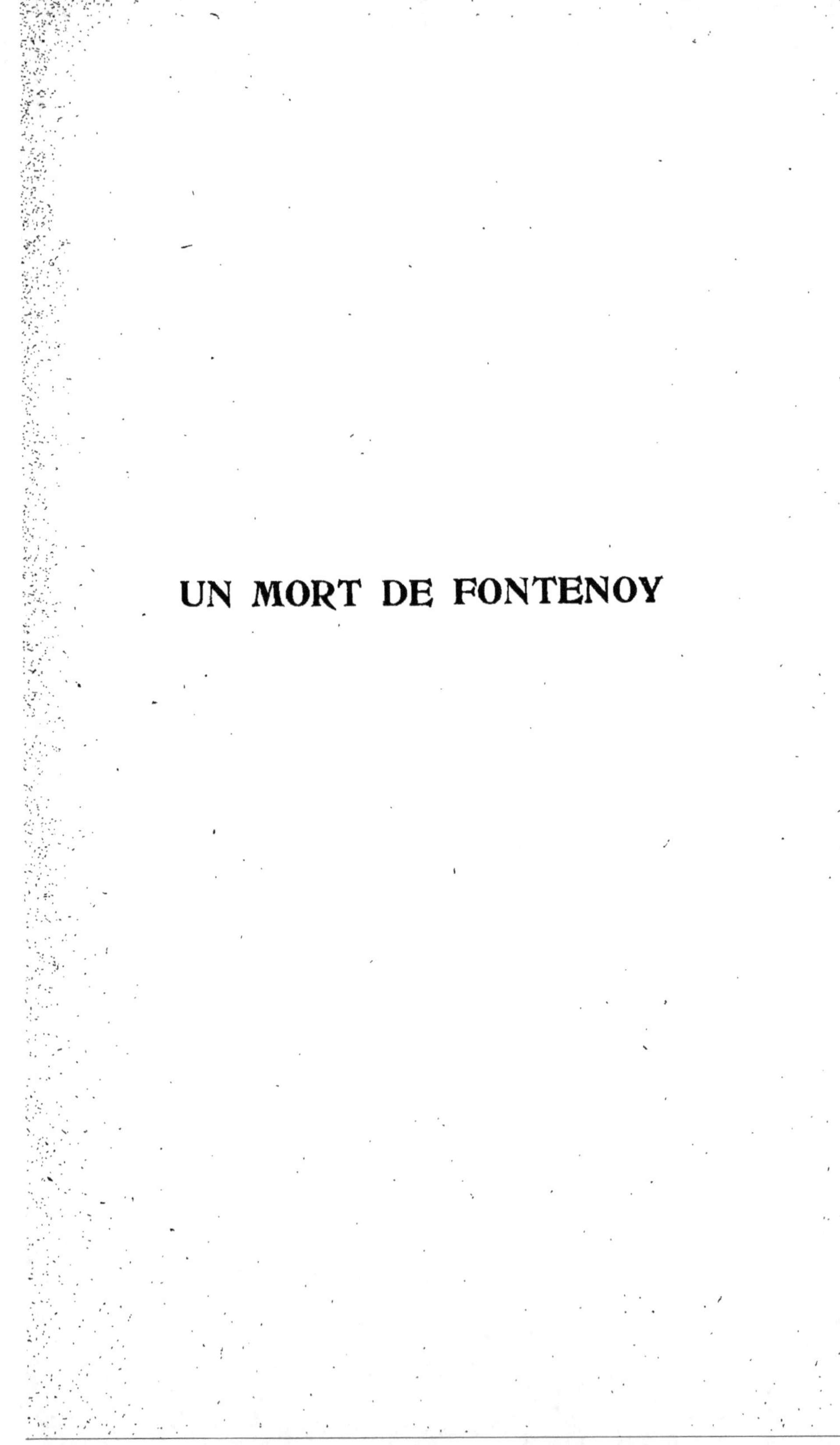

UN MORT DE FONTENOY

Jean-Étienne Loppin de Neumaison naquit à Dijon, le 1ᵉʳ novembre 1723; il était le fils cadet de Jean-Claude Loppin, baron de Gemeaux, conseiller au Parlement de Bourgogne et de Magdeleine Bégon. Son image nous a été conservée. Au château de Gemeaux, dans la grande salle carrelée, les magistrats d'autrefois regardent à travers les hautes fenêtres, les parterres de buis, les vases, les pots à feu d'un jardin dessiné à la française. Jean-Claude Loppin y est représenté avec une vaste perruque Louis XIV, grave et imposant dans son ample robe rouge. Il est encadré par ses fils : Germain-Anne Loppin de Montmort, Président à mortier au Parlement de Dijon, compagnon du Président de Brosses en Italie et Charles-Catherine Loppin de Gemeaux, avocat général au même Parlement. Neumaison, le cadet, est un peu plus loin : jeune capitaine revêtu d'une cuirasse et debout à l'entrée de sa tente. A l'horizon on aperçoit la silhouette bleue d'une forteresse. La figure aux joues roses garde encore l'expression d'une grâce enfantine.

Alors que ses frères aînés suivaient la tradition paternelle et prenaient la robe, le petit Neumaison fut destiné dès son plus jeune âge au métier des armes. Le goût des sciences et des belles lettres était très vif chez le conseiller Loppin et chez ses fils aînés ; ils ne voulurent pas que le cadet voué à une existence plus active se crût dispensé d'une nécessaire culture intellectuelle. Placé au collège de Châtillon, le petit Jean-Étienne est exhorté par son frère Charles-Catherine à profiter convenablement de son temps d'études :

« Vous savez qu'on vous destine pour être page chez le roi ; on vous enverra à Paris où vous n'apprendrez rien que vos exercices, c'est-à-dire à faire des armes et à monter à cheval ; ce sera là votre seule occupation ; ainsi, si d'ici à ce temps-là, vous n'appreniez un peu de latin et un peu d'histoire, vous ne sauriez jamais rien de votre vie (1). »

Le père donne à son fils des conseils encore plus précis, répondant sans doute à une objection de Jean-Étienne qui se demandait à quoi sert d'apprendre le latin :

« Vous faites toujours beaucoup de fautes d'orthographe, il faut vous en corriger. Le latin qu'on fait apprendre aux jeunes gens sert à écrire correctement. Quand vous ferez le contraire, on croira que vous êtes toujours ignorant ; évitez de passer pour tel et faites vos efforts pour mettre à profit l'éducation qu'on vous donne (2). »

En 1738 Neumaison quitte le collège et la Bourgogne, pour commencer sa carrière. Il est pendant deux ans page à la chambre du Roi. De cette époque

(1) Lettre de Charles-Catherine Loppin, 4 janvier 1734.
(2) Lettre de Jean-Claude Loppin de Gemeaux, 31 décembre 1733.

JEAN-ETIENNE LOPPIN DE NEUMAISON
(*Collections du Château de Gemeaux.*)

où l'adolescent, qui avait déjà l'esprit éveillé a dû faire de curieuses observations, il ne reste malheureusement qu'une lettre datée de Fontainebleau :

Fontainebleau, le 1ᵉʳ octobre 1738.

« Il n'y a ici aucune nouvelle intéressante si ce n'est la maladie de M. le Cardinal qui reçut le bon Dieu, il y a cinq ou six jours, et il était même fort malade, mais il se porte beaucoup mieux et a même bien dormi depuis ce temps. Il a commencé aujourd'hui à manger ; le Roi ne manque pas de l'aller voir tous les jours et plutôt deux fois qu'une. Cela ne le dérange cependant point de ses parties de chasse ni de ses petits appartements. La comédie commença hier où la reine ne manqua pas d'être. »

En septembre 1739, Neumaison reçoit un brevet de cornette en la seconde compagnie ordinaire du Régiment de cavalerie d'Aumont. Son colonel, le duc d'Aumont, premier gentilhomme de la Chambre du Roi, qui avait connu Neumaison à la cour, sera toujours pour lui un bon protecteur. Le jeune page lui avait été en outre recommandé par un ami de la famille Loppin, le premier Président de la Marche. D'autres influences puissantes, celles du duc de Gesvres, du comte de Tresmes s'emploient en faveur de Neumaison.

Charles-Catherine Loppin de Gemeaux qui, depuis la mort du conseiller Jean-Claude survenue, en 1737, veillait sur son jeune frère avec une paternelle sollicitude, s'occupe d'équiper Neumaison pour son prochain départ. La petite épée d'argent du page est échangée contre une lourde épée qui ne sera plus un jouet. Le frère aîné donne au cadet un livre de comptes et lui recommande l'exactitude ; la mère envoie de Bourgogne une ample provision de confitures, en plusieurs fois afin qu'elles ne soient pas toutes mangées d'un seul coup.

Le nouveau cornette rejoint en septembre 1740 son régiment qui cantonnait à Landrecies. Ici commence la série dès lettres qu'il envoie de l'armée régulièrement à sa mère et à son frère Charles-Catherine de Gemeaux. L'enfant veut faire connaître aux chers absents la vie nouvelle qu'il mène, dans tous ses détails ; il désire assurer qu'il est sage, économe et studieux :

A Landrecies, le 26 novembre 1740.

« Je mangerai à l'auberge des lieutenants et cornettes à 26 livres par mois y compris la bière à laquelle je n'ai pas encore pu m'accoutumer. On boit ici d'assez bon vin à 16 sols la bouteille. Nous sommes fort bien logés dans un pavillon qu'on a fait bâtir pour loger les officiers... Je n'ai point de domestique et je m'en passe à merveille ; il y a seulement un homme qui vient faire mon lit le matin. Je vais quelquefois chez M. le lieutenant du roi qui est ce qui s'appelle un bon homme ; il se nomme M. de la Grange ; je ne joue point, mais je veux apprendre le piquet pour faire sa partie, je ne risquerai jamais qu'une pièce de six liards à chaque partie. Je vais encore chez le trésorier qui sont de fort aimables gens ; je suis sur le pied de n'y pas jouer. J'y vais passer ordinairement une demi-heure, ensuite je me retire dans ma chambre pour dessiner, lire ou faire quelque chose. »

L'amabilité de Neumaison qui le fera pleurer plus
tard de ses camarades se manifeste avec une naïveté
charmante :

« Je voudrais faire ici un cadeau à ces messieurs.
Ce serait une demi-douzaine de pots de moutarde
de Dijon (1). »

Son cœur généreux souffre des duretés de la loi
militaire :

« J'ai été obligé de monter à cheval, il y a quelques
jours, avec un détachement de cinquante hommes
pour l'exécution de deux soldats à qui on a cassé la
tête pour désertion; ils ont été rattrapés le même
jour qu'ils se sont sauvés. J'assistai au conseil de
guerre, je fus très fâché de ces deux pauvres misérables et j'étais presque à côté d'eux quand on fit
l'expédition (2). »

Il est question de la guerre, mais Neumaison a
peur que ce soit seulement un faux bruit; il a hâte
de connaître l'âpre joie du risque :

« Il n'y a ici aucune nouvelle à vous mander. On
parle un peu de guerre. Pour moi j'ai peur qu'il
n'y en ait point. »

Neumaison trompe son impatience en allant à
Mons voir monter la garde :

« Les troupes ne sont pas bien brillantes mais
très bien disciplinées. Avant que de monter la garde,
tous les soldats étant rangés en bataille sur la place

____

(1) 18 janvier 1741.
(2) A Landrecies, le 9 mars 1741.

mettent un genou en terre et font leur prière, chacun en particulier, qui dure environ un *Pater* et un *Ave*. Après quoi ils se relèvent tous en même temps par ordre du commandant et s'en vont chacun en leur poste (1). »

Il est bientôt rassuré en voyant se multiplier les préparatifs de guerre. Il reçoit l'ordre de se munir de cheval, tente, marmite. A Douai, on tient prêt pour le 5 août « un million de cartouches et à proportion de toute autre chose comme pontons, canons, mortiers, bombes, boulets, affûts, caisses, etc. » Le régiment d'Aumont fait partie de l'armée du maréchal de Maillebois qui doit « se rendre en Westphalie avec mission de contenir le roi d'Angleterre, électeur de Hanovre, d'intimider les Hollandais, de protéger les électeurs de Cologne et palatin, et d'exercer une pression sur les électeurs de Trèves et de Mayence pour les amener à donner lors de l'élection impériale, leurs voix à l'électeur de Bavière protégé de la France (2) ». Faisant route de Givet à Juliers, Neumaison apprend à connaître la fatigue des étapes et la variété imprévue des contrées nouvelles :

Au camp sous Juliers, le 17 septembre 1741.

« La nuit du 2 au 3, veille du départ [du camp de Givet] a été employée à plier nos bagages auxquels nous avions fait prendre l'air, comptant sur un plus long séjour; l'autre, entre un grand feu qui nous brûlait et un grand vent qui nous gelait, chacun

(1) A Landrecies, le 27 avril 1741.
(2) PAJOL, *Les Guerres sous Louis XV*, II, p. 62.

dans cette situation tâchant de roupiller le mieux qu'il lui était possible en attendant la pointe du jour qui était à peu près l'heure de notre départ. Enfin cette heure si désirée étant venue, nous montâmes à cheval et passâmes la Meuse à notre grande satisfaction et arrivâmes après avoir marché six heures pour faire trois lieues, dans les bois et dans les montagnes, à l'endroit désiré pour notre campement; vous croyez peut-être que c'est la fin de notre journée et qu'il n'y a qu'à nous reposer; point du tout; on n'est point plus tôt arrivé qu'il faut envoyer ses chevaux et ses domestiques aux fourrages, à l'avoine et au bois pour faire bouillir la marmite, un autre à la provision pour le souper, pendant que vous êtes occupé à tendre votre tente et étendre vos matelas sur la terre. Voilà à peu près, mon cher frère, les occupations au bout desquelles vous êtes quelquefois commandé pour être de piquet, c'est-à-dire passer la nuit botté, tout prêt à monter à cheval au premier bruit, et de veiller à ce qu'il n'arrive aucun désordre dans le camp. Voilà nos occupations de tous les jours, excepté les jours de séjours que nous avons de bons et que j'emploie à aller voir les villes près desquelles nous sommes campés comme Dinant, Liége, Aix-la-Chapelle et Juliers que je compte aller voir ce soir. Depuis quatre jours nous n'entendons parler qu'allemand ce qui m'ennuie fort; on nous y vend des denrées fort chères; le pain nous y revient à 6 sols la livre et le vin à 25 sols la bouteille. »

Les troupes françaises traitent ces pays allemands avec les plus grands égards :

« Nous marchons ici comme nous marcherions

au milieu de la France et il est bien défendu de faire aucun dégât. »

Neumaison a un bon moral :

« Je me trouve ici à merveille; malgré la fatigue que nous avons quelquefois, je jouis d'une parfaite santé et ne donnerais assurément pas ma place à un autre; il n'y a que l'éloignement de ma famille qui puisse me faire apercevoir que je ne peux pas jouir d'un véritable bonheur. »

Il continue à narrer ses impressions d'Allemagne :

Au camp de Kalkum, près de Kaiserswerth,
24 octobre 1741.

« Nous sommes ici, depuis un mois que nous avons passé le Rhin, campés sous Kaiserswerth, à deux lieues de Dusseldorf où j'ai été plusieurs fois me promener. La ville n'est point belle, il y a le palais du prince palatin qui est fort peu de chose, mais il y a de grandes galeries remplies de tableaux des plus fameux maîtres, en vérité il n'y a rien de si beau. »

A Osnabrück en Westphalie,
le 16 novembre 1741.

« ... Nous avons passé des pays presque inhabités et totalement incultes, de grandes plaines remplies de sable et presque pas de bois. Les villages sont plusieurs chaumières couvertes de paille sans cheminée; la même chambre sert aux maîtres et à la basse-cour. Voilà les gîtes que nous nous sommes trouvés souvent bien heureux d'avoir, aimant mieux être réveillés par les chevaux, les bœufs et les coqs que de coucher sous la toile. Nous avons passé par Munster qui est une grande ville bien fortifiée mais point belle, mal pavée et mal bâtie. Les chanoines font la compagnie, ils sont tous aussi riches que les évêques le sont en France; il y a une forte garnison. Quand je connaîtrai ceci, je vous en dirai des nouvelles. C'est une grande ville où tout le monde dit qu'on s'ennuie beaucoup; il y a quatre bataillons avec un de nos escadrons dont je fais nombre; l'autre est à un village à quatre lieues d'ici. La moitié de cette ville ici est luthérienne. Je suis dans une maison où ils le sont tous. Ce sont, à cela près, les meilleures gens du monde. Ils m'ont forcé à manger chez eux le premier jour que je suis arrivé, la femme me regarde comme son fils et me parle souvent de ma mère sans la connaître; elle ne parle qu'allemand, le père un peu de latin et son fils parle le français.»

Après une assez longue période d'inaction, l'armée de Maillebois est appelée de Westphalie pour dégager notre armée de Bohême qui s'y trouvait encerclée. En passant à Francfort, Neumaison voit l'électeur de Bavière qui vient d'être nommé empereur :

Le 9 septembre 1742.

«...Je ne vous ai pas parlé de la revue de l'empereur; nous arrivâmes le 26 dans la plaine à deux lieues de Francfort, tout couverts de poussière et accablés de chaleur après avoir fait une forte journée; on nous annonça que l'empereur allait nous passer en revue l'heure d'après; nous n'eûmes que le temps de nous ôter bien vite la poussière et de nous débarbouiller; lorsqu'on sonna à cheval, nous nous mîmes en bataille à la tête de notre camp et l'empereur parut peu de temps après devant une armée qui sans nous flatter avait fort bonne mine ; M. le maréchal était à sa gauche, il était suivi de son fils et plusieurs seigneurs de la cour, le tout à cheval ; l'impératrice ensuite était seule dans un petit phaéton qui n'avait pas trop bonne mine ; quelques courtisans lui dirent qu'elle devait sans doute être incommodée de la poussière que lui faisaient les troupes, à quoi elle répondit que c'était une poussière qui sentait bien bon ; les princesses suivaient ensuite dans un carrosse à six chevaux et plus de cent cinquante carrosses tant aux seigneurs qu'à différents particuliers de la ville de Francfort ; il est vrai que dans le nombre, il y avait beaucoup de fiacres d'assez maigre apparence. L'empereur donna ensuite une très grande collation aux dames et aux officiers qui se trouvèrent là ; ensuite ils s'en retournèrent à Francfort. Nous y eûmes séjour et j'y allai le lendemain ; la ville est grande et belle, elle approche un peu de Paris, toutes les maisons un peu considérables sont peintes et ressemblent assez à des décorations d'opéra. L'empereur est logé sur la rue comme un simple particulier, il a une garde bourgeoise et des espèces de hoqueton, qui sont comme les Cent Suisses... »

L'armée avance en Bavière :

« ... Quoique jusqu'ici nous n'ayons rien à craindre, nous eûmes hier pendant la nuit une alerte des plus fortes. Tous les piquets de notre division montèrent à cheval ; nous étions tous levés et nos chevaux sellés, lorsqu'on nous vint dire, que c'était une fausse alarme causée par un paysan qui avait voulu assassiner une sentinelle qui était à un poste d'infanterie en avant du camp; nous nous divertîmes beaucoup de l'aventure et allâmes nous coucher. Vous voyez, mon cher frère, que nous ne sommes pas des gens aisés à surprendre et que nous pouvons fort bien donner du fil à retordre aux hussards de la reine de Hongrie. Pour moi, je me porte avec la meilleure volonté du monde au secours de nos pauvres camarades les Bohémiens; nous vîmes hier les tristes restes de leurs équipages qui se sont venus réfugier jusqu'ici. En vérité, cela fait pitié; ils sont ici depuis dix jours, ayant été obligés de se retirer de Nuremberg, où ils étaient depuis deux mois, ayant été poursuivis par une troupe de housards et de paysans qui mirent tellement l'alarme parmi les domestiques qu'ils prirent eux-mêmes le parti de piller l'équipage de leurs maîtres; il n'y a ici que ce qui a pu échapper d'une telle bagarre qui est dans un état pitoyable. Il n'y a rien de si triste que le récit que nous font ces pauvres gens de tout ce qu'ils ont souffert dans ce pays-là; ils disent qu'il faut qu'il y ait plus de vingt mille Français enterrés dans Prague... »

La marche de l'armée devient pénible; elle essaye vainement de franchir les gorges de Kaaden pour pénétrer en Bohême :

Au camp de Preindorf, le 30 octobre 1742.

« ... Nous arrivâmes enfin à Maring, qui était à une lieue du camp de M. de Saxe; après avoir fait plusieurs marches forcées tant la nuit que le jour, nous y restâmes deux jours où nous attendîmes le reste de l'armée qui vint nous y joindre. Nous partîmes le lendemain pour aller joindre l'armée de M. de Saxe qui était campée près des ennemis. Personne ne doutait que nous n'eussions ce jour-là une affaire générale, mais cela se réduisit à une petite attaque que M. de Saxe fit faire pour amuser les ennemis pendant qu'on marquait notre camp, de laquelle je fus témoin oculaire étant d'un détachement qui était pour soutenir en cas de besoin ; mais quatre pièces de canon qui étaient assez près de nous firent notre besogne, car les dragons ayant été repoussés jusque sous notre batterie, on fit lâcher le Brutal qui les fit tous rentrer chez eux... Nous partîmes de Braunhof après une belle nuit, à la muette, sans trompette ni tambour, pour prendre le chemin d'Egra et tenter ensuite le passage des gorges de Kaaden où nous avons été pendant près de huit jours réduits à boire de l'eau, avec une très petite portion de pain de munition, campés dans la boue et étant obligés de coucher fort souvent au milieu de la plaine. Nous nous sommes enfin montrés près de Kaaden ; mais les ennemis s'y étant trouvés retranchés, nous avons pris le parti de retourner sur nos pas et de repasser la rivière d'Eger. »

L'armée de Maillebois a échoué dans sa tentative, elle n'a pu pénétrer en Bohême et secourir les assiégés ; la retraite est lamentable :

Au camp près Landau, ce 18 novembre.

« ... Nous avons fait dix-huit lieues en trois jours par la pluie et des boues jusqu'aux sangles. Nous sommes ici depuis hier au soir campés vis-à-vis Landau. Les ennemis à notre arrivée couvraient la ville de leurs camps, mais cette nuit ils ont pris la peine de décamper à la faveur du brouillard et ont laissé seulement leurs tambours, afin de nous faire croire ce matin qu'ils y étaient encore. »

Neumaison tombe malade, il est un peu lassé par les tristes marches dans la pluie et la boue, ennemies éternelles du soldat. Il est heureux de se trouver hospitalisé dans une bonne maison chaude et plaint ses camarades :

A Landau en Bavière, le 13 décembre 1742.

« ... Nous avons eu le chagrin de voir partir, le trois de ce mois, tous nos pauvres camarades qui étaient campés ici près, pour aller joindre l'armée et marcher en force du côté de Braunau. C'est maintenant M. le Maréchal de Broglie qui commande notre armée... On dit que M. de Broglie s'est avancé avec du canon et en force pour faire quelques expéditions que j'ignore; pour moi je trouve qu'il ferait beaucoup mieux de mettre tous nos pauvres misérables camarades sous un toit, plutôt que de les faire périr misérablement dans la glace et dans la neige. »

Le régiment du prince Camille, ci-devant d'Aumont, auquel appartient Neumaison, cantonne en Bavière un certain temps, revient en France à Verdun, à Rethel, à Metz. Il retourne en Allemagne en juin 1743. Il ne prend pas part à la malheureuse bataille de Dettingen, mais il en reçoit les tristes échos :

Darmstadt, le 28 juin 1743.

« Nous sommes à deux journées de l'armée du Maréchal de Noailles et nous n'avons pu assister à l'affaire qui est arrivée avant-hier. Le régiment des gardes a été fort maltraité et mon premier soin a été de m'informer de M. de Belesbat (1); on m'a assuré qu'il se portait bien, j'en suis vraiment charmé. Toute la maison du roi a été extrêmement maltraitée; les ennemis ont fait trois décharges que nos troupes ont essuyées sans oser riposter, par une défense expresse du maréchal... »

Au camp de Steinheim, le 8 juillet 1743.

« ... Le triste sort de M. de Belesbat, dont j'ai eu soin de m'informer en arrivant, est bien différent de celui que je croyais qu'il avait eu par la première lettre que je vous ai écrite. Comme je ne doute pas que vous n'en ayez appris la triste nouvelle avant ma lettre reçue, je ne crains point de vous en faire le détail. Il est resté sur le champ de bataille à la première décharge qu'ont faite les ennemis. Tous les officiers de ce régiment ont pour ainsi dire été obligés de se sacrifier par la mauvaise manœuvre qu'ont faite les soldats de ce régiment. Ils ont tous fui ou se sont jetés dans le Mein. Il y a eu dix officiers aux gardes, tant tués que blessés. Toute la maison du roi a perdu considérablement; les autres régiments, tant d'infanterie que de cavalerie, n'ont pas à beaucoup près tant perdu. La perte des Anglais est à peu près aussi forte que la nôtre; on ignore qui des deux a l'avantage; il nous ont laissé le champ de bataille avec une partie de leurs blessés. Notre régiment est arrivé trois jours trop tard pour profiter de la gloire que notre cavalerie a acquise; elle a fait pitoyable-

(1) Berthelot de Belesbat (François), 1707-1743, fils de Nicolas Berthelot de Jouy et de Catherine Bégon, sœur de Mme de Gemeaux, née Magdeleine Bégon. Belesbat était donc le cousin germain de Neumaison.

ment mal. L'affaire s'est passée à Seligenstadt qui est à deux lieues d'ici. Notre quartier général est maintenant à Steinheim et celui des ennemis est à Hanau qui est vis-à-vis du nôtre, n'ayant que le Mein pour séparation ; ils ont des gardes et des sentinelles de leur côté du Mein et nous en avons sur le nôtre ; nous sommes ici comme dans la plus grande paix du monde ; les officiers français et anglais se tirent mutuellement de grands coups de chapeau, d'un côté du Mein à l'autre... »

Cérémonieuses politesses des guerres passées ; avant de se tuer à la prochaine bataille, très galamment, d'une rive à l'autre, on se saluait.

II

Neumaison avait avancé dans la carrière militaire, depuis le jour où il était parti simple cornette. La situation était peu agréable dans ce grade modeste et mal rétribué. Il avouait :

« Je ne trouve rien de si désagréable que de n'avoir presque point de paye et de vivre pour ainsi dire sur ses crochets (1). »

Le jeune homme était aussi économe que possible; il se trouvait pourtant obligé de confier à sa famille que ses fonds étaient très bas :

« A cause d'une redingote que j'ai fait faire à mon domestique qui était tout nu; je suis à peu près dans le même cas, n'ayant point de culotte, et pour veste celle d'écarlate que je me suis fait faire avec mon habit uniforme en sortant de page et qui a été retourné à Landrecies (2). »

Neumaison fut heureux d'obtenir une lieutenance, en avril 1742. Il fallait débourser 1.000 livres pour

(1) 14 mars 1742.
(2) 29 janvier 1742.

l'acheter, mais il eut désormais des appointements de 75 livres par mois. Ce n'est qu'un premier pas vers le but ardemment désiré par Neumaison et sa famille : l'obtention d'une compagnie.

Les lettres du jeune officier vont être désormais remplies par le récit de tous ses efforts pour parvenir au grade de capitaine. Il lui faudra faire de nombreuses démarches et dépenser beaucoup d'argent avant de posséder cette compagnie qu'il conduira si peu de temps.

En décembre 1742, Neumaison entend dire qu'il est question de former une compagnie nouvelle Elle coûtera 10.000 livres. Le roi donne les chevaux. Le lieutenant doit fournir huit hommes, le cornette quatre. Neumaison cherche un cornette, un maréchal des logis tiré des vieilles compagnies avec deux brigadiers et un cavalier ou deux « pour faire un fonds de compagnie, aider à faire des hommes et ameuter tous les vilains mal peignés qu'on est obligé de prendre... »

« Je voudrais savoir, ma chère mère, où nous établirons mon quartier d'assemblée; je crois que Dijon est pour moi l'endroit le plus convenable, j'y aurai bien des ressources que je ne trouverais nulle part. Gemeaux me sera de quelque utilité... Je tâcherai d'engager quelques Comtois parce qu'ils sont tous de beaux hommes... Je crois qu'il serait tout des plus à propos, si vous consentez à ma demande, d'écrire en différents endroits, à des personnes de connaissance, de s'employer de leur mieux pour ménager des hommes; il ne faut pas qu'ils s'attachent trop à la beauté (1). »

(1) Au cantonnement de Thann près Braunau, le 31 décembre 1742.

Neumaison a une déception en apprenant que la compagnie nouvelle est supprimée; il va pouvoir, en compensation, acquérir une vieille compagnie.

A Donauwœrth, le 6 février 1743.

« Les quatre qui devaient se faire dans le régiment ont été données par la cour à dès étrangers avant l'arrivée de M. le duc d'Aumont à Paris, excepté celle du chevalier de Gouyon, lieutenant au régiment, que sa famille a demandée en l'absence de M. d'Aumont et qu'elle a obtenue. Il était ici en marché avec un capitaine du régiment et qui devient nul par la compagnie nouvelle qu'il va former; c'est à cette dernière, ma chère tante, où j'ai maintenant mes vues : il n'y a qu'une voix de toutes les personnes qui s'intéressent à moi, pour me presser d'en écrire promptement à M. d'Aumont pour tâcher d'en avoir l'agrément avec le même marché que le chevalier de Gouyon, que je vais vous détailler : il n'est assurément pas plus en état que moi de mettre plus d'argent qu'il n'en faut à une compagnie. La compagnie n'est, à la vérité, que 19 chevaux et 17 hommes; à l'égard des derniers, tout le monde croit que le Roi achèvera de compléter avec des milices les compagnies qui ne le sont pas. Le marché est de 8.000 livres et 400 de pension viagère au capitaine qui quitte. Il est bon de remarquer qu'il est environ âgé de 64 ou 5 ans. »

Neumaison va imposer de grands sacrifices à sa famille pour l'achat de sa compagnie; en attendant, sa détresse financière est grande, il est obligé de demander de l'argent à son frère dont il a déjà reçu 500 livres en juillet :

«... Comme notre paye de campagne est excessivement mince, ne montant qu'à 12 sols par jour, vous sentez bien, mon cher frère, qu'ayant deux valets et moi à nourrir, chaque jour voit une diminution considérable de mes trois cents livres, surtout en sortant de Dusseldorf où nous décampions tous les jours et où tout se payait au poids de l'or (1). »

La mauvaise chance poursuit Neumaison, deux de ses chevaux sont volés par un domestique allemand, un troisième blessé au garot; il n'a plus qu'un habit, ses chemises sont déchirées. Il prie son frère de trouver le plus tôt possible l'argent pour l'achat de la compagnie :

« J'ai affaire à un homme qui quitte pour ainsi dire malgré lui et qui chercherait chicane pour une épingle. »

Neumaison reçoit enfin sa nomination :

« Je viens d'être nommé à la compagnie de Barville; j'en aurais été flatté au delà de l'expression si cet avancement ne causait un plus grand désagrément que je ne pouvais prévoir et que je ressens vivement. Vous savez sans doute, mon cher frère, qu'on a envoyé 1.500 livres par compagnie pour les casaques des trompettes, habits, manteaux, sabres et autres réparations; il a fallu faire à neuf presque toutes les bottes, selles, etc., le tout étant absolument pourri; les autres réparations, comme mors de brides, armes, buffles, sont aussi considérables... Il faut huit chevaux de cavalerie qu'il faut remettre

(1) A Novion, près Rethel, le 19 avril 1743.

avant que d'entrer en campagne; je ne crois pas qu'il soit possible de les avoir à moins de 400 livres pièce, sans compter les frais du voyage, ce qui monte pour les huit à 3.200 livres; les maquignons sont d'une cherté horrible... (1). »

Neumaison prie sa mère de faire parler à M. d'Argenson et de verser les 10.000 livres de sa commission à l'intendant de M. d'Aumont. Il apprend que sa commission est au sceau :

« Mon impatience n'est fondée maintenant que sur l'envie que j'ai de faire le service de capitaine. »

Une dernière alerte au moment où il croit toucher le but :

« Je viens, mon très cher frère, d'avoir le plus grand désagrément qu'il soit possible de recevoir; je ne doute pas que vous ne soyez maintenant instruit de la nouvelle que j'appris avant-hier soir après dîné chez M. le duc d'Aumont où M. de Saint-Jal reçut une lettre du ministre qui lui apprit que la compagnie était donnée à un autre. Son étonnement et sa surprise égala la mienne et M. le duc d'Aumont en fut furieux, il en écrivit le lendemain une lettre au ministre qui ne lui permettra pas de douter jusqu'où va son ressentiment (2). »

Le duc d'Aumont presse le ministre, fait passer M. de Choiseul à une autre compagnie. Neumaison

(1) A Metz, le 21 mai 1743.
(2) Au camp sous Landau, le 12 août 1743.

garde la compagnie qui lui avait été promise. Mais il connaît encore de nouvelles difficultés.

Le capitaine de Barville, qui prend sa retraite, est exigeant et demande une pension de 4.000 livres. La réparation du régiment (1) entraîne de grands frais :

« J'ai entre autres une casaque de trompette qui n'a jamais été portée, qui coûte 300 livres avec la banderole qui se met à la trompette; elle est chamarrée de galon d'or et de galon de soie de livrée de M. le duc d'Aumont. Les casaques nous deviennent totalement inutiles par le changement de colonel (2). »

Neumaison cherche des recrues; son frère lui en trouve dans leur pays bourguignon :

« Mochot est arrivé de Gemeaux, le pauvre garçon a été charmé de me voir; il ne savait que me dire du plaisir qu'il avait de faire la campagne avec moi. Je pourrai peut-être bien le garder comme domestique, n'étant pas d'ailleurs trop beau pour être cavalier. Il m'a fort assuré que j'emmènerais tous les garçons de Gemeaux avec moi si je voulais (3). »

En mars 1745, Neumaison fait venir de son pays, avec l'aide de son frère, un contingent plus important de six hommes. Voilà le modèle d'un des engagements que le baron de Gemeaux fit signer aux recrues :

(1) Remplacement des armes, des uniformes perdus ou abîmés.
(2) Au camp d'Haguenau, le 20 octobre 1743.
(3) A Joigny, le 9 avril 1744.

« Je soussigné, Charles-Catherine Loppin de Gemeaux et Preigney, conseiller du roi en ses conseils, son avocat général au Parlement de Bourgogne, certifie à tous qu'il appartiendra avoir engagé le nommé Jean Mongin, fils de Jean Mongin, demeurant à Selongey, province de Bourgogne, bailliage de Dijon, âgé d'environ 22 ans, de la taille de 5 pieds 3 pouces, cheveux châtains, le visage blanc et les yeux gris, pour servir pendant le temps de six années, en qualité de cavalier au régiment de M. le prince Camille, dans la compagnie de Jean-Étienne Loppin de Neumaison mon frère, capitaine audit régiment, moyennant la somme de dix écus suivant l'ordonnance, laquelle somme présentement remise audit Jean Mongin qui s'en est contenté et a promis de joindre incessamment le régiment, après lesquelles six années finies, je lui promets, au nom dudit Sieur, mon frère, de lui faire donner un congé absolu, pour se retirer où bon lui semblera. En foi de quoi, j'ai signé les présentes et j'y ai apposé le cachet de mes armes. Fait en double à Gemeaux, le 15 novembre 1744. »

Avec Mongin, doit partir le cavalier François Masson, fils de Claude Masson, maître vitrier à Selongey. Nous retrouverons les deux cavaliers auprès de leur capitaine tombé à Fontenoy.

Neumaison, ne prévoyant pas sa fin prochaine, est occupé par le voyage de ses recrues depuis Dijon jusqu'à Ypres où cantonne le régiment; il écrit à son frère :

« ... M. le prince Camille m'ayant toujours amusé jusqu'à présent pour demander la route et n'en ayant rien fait, je me suis déterminé à aller moi-même à Versailles dont j'arrive aujóurd'hui. On m'a accordé la route que je demandais pour mes hommes, et elle doit arriver à Dijon au subdélégué de l'intendant le même jour que cette lettre-ci, de sorte que comme le temps presse, je vous prie de faire diligenter les hommes, pour les faire assembler le plus promptement qu'il sera possible à Dijon, qui est le lieu d'où part la route; je l'ai demandée pour un maréchal des logis et huit hommes. Je compte que c'est Brunet qui les conduira et qui se dira maréchal des logis; il aura avec lui les deux de Selongey, celui de Ruffey, celui de Gemeaux et le garçon de Tardivot que je prends pour charretier, dont Mlle Montoy voudra bien faire le prix; cela fera six en tout; mais Brunet serait fort adroit si dans l'inspection qui en sera faite à Dijon par le maire de la ville (à ce que je crois), il ne pouvait en faire passer deux de plus comme cela se fait tous les jours, parce qu'au moyen de cette première revue, cela lui sera passé sur toute la route et ce sera deux places qu'il se fera donner en argent par l'étapier de chaque endroit où il passera, sans compter la place de surplus qu'il aura comme maréchal des logis, en ayant toujours deux. Je ne sais point les endroits par où doit passer la route, ni le temps qu'elle sera pour arriver... Il faudra que Brunet fasse un peu l'entendu et qu'il ne se trouve point embarrassé d'une besogne qui dans le fond est la plus petite chose du monde. »

« Je crois qu'au moyen du petit argent qu'il touchera tous les jours, il ne faudra pas que vous lui donniez grand'chose, puisqu'ils trouveront tous les jours à vivre de leurs étapes et qu'en cas de besoin, en présentant sa route, il trouverait de l'argent chez tous les trésoriers. Les journées sont courtes et ils auront un séjour tous les trois jours; je m'imagine que souvent, lorsqu'ils ne se trouveront point fatigués, ils pourront brûler quelques séjours après s'être fait rembourser néanmoins les places qui doivent leur revenir dans chaque endroit que portera la route. Ils ne s'en trouveront pas plus fatigués, ils en arriveront plus tôt et auront toujours ce petit revenant bon-là dans leurs poches. Il faudra que ce soit Brunet qui leur donne l'heure à laquelle il faudra qu'ils partent tous les jours et enfin qu'ils suivent tout ce qu'il leur dira pour éviter toute dispute. Je ne sais si vous avez fait prix avec lui; je m'imagine que, s'il le veut, il en faudra passer par les 25 écus, car je sens qu'il me sera fort utile. A l'égard du charretier, je sais qu'il gagnait d'assez gros gages à Gemeaux et je ne sais s'il voudra se contenter du même prix... J'ai demain à me lever de bonne heure pour aller acheter des chevaux à Saint-Denis; j'ai ici une route pour mes chevaux que je vais faire partir séparément et dont je vais me débarrasser au plus tôt. Je vous prie, mon cher frère, de faire partir les hommes tout le plus tôt qu'il vous sera possible. Je sens avec douleur que le temps me presse. Si par hasard vous trouviez quelques garçons de bonne volonté qui voulussent venir avec la recrue, vous feriez bien de les engager. Je ne tiendrais pas fort à la taille. »

Ainsi partirent François Masson de Selongey, Jean Mongin de Selongey, Nicolas Monet de Ruffey, Nicolas Boillon, dit la Rivière, de Gemeaux, paisibles laboureurs qui, loin de la Bourgogne familière, allaient courir les hasards de la guerre.

III

Les deux dernières campagnes du jeune capitaine de vingt ans se passent dans les Flandres, en ces plaines dont Van der Meulen avait déjà fixé l'image et que Lenfant devait représenter à son tour avec un moindre charme : terres grises et mouillées, arbres que le vent courbe, flaques d'eau qui frissonnent sous un ciel brumeux, longs serpents bruns des armées en marche vers la ville dont on aperçoit à l'horizon les remparts, les clochers, les pignons dentelés.

Neumaison cantonne au Quesnoy, en avril et mai 1744 :

Au cantonnement du Quesnoy, le 26 avril 1744.

« ... Je suis extrêmement rangé depuis que j'ai mon petit ménage, je suis même fourni de lard et de langue fourrée pour la campagne et je crois que je ne manquerai de rien ; j'ai changé ma chaise pour la charrette dont je vous avais parlé... »

Il dit ses rapports avec le prince Camille, le tout

jeune colonel qui a remplacé le duc d'Aumont à la tête du régiment :

« M. le prince Camille a toujours eu pendant la route quelqu'un du régiment à manger chez lui, dont j'ai été plusieurs fois. Je suis passablement avec lui; il semble qu'il ait envie de réussir, je souhaite que les minuties auxquelles il s'attache sur le service ne lui nuisent point . »

Au cantonnement de Maraiche, près
Le Quesnoy, le 5 mai 1744.

« ... M. le prince Camille nous fit hier monter à cheval; nous escadronâmes pendant près de quatre heures avec tout l'attirail de la cuirasse. Le régiment avait fort bonne mine. Il nous fit passer en revue, pied à terre et à cheval, devant le prince de Turenne, colonel général de la cavalerie. M. le prince de Pons y était aussi, il nous examina fort en détail et nous eûmes des compliments comme à l'ordinaire; il fit mettre ensuite la moitié du régiment contre l'autre et nous combattîmes trois heures vigoureusement; l'épée, le pistolet, le mousqueton, tout y alla; nous brûlâmes plus de poudre que nous n'en brûlerons peut-être pendant toute cette campagne; nous finîmes enfin, à la grande satisfaction d'un chacun, se trouvant fort heureux d'avoir encore bras et jambes; il n'y a point de capitaine qui n'en soit quitte pour 20 livres de réparation, tant en bottes, selles, etc... »

Louis XV vient se mettre à la tête de l'armée.

9 mai 1744.

« Nous sommes d'une tranquillité sans égale, malgré la guerre déclarée et publiée; nous passâmes hier,

auprès du Quesnoy la revue du Roi ; il arriva lundi
dernier à Valenciennes fort simplement dans une
voiture d'Allemagne et quatre chevaux de poste ; il
loge à l'intendance ; son arrivée a fait très bon effet
dans l'armée. Je crois qu'il a couché cette nuit à
Maubeuge... »

A Tourcoing, le 17 mai 1744.

« Nous avons eu à Cysoing la revue du Roi le 15, qui
nous a tenus toute la journée ; elle était des plus
brillantes. Notre armée est fort nombreuse et en bon
état ; nous étions campés sur deux lignes entre Tournai et Lille, de cinq quarts de lieues chacune, et j'ai
eu soin d'accompagner le Roi après la revue du
régiment faite, jusqu'au bout de la ligne. Voilà ce
que j'appelle faire sa cour. »

Neumaison voit commencer une guerre de sièges
Les places de la Barrière : Courtrai, Menin, Ypres,
Furnes où les Hollandais tenaient garnison, sont
enlevées successivement.

« ... Nous ne sommes qu'à deux petites lieues de
Menin et selon toute apparence nous allons demain
l'investir. Il y a même de l'infanterie qui part
cette nuit, à ce qu'on dit, pour aller reconnaître.
La place est bonne par elle-même, mais il y a
très peu de garnison. On assure ici qu'il n'y a que
15.000 hommes et très peu de munitions de guerre
et de vivres. Nous sommes tous de bonne volonté,
ainsi cela pourra bien ne pas tenir longtemps. Nos
housards se sont emparés aujourd'hui de Courtrai.
Ils n'ont pas eu grand'peine, car il n'y avait per-

sonne dedans. On nous dit des merveilles de notre armée d'Italie, ainsi j'espère que tout ira bien. Je vous manderai dans quelque temps des nouvelles de l'ouverture du siège. Adieu, mon très cher frère; nous sommes tous fort gais et nous trouvons beaucoup de bons moments. Ainsi ne soyez pas en peine de moi. »

Au camp près Menin, le 24 mai 1744.
(armée du Roi).

« Nous nous sommes rapprochés de Wervicq où le Roi est arrivé; toujours beaucoup de préparatifs pour le siège, sans cependant rien entreprendre. On a commencé à porter la fascine où j'ai été ce matin à quatre heures; nous l'avons posée dans un faubourg de la ville, où sont nos troupes. Les ennemis ont toujours la même tranquillité; je fus me promener, il y a quelques jours, à deux portées de fusil de la ville sans qu'ils nous aient rien dit. Nous n'en sommes campés qu'à un bon quart d'heure et fort à portée d'y voir tomber les bombes, lorsqu'on voudra bien nous en donner le plaisir. C'est là presque tout ce que nous aurons à faire, car en vérité la cavalerie ne brille pas beaucoup dans un siège. »

Neumaison souffre des pluies et des inondations dans cette Flandre boueuse :

« Je viens d'être obligé d'interrompre ma lettre par un orage qui vient d'arriver; l'eau commençait déjà à gâter mon parquet, mais je viens de faire des fossés tout autour de ma tente, qui m'en garantissent. »

Les opérations du siège continuent :

Au camp sous Menin, le 24 mai 1744.

« Il y a deux ou trois jours qu'on fit la peur aux habitants de Menin. Tout était prêt pour les attaquer et les troupes étaient déjà en marche pour aller ouvrir la tranchée lorsqu'on reçut un contre-ordre; mais pour aujourd'hui c'est pour tout de bon, elle est commencée d'hier au soir sur les dix ou onze heures et on y travaille actuellement à force; les inondations ne laissent pas que d'être considérables et de nuire un peu à notre infanterie; mais malgré cela je ne crois pas qu'elle tienne longtemps; ils ont commencé hier à tirer quelques coups de canon, mais peu de chose. Je ne sais si cela a duré toute la nuit, car j'ai très bien dormi. Ce matin ils continueront encore, mais cela s'appelle faire beaucoup de bruit et peu de besogne; notre canon n'a pas encore tiré un coup, je crois que, lorsqu'il s'en mêlera, nous entendrons beau bruit, car notre artillerie est très considérable et commandée par un homme en qui toute l'armée a beaucoup de confiance. On ne nous envoie plus à la fascine et il est défendu à tout monde d'aller à la tranchée en qualité de spectateur, sous peine d'être envoyé dans une citadelle tant que durera le siège. Vous voyez comme on a soin de nos jours. Je fus hier à Wervicq où est le quartier du Roi. J'allai faire la cour à M. le duc d'Aumont où nous dînâmes avec le chevalier de Gouyon dans le Régiment des gardes. On y fait fort bonne chère et nous serions restés plus longtemps à table sans l'heure de la tranchée où plusieurs de ces messieurs allaient et s'assemblèrent à trois heures et demie.

Le Roi fut hier toute la journée de très bonne humeur, il joua pendant fort longtemps au tric-trac. Personne n'est logé plus simplement que lui; il a un lit de camp de damas tout uni avec une tapisserie de même et dans une maison fort étroite et incommode; il vient souvent nous visiter dans notre camp et sa présence fait très bon effet dans l'armée. »

Mme de Gemeaux, mère inquiète et tendre, est satisfaite de l'ordre qui défend aux jeunes étourdis d'aller se promener dans la tranchée. Mais Neumaison n'a pu résister à la curiosité.

Au camp près Menin, le 3 juin 1744.

« ... Il faut que je vous avoue la vérité, je fus hier me promener à la tranchée et j'entrai dans l'ouvrage à corne dont nous sommes maîtres. On y est retranché et aussi à couvert des coups de fusil que dans une chambre. J'y examinai avec attention tous les travaux qu'il faut pour prendre une place; c'est inconcevable. Il faut y avoir été pour le croire. Ils ont laissé quatre pièces de canon qu'ils ont toutes enclouées, des boulets, des grenades et de la poudre qu'ils n'ont pas pu emmener. Je crois qu'on doit bien faire des nouvelles, car sur les lieux mêmes, on ne peut être sûr de rien qu'on ne l'ait vu. On dit que le Roi dîna hier à la tranchée qui est de l'autre côté de la rivière, et je n'ai pas de peine à le croire. On fit de ce côté-là un feu épouvantable. Des bombes mirent le feu au couvent des capucins, sur les trois heures du soir, lequel a duré jusqu'à ce matin; je suis persuadé que tout le quartier est brûlé; je veillai hier jusqu'à onze heures pour voir le feu; la nuit était noire et rendait le spectacle du canon et des bombes qui y pleuvaient extrêmement triste; il y a un endroit qui est à trente pas derrière nos tentes qui domine la ville et qui est fait pour cela, c'est ordinairement l'assemblée. Tout le monde croit que nous pourrons bien entendre dimanche la messe dans la ville... »

Les descriptions que Neumaison donne du siège de Menin s'accordent avec le spectacle représenté sur la toile de Lenfant intitulée : *la Prise de Menin*, et conservée au château de Versailles. Voilà la ville tout entourée de remparts, d'ouvrages et de retranchements très compliqués; deux clochers la dominent; on y voit rougir les incendies qui paraissaient si tristes à Neumaison. La tranchée est ouverte où les soldats avancent... à droite la rivière débordée, un moulin des Flandres aux larges ailes; ... plus en avant, un campement pittoresque de soldats : les tentes, les voitures, les chevaux dételés ... au premier plan le maréchal de Saxe montrant au Roi sa prochaine conquête.

Neumaison ajoute :

« Je dînai avant-hier chez M. le prince de Pons avec M. le duc de Bouillon et messieurs leurs fils qui sont par parenthèse tous deux bien enfants. Le prince Camille joint à cela la maladresse, il s'est laissé tomber avant-hier un boulet de canon sur le genou qui lui a démis la rotule et il est au lit; de ma connaissance, il a manqué d'être estropié quatre ou cinq fois par des chevaux; pour le prince de Turenne, il s'est fourré le bras en badinant dans une chaudière de bière bouillante. Je commence à voir que je suis déjà dans l'âge mûr, car ils sont trop enfants pour moi. »

Le capitaine de vingt ans, devenu très grave depuis qu'il a la responsabilité de ses hommes, continue le récit de sa campagne en l'entremêlant d'un bavardage familier, affectueux et naïf encore pour quelqu'un qui se croit si vieux :

Au camp devant Ypres, le 15 juin 1744.

« ... Nous avons trouvé toutes les troupes à notre arrivée qui marchaient pour investir la ville d'Ypres. On dit que le Roi arrive ce soir, ainsi il pourrait fort bien se faire qu'on ouvrît bientôt la tranchée. Voilà, mon cher frère, la plus belle occasion du monde de venir en Flandre; il serait charmant que vous en puissiez faire la partie; je le voudrais de tout mon cœur, mais je n'ose pas encore m'en flatter; vous verriez qu'on est fort bien sous la tente et qu'une campagne n'est pas si terrible qu'on veut le faire croire, surtout pour la cavalerie qui n'a pas la moindre chose à faire à un siège...

Voilà le Suisse qui vient d'arriver; il m'a assuré que toutes les santés étaient bonnes quand il est parti. C'est la meilleure nouvelle qu'il ait pu m'annoncer. Je ne sais pas pourquoi vous avez mis dans son congé : natif de Gemeaux; je ne l'avais mis dans le modèle que pour donner une idée de la façon dont il devait être rempli, ne sachant pas le lieu de sa

naissance; il faut que je me sois mal expliqué, mais
dans le fond, il n'y pas grand mal et cela ne tire pas
à conséquence. Il m'a remis le pot de pommade que
j'avais oublié; en vérité rien n'est égal à l'attention
de ma mère. Mes cheveux grandissent beaucoup et
j'en ai grand soin, mais je les trouve encore un peu
courts pour être frisés. Je ne sais s'il faut dire cela
à ma mère...

Le Roi aura son quartier à Wlamertinghe. Je
crois qu'il ira encore à ce siège-ci à la tranchée. »

Au camp devant Ypres, le 23 juin 1744.

« ... Je n'aime point du tout le retard de votre
voyage pour la Flandre. J'aimerais beaucoup apprendre le jour fixé; j'aurais le plaisir de vous promener dans tout le camp et de vous faire voir la
tranchée. J'ai peur que vous ne puissiez pas être
à la prise de cette ville ici, car nous la dépêchons
beaucoup. Je crois qu'elle nous appartiendra
avant dix jours d'ici; il me semble que nous
allons assez rapidement dans nos conquêtes; vous
m'en faites fort peu de compliments et vous avez
raison, car je ne m'applaudirai que lorsque je
reprendrai le chemin de Paris. Toute la cour est
extrêmement gaie. Le Roi a un air de satisfaction
qui est admirable; il a déjà été ici à la tranchée.
Elle n'est pas aussi tranquille que celle de Menin,
ils font quelquefois la nuit un bruit si considérable
qu'ils m'empêchent de dormir, et c'est beaucoup
dire; il est vrai que nous n'en sommes pas bien
éloignés. Des officiers du régiment qui arrivent
de la tranchée assurent que la ville tiendra encore
du temps...

Comme ma lettre n'a pas pu partir hier, mon cher frère, j'ai remis à aujourd'hui à vous souhaiter encore le bonjour et à vous faire part des nouvelles de la tranchée de cette nuit. Nous nous sommes rendus maîtres du chemin couvert et de l'ouvrage à corne; il nous a été disputé; aussi nous y avons perdu 300 hommes. Nous avons fait 60 prisonniers. On dit M. de Beauveau dangereusement blessé...

Mme la duchesse de Chartres a passé ici pour se rendre à Dunkerque avec Mme la princesse de Conti. On dit que Mme la duchesse de Châteauroux y était aussi; c'est là où sera le quartier du Roi pendant que nous ferons le siège de Furnes. Mais nous avons encore ici de l'ouvrage pour un peu de temps; vous aurez la plus belle occasion du monde, mon cher frère, pour voir la mer; elle serait charmante pour moi, puisque j'aurais le plaisir de vous voir. Adieu, mon très cher frère, je suis obligé de vous quitter. Voilà M. l'abbé qui fait battre la messe et il faut y aller...»

Après la prise d'Ypres, l'armée va assiéger Dixmude :

Au camp de Dixmude, le 2 juillet 1744.

« Toute l'armée est à présent par pelotons, dont une partie fait à présent le siège de Furnes. Nous entendons d'ici beaucoup de canon; il y a apparence qu'elle ne tiendra pas longtemps. Vous saurez la nouvelle de la prise presque aussitôt que nous. »

Les stratèges en chambre qui font avancer les

armées comme des petits drapeaux sur une carte, ne sont pas nés seulement à notre époque :

Au camp de Dixmude, le 5 juillet 1744.

« Je croyais qu'il n'était guère possible d'aller plus rapidement que nous en conquêtes, mais je me suis trompé, je m'aperçois qu'il est fort aisé de faire la guerre, de Paris. Vous ne vous contentez pas de prendre Furnes qui est à peine attaqué. Vous courez à d'autres sièges. Savez-vous bien, mon frère, que la ville la plus aisée à prendre coûte des travaux incompréhensibles?... Vous nous faites pirouetter comme des marionnettes ! »

La vie n'est pas triste à l'armée du maréchal de Saxe dont Neumaison fait désormais partie. Le maréchal, inaugurant l'institution du théâtre aux armées, se faisait suivre par des comédiens, par le poète Favart; on jouait même la veille des batailles :

Au camp de Courtrai, le 6 août 1744.

« ... Je me serais fait un grand plaisir de vous promener par tout le camp; celui-ci est fort gai et très amusant à parcourir; le quartier général est charmant; il y a seulement comédie et concert tous les jours; je vous avouerai que je n'ai point encore été au dernier, quoiqu'il y ait une demoiselle qui y chante l'italien à merveille... »

Loin de la Bourgogne et de la demeure familiale, Neumaison n'oublie pas sa mère, le cher frère, le pays de Gemeaux.

L'armée l'a adopté, il aime sa vie nouvelle et accepte le destin avec une sérénité philosophique, il pense pourtant encore à la douceur ancienne :

« ... Je suis ici comme dans une seconde famille, mais malgré toute la consolation que je peux y trouver, vous m'en faites sentir la différence. Mais où peut-on être parfaitement content? Souvent, même auprès de vous, il me restait quelque chose à désirer...(1) »

A deux reprises, Neumaison obtient des congés et il peut revoir sa famille. En novembre 1743, pendant que son régiment cantonne à Joigny, il séjourne auprès de sa mère et de son frère qui habitent à ce moment-là à Paris, rue Sainte-Apolline, dans le quartier Saint-Denis. Neumaison avait une âme très tendre, mais il ne savait pas manifester son affection, du moins sa conscience scrupuleuse l'en accuse :

A Joigny, le 31 mars 1744.

« Je souhaite bien, mon très cher frère, que le moment de notre séparation vous ait coûté autant qu'à moi. Quelque sûr que je sois de votre amitié, il me semble qu'elle aurait encore quelques degrés que je n'ai connus parfaitement qu'au moment qu'il a fallu m'en séparer. Je suis plus malheureux qu'un autre lorsque j'aime véritablement. J'ai sans cesse à me vaincre sur un vilain air froid que mon cœur ne peut souffrir; il est vrai qu'il serait difficile d'exprimer tous les sentiments que j'ai pour vous. Je vous prie, mon cher frère, d'en être persuadé; je ne saurais

(1) Le 9 mai 1744.

vous en trop dire, lorsque je vous parle de mon amitié et de ma reconnaissance. Je n'aurai pas l'honneur d'écrire à ma mère aujourd'hui, je pars pour mon quartier et je compte lui écrire un peu en détail, je m'étendrai surtout sur mes sentiments tendres et respectueux et sur le regret que j'ai eu de la quitter. Que ne m'avez-vous reçu avec indifférence et pourquoi ne m'avez-vous pas traité comme il n'est que trop ordinaire de voir des frères ensemble ! Je ne sentirais pas actuellement la douleur d'être séparé de vous. Enfin, mon cher frère, ma satisfaction est de songer au plaisir que j'avais d'être avec vous, triste consolation, puisqu'elle ne fait que renouveler ma douleur à tous moments. »

Après la campagne de 1744, Neumaison obtient un semestre de congé. Il séjourne d'abord à Paris. Il en profite pour faire des visites à des personnages influents ; il va voir sa grand'mère et sa tante Bégon et il leur lit *Les Mondes* de M. de Fontenelle :

« ... Je les trouve fort amusants, dit-il, j'en lis tous les soirs, lorsque je suis rentré et actuellement si je ne vous écrivais pas, je serais peut-être dans quelque satellite de Jupiter ou englouti dans quelque tourbillon qui me creuserait l'imagination... »

Il goûte avec modération des plaisirs mondains :

« ... Je profitai dimanche d'un billet qu'on me donna pour aller au bal de la ville. J'y allai avec le chevalier de Gouyon ; l'illumination y était admirable, je ne m'y ennuyai point les deux premières heures, j'y fus toujours porté et ballotté et j'en sortis à six heures du matin ennuyé et fatigué ; voilà mon histoire du bal, auquel je ne retournerai pas si tôt... Mᵐᵉ la Dauphine a fort bien réussi, on assure qu'elle a beaucoup de grâce et de l'esprit ; avec cela on pourrait se dispenser de parler de la figure qui n'est point aussi mal qu'on l'avait dit ; elle a envie de plaire et souvent cela seul suffit pour en venir à bout. »

La sagesse du jeune homme était bien connue de sa famille qui n'avait pas songé à mal interpréter une petite mésaventure arrivée un peu auparavant à Neumaison. On lui avait volé sa montre et sa tabatière et il était d'usage alors « à tous les jeunes officiers de se faire voler à la première campagne leur montre et leur tabatière par les plus jolies filles d'une garnison (1). »

Neumaison se met en route pour Gemeaux où l'attend son frère, espérant y faire des recrues. Il revient vers la campagne où il a joué dans son enfance et se promet de pêcher dans l'étang voisin, au moulin de Venarde, comme au temps où il était petit garçon.

Mᵐᵉ de Gemeaux profite aussi de ce congé pour entamer un projet de mariage qui lui tient au cœur, depuis plusieurs années. Elle désire faire épouser à Neumaison une petite fille qu'une grande tante très âgée veut doter. Le mariage doit se faire du vivant de la grande tante, car les parents de la prétendue y sont opposés ; malheureusement la petite fiancée n'a encore que sept ans. Mᵐᵉ de Gemeaux s'informe pour savoir si les canons de l'Église permettent le

____

(1) Lettre de Michel Bégon, intendant de Dunkerque, le 9 août 1744.

mariage dans un âge aussi tendre. Elle emmène Neumaison à Autun où habite la grande tante; la petite fille, déjà coquette, se frise les cheveux afin de recevoir son fiancé qui est passé une fois et qui n'est pas revenu.

IV

Neumaison retourne à son régiment le 8 avril 1745;
il doit faire partie de l'armée du comte de Saxe qui
se rassemble à Maubeuge.

A Ypres, le 14 avril 1745.

« ... J'ai quitté Paris avec un véritable regret,
mais les hommes sont bien injustes, car je devrais
encore me trouver heureux d'y être resté si longtemps;
depuis mon arrivée ici, je suis occupé à mon équipage de campagne. Il est décidé que nous partons
le 22 pour aller, je crois, du côté de Maubeuge où
toute l'armée doit être rassemblée et campée au
front de bandière au plus tard le 10; il y a apparence
que c'est par Mons que nous voulons commencer,
et ce ne sera pas là s'amuser à la bagatelle...

P.-S. le 15, matin.

Il vient dans l'instant de nous arriver des ordres
pour partir demain matin. Personne ne s'attendait
à un départ si prompt et j'ai des affaires, pour ma
part, par-dessus les yeux. Demain nous coucherons
à Lille et nous serons campés sous Valenciennes le

19, où, delà, nous irons sans doute à Maubeuge où est le rendez-vous général. »

Dans la nouvelle campagne qui s'ouvre et qui sera pour lui la dernière, Neumaison n'aura pas le temps, comme il le dit lui-même, de « s'amuser à la bagatelle ».

Au camp de Leuze, le 25 avril 1745.

« J'ai eu bien peu de temps à moi, mon cher frère, depuis la dernière lettre que je vous ai écrite d'Ypres, car je n'aurais manqué sans cela de vous faire part de l'arrivée de ma recrue avec Brunet. Il s'est fort bien acquitté de la commission et a brûlé, les derniers jours, quelques séjours qui les ont fait arriver plus tôt que je ne l'attendais. Il nous a rejoints à notre passage à Douai et ils sont repartis le lendemain tout équipés avec le régiment. Brunet m'a remis les instructions en 18 articles que vous lui avez données qui sont d'une exactitude étonnante. En vérité, j'ai bien à vous remercier de tous vos soins. J'ai mandé tout de suite leur arrivée à ma mère; j'ai trouvé le moyen d'écrire une fois depuis ce temps-là à ma tante et voilà tout; croiriez-vous bien qu'aucune lettre n'a pu encore nous parvenir, depuis que nous sommes sortis d'Ypres. Nous avons presque toujours été par voies et par chemins, sans avoir un lieu fixe où nous ayons pu avoir aucune nouvelle. Nous sommes à présent d'une espèce de petit camp volant aux ordres de M. du Cayla, et nous sommes, depuis hier au soir, campés auprès de Leuze, entre Ath et Tournai pour empêcher la communication de ces deux villes pendant que l'armée de Saxe investit la dernière. Nous étions campés, la nuit d'auparavant auprès de Saint-Ghislain et par conséquent fort près de Mons qui croyait que c'était à elle à qui on en voulait. Je suis persuadé même que vous l'avez cru jusqu'à Gemeaux, mais désabusez-vous-en, ce n'était qu'une feinte pour tomber sur notre bonne ville de Tournai et empêcher qu'on y jetât des secours. Il y a apparence que nous allons nous reposer auprès de cette place des courses qu'elle nous a fait faire. Elle est de dure digestion. Nous avons commencé la campagne de bonne heure et par un temps bien épouvantable, mais parlons à présent d'autre chose. Notre aumônier est arrivé d'hier; il se loue infiniment de la façon dont vous l'avez reçu et du château qu'il a trouvé fort beau; j'ai été charmé de me trouver avec quelqu'un qui vous avait quitté depuis peu. Nous avons beaucoup parlé de vous et je ne l'en tiens pas quitte; mais, mon cher frère, ne comptez-vous pas bientôt avoir fini vos affaires? J'espère que la fin du mois de mai vous reverra à Paris. Je sais qu'on travaille à force à tous vos bâtiments. Je compte que j'aurai bientôt de vos nouvelles qui me mettront au fait de tous vos projets. Il y a un siècle que je n'en ai reçu de qui que ce soit, sans que je puisse m'en plaindre et j'ai une véritable envie d'en recevoir. Je ne sais point du tout comment vont les santés; je ne sais même trop comment je pourrai vous envoyer cette lettre-ci, car nous sommes ici un corps séparé de l'armée et n'avons point de commerce. Nous vivons tranquillement sur le terrain et aux dépens de la reine de Hongrie. Tous nos recruards de Gemeaux trouvent fort mauvais que nous soyons campés au milieu de beaux champs de blé qu'on foule aux pieds. Ils prétendent qu'on trouverait cela fort mauvais, si

on en faisait autant dans leurs villages. Brunet
paraît fort content malgré les jours ici qui n'ont pas
laissé que d'êtres rudes. J'espère que sa bonne
volonté continuera, il m'est fort utile surtout depuis
que La Brie a reçu un coup de pied de cheval, qui
heureusement n'est rien du tout et qui est presque
guéri. Adieu, mon cher frère, je vous parlerais
encore longtemps si je m'en croyais, mais il est
temps de vous quitter. Mes respectueux compliments, s'il vous plaît, à toutes les dames que vous
pouvez être bien assuré que je n'oublie point,
aussi bien que M. le Prieur à qui je fais mille
compliments, et je vous assure, mon cher frère,
de la plus tendre et de la plus sincère amitié.
Dites mille choses pour moi, je vous prie, de
tendre et d'obligeant à mon frère. Vous aurez la
bonté d'adresser toujours mes lettres à l'armée de
Flandre. »

Neumaison annonça, le 4 mai, à sa mère qu'il
quittait le camp de Leuze et qu'il prendrait sans
doute part à la prochaine bataille. A ce moment,
en effet, une armée ennemie, composée de contin-
gents anglais, hollandais et autrichiens, marchait
contre Maurice de Saxe pour le forcer à lever le
siège de Tournai. Celui-ci livra, le 11 mai 1745, la
célèbre bataille de Fontenoy.

Mme de Gemeaux, qui se trouvait alors à Paris,
fut bouleversée en apprenant la nouvelle de ce
combat cruellement meurtrier. Dans la lettre qu'elle
envoie à son autre fils, on sent palpiter encore
l'angoisse de cette mère affolée, qui court de tous
côtés chercher des renseignements, tremblant d'apprendre sans doute le sort de l'enfant disparu. La

douleur de Paris au lendemain de la bataille sanglante revit aussi dans cette page qu'on croirait écrite d'hier :

13 mai 1745.

« La nouvelle de la bataille nous a mis depuis hier dans un état qu'il vous sera aisé de comprendre. Suivant les dernières nouvelles du 4, de Neumaison, il en devait être. Toutes les courses imaginables ont été faites pour aller à sa découverte; Mᵐᵉ de Saint-Brisson a été deux fois à l'hôtel de Pons et ce soir elle nous a rapporté que Mᵐᵉ la Princesse de Pons n'avait eu ni courrier, ni nouvelle, sinon que le valet de chambre de M. le prince Camille avait écrit à sa femme, lui mandant que le 11 son maître montait à la tranchée; ainsi il ne pouvait être à la bataille. Mais comme certainement Neumaison aurait écrit depuis le 5 mai qu'il a quitté le camp de Leuze, il fût allé tout de suite à Tournai; il est à présumer qu'on les a mis en embuscade de quelque côté. Je vous avoue que voici un temps de crise bien redoutable pour les pauvres parents. Tout le régiment des gardes a fait selon sa coutume et nombre d'officiers hachés. Tout Paris est dans une consternation terrible. Je vous envoie une liste qui est sûre et bonne; il s'en faut beaucoup qu'elle soit complète... »

La liste des morts n'était pas complète, en effet... Neumaison avait pris part à la bataille, à la droite de l'armée, dans la plaine d'Antoing. C'est là qu'il était tombé mortellement blessé, après avoir eu trois chevaux tués sous lui.

Les dernières circonstances de sa mort et de sa

sépulture sont consignées dans le registre des mariages et des morts de la paroisse de Rumillies :

« L'an 1745, le 12 du mois de mai, M. Etienne de Loppin de Neumaison, capitaine au régiment du prince Camille-cavalerie, né à Dijon, âgé de 21 ans ou environ, mort des blessures qu'il avait reçues à la bataille d'Antoing, a été inhumé dans cette église; ce que certifient les témoins soussignés. Sont signés :

« Rouillon, aumônier du régiment.

« Jean-Baptiste Carroy.

« J. Robette, curé dudit Rumillies, desservant de Warchin. »

Le petit capitaine bourguignon fut assisté à sa dernière heure et pieusement enseveli par des compatriotes : l'aumônier dont il avait joyeusement salué la venue, les recrues nouvellement arrivées du pays natal. Les cavaliers Mongin et Masson écrivirent à M. de Gemeaux :

« Le malheur nous a bien suivis de la façon nouvelle que vous savez d'avoir perdu monsieur notre bon capitaine... Nous l'avons fait enterrer dans une église, nous prions Dieu pour lui comme pour vous. »

Le « cher et aimable Neumaison », comme l'appelait son frère, fut pleuré par sa famille, ses camarades et ses soldats. Pour la famille de Gemeaux c'était une douleur profonde et la ruine de belles espérances; le jeune homme promis à une brillante carrière avait à peine joui de cette compagnie qui « l'avait jeté dans des frais immenses » et pour laquelle les siens avaient consenti de grands sacrifices. M. de Gemeaux eut une liquidation pénible à faire, des comptes à régler avec M. de Barville, ancien capitaine de la compagnie qui tenta de l'exploiter et à qui il du, payer de longues années la retraite qui lui avait été promise.

Après avoir enterré M. de Neumaison, les recruards de Gemeaux qui étaient partis avec enthousiasme assurant qu'ils auraient bien amené avec eux tous les gars du pays, se sentirent vite dépaysés et découragés. Les cavaliers Mongin et Masson se trouvent malheureux et demandent à M. de Gemeaux de les tirer du régiment. « Si vous avez donné le billet, vous aurez bonté par votre miséricorde de vous le faire remettre. C'est ce que nous attendons de votre puissante protection... Nous avons l'honneur de vous dire que depuis notre malheur d'avoir perdu notre bon capitaine, nous avons toujours été le rebut de toute la compagnie qui sont tous des Normands. »

« Monsieur, notre bon capitaine » : le jeune officier au cœur affectueux avait mérité cette appellation ; l'hommage le plus touchant fut rendu à sa mémoire par les simples cavaliers qui s'étaient préoccupés de le faire enterrer « dans une église », par les paysans encore naïvement honnêtes qui n'osaient pas fouler les blés de l'ennemi et qui avaient porté à leur jeune seigneur, avant sa mort, le salut de la terre natale.

Nous avons voulu voir cet horizon que Neumaison contempla avant de tomber : le petit village, le clocher de Fontenoy, le bois de Barry, la plaine d'Antoing toute gonflée par les blés qui ondulent plus épais, plus hauts, plus drus qu'ailleurs, les blés qu'admiraient les Bourguignons habitués aux champs maigres et aux terres rocheuses. Nous avons suivi sa

trace au village de Rumillies où il mourut le lendemain, à l'église de briques où il est enterré. Dans
ce village, avec lui, plusieurs officiers et soldats
français vinrent finir leur carrière, dont les noms
sont gardés au registre paroissial; le plus noble
d'entre eux est celui de Jacques de Dillon, colonel
du régiment de son nom, infanterie, chevalier de
Malte. Ici l'on peut réveiller les souvenirs de cet
ancien passé militaire, à moins que nous préférions
nous arrêter dans une des citadelles qui furent pour
Neumaison les dernières étapes; que nous nous
plaisions à évoquer sa fine silhouette sur le chemin
de ronde des anciens remparts qui subsistent encore :
vieilles portes lilloises de noble architecture, où la
pierre sculptée et la brique gardent la marque d'un
temps qui mêlait l'art aux œuvres d'utilité, glacis
mélancolique au gazon pâle, contrescarpe, fossés
qui s'effacent dans la brume! Remparts d'Ypres
mutilés mais encore debout qui ont fait il y a quinze
ans une ceinture à la ville anéantie et que Maurice de
Saxe assiégea jadis, ville de Menin près de laquelle
tourne toujours le moulin aux larges ailes!... Au
delà de tant de deuils nouveaux et innombrables et
de récentes dévastations, sur cette plaine, champ de
bataille éternel, le souvenir des guerres anciennes
se retrouve encore.

SAINT-CYRIENS DE L'EMPIRE

I

Cinq heures du matin. Les lits étroits étaient
serrés les uns contre les autres, dans le long dortoir
aux piliers grêles. Les lourds paquetages militaires,
les shakos démesurés risquaient de tomber sur les
têtes d'adolescents qui se cachaient dans les rudes
couvertures brunes. Le tambour battait la diane.
Pas une minute de grâce. Les Saint-Cyriens de 1810
n'avaient pas de temps à perdre.

Un quart d'heure pour s'habiller, descendre les
grands escaliers, se précipiter aux « lavoirs », lavabos
de ce temps. Charmantes et sinistres, ces auges
de pierre créées pour des jeunes filles dans un vesti-
bule froid au sol dallé où passaient d'aigres courants
d'air. Des masques de bronze, finement modelés,
crachaient l'eau par la gueule, mais les demoiselles
de Saint-Cyr trouvaient souvent de la glace dans
leur fontaine. Singulière époque, toute contraire, de
la nôtre, dure pour les aises du corps, mais éprise
de beauté, ignorant le confort et curieuse d'art pour
les plus modestes objets ! Les ablutions aussi étaient
brèves pour nos jeunes militaires. A cinq heures un
quart en étude, dans les greniers tantôt glacés et
tantôt torrides.

Sept heures un quart, de nouveau au dortoir. Tour

à tour, étudiants et soldats, les Saint-Cyriens, jusqu'à huit heures moins un quart, faisaient leur lit, brossaient leurs habits, nettoyaient les boutons, balayaient la chambrée. Attention à la propreté du dessus et du dessous de lit. Le bois reluisait-il? Un grain de poussière et c'était le peloton : toute la récréation passée au port d'armes, dans une immobilité absolue, sans remuer un seul doigt. Charles Loppin de Gemeaux (1) ne craignait plus tant d'être puni ; arrivé à l'École en avril 1809, il commençait à s'habituer au régime militaire et à éviter les maladresses. Lorsque Charles était nouveau encore, le balai d'un camarade avait poussé le sien; l'autre jeune homme voulait plaisanter sans aucune intention mauvaise, mais le sergent qui surveillait le dortoir avait jugé le cas grave. Les deux futurs officiers avaient été consignés quinze jours « pour s'être battus à coups de balais (2) ».

De huit heures moins un quart à huit heures, les élèves étaient passés en revue dans la cour. Après la revue, une heure de littérature. Charles de Gemeaux savait qu'il avait besoin de travailler son orthographe. Son père lui conseillait, en vain, de se cotiser avec quelques camarades, pour acheter un dictionnaire. Les élèves se réunissaient ainsi, à dix ou douze, pour s'abonner à un journal, moyennant

(1) Charles Loppin de Gemeaux, né à Gemeaux (Côte d'Or), le 1ᵉʳ Août 1791, était le fils aîné de Michel-François Loppin, baron de Gemeaux, et de Marie-Wilhelmine d'Orb.

(2) Lettre de Charles Loppin de Gemeaux à son père, 15 juin 1809 (Archives du château de Gemeaux).

Ces pages sont écrites d'après les correspondances conservées au château de Gemeaux; nous avons aussi trouvé des renseignements dans l'ouvrage suivant : TITEUX (Eugène), *Saint-Cyr et l'École spéciale militaire en France*, Paris, Société de propagation des livres d'art, 1914-1915, in-fol.

30 sous, mais l'acquisition d'un dictionnaire était
jugée tout à fait superflue (1).

A la gamelle ! Chaque élève apportait, au réfectoire, sa fourchette, sa cuiller et son pain de munition.
On nota le jour mémorable où le boulanger, qui
avait vendu une mauvaise livraison de pain, fut
condamné à offrir une fournée de pain blanc. Pas de
chaises, pas d'assiettes. Les élèves mangeaient debout
et trempaient, tour à tour, leur cuiller dans la gamelle
commune. Il ne fallait pas avoir de répugnance.
Si l'on ne craignait pas de dégoûter les élèves, on
exigeait pourtant d'eux de grands efforts pour le
soin et la propreté. Charles de Gemeaux fut consigné
quatre jours, parce qu'il s'était mis un peu de farine
à l'épaule en coupant le pain. Pas de chance ! Il
venait justement de se brosser pendant toute la
matinée (2).

La soupe soulevait le cœur ; la viande — toujours
du bœuf — était dure mais passable ; ensuite,
alternaient les haricots à l'huile, les lentilles mélangées
de graviers, le riz aussi déplorable. Heureusement,
l'été était passé ; les légumes ne surissaient plus
et l'on ne trouvait plus de vers dans la viande. Il
fallait attendre le Vendredi-Saint pour se régaler un
peu ; ce jour-là, les élèves dégustaient une omelette.
Le dessert était rare ; le règlement interdisait sévèrement aux parents d'apporter des friandises. L'été,
on prenait quelquefois deux centimes par jour sur
la paye des élèves, pour leur procurer des cerises et
des groseilles (3). Charles, habitué à la bonne cuisine

(1) Lettres du 6 juin et du 15 juin 1809.
(2) Lettre du 6 juin 1809.
(3) Lettres des 6 juin, 28 mai, 18 août, 26 décembre 1809 ;
5 mai, 10 juillet 1810.

bourguignonne, souffrait de cet ordinaire, mais il se résignait stoïquement; il écrivait à sa grand'mère : « Ma bonne maman... On devient des hommes et non pas des hommelettes, comme ces petits maîtres qui ne sont, dans le fond, que des polissons et des mauvais sujets (1). »

A dix heures moins un quart, on quittait la gamelle; nouveau balayage de la chambrée; classe de mathématiques, exercice, étude; nouvelle gamelle à quatre heures et demie. Les élèves allaient ensuite en récréation, dans la cour, sauf les punis qui attendaient la tombée de la nuit, debout, immobiles, l'arme toujours dans le même bras, et qui s'évanouissaient parfois avant la fin des deux ou trois heures de cette faction trop dure (2).

Ainsi passaient les jours, avec peu de changement dans les horaires. Le dimanche, les élèves assistaient à la messe. L'Empereur tenait à ce qu'ils remplissent leurs devoirs religieux, mais pas plus souvent que la règle stricte ne l'exigeait. Charles, qui avait reçu de sa mère et de sa grand'mère Mme d'Orb, une éducation très religieuse, écrivait à ses parents : « Je ne pourrai communier qu'à Pâques même; tous les élèves doivent le faire. Notre aumônier se nomme Clément et porte, sur sa figure, le respect et la douceur. On en dit beaucoup de bien, et sa vue seule m'a inspiré beaucoup de confiance (3). »

Après la messe, les élèves étaient passés en revue par le Général ou par le Colonel. L'après-midi, ils allaient à la promenade, en rangs, le fusil sur l'épaule.

(1) Lettre du 18 août 1809.
(2) Charles de Gemeaux donne son emploi du temps dans une lettre du 26 octobre 1809.
(3) Lettre du 9 janvier 1810.

Ils avaient bonne tenue, avec les habits bleus à la française liserés de rouge, les revers et la culotte de drap blanc, le shako largement évasé, lorsqu'ils traversaient le plateau de Trappes, ou qu'ils remontaient le Val de Gally, dans la direction de Villepreux. Quand les élèves étaient arrivés à trois quarts de lieue de l'École, on faisait halte dans une place plus ou moins grande, dont il était défendu de sortir (1).

Charles appréciait ces promenades, où toute liberté, cependant était refusée; il était heureux d'approcher ces collines, qu'il apercevait de l'école, et qui fermaient le vaste horizon des champs. Il goûtait surtout vivement tous les exercices que nous appellerions aujourd'hui sportifs. Par les jours brûlants de juillet 1810, les Saint-Cyriens se levaient à deux heures du matin; on les conduisait à l'étang de Trappes où ils pouvaient se baigner. Les jeunes gens quittaient l'école, en pleine nuit, afin de revenir à cinq heures pour commencer la journée normale; ils aimaient mieux réduire leur sommeil, et se baigner à l'aube, puiser ainsi un peu de fraîcheur qui les aidait à supporter la lourdeur étouffante de la caserne. Un accident tragique interrompit ces expéditions. Un élève fanfaron voulut traverser l'étang, le premier, et à l'endroit le plus profond. Il disparut plusieurs fois. Ses camarades, s'imaginant qu'il plongeait, ne firent pas attention à lui. On ne s'aperçut de son absence, qu'au moment du départ, quand on vit ses habits sur la rive. Dix élèves reçurent alors l'ordre de plonger et de le chercher... en vain. La colonne partit, laissant le camarade dont on ne retrouva le cadavre que plusieurs jours plus tard (2).

(1) Lettre du 24 juin 1809.
(2) Lettre du 18 juillet 1810.

Charles se passionna davantage pour les chevaux ; il avait toujours désiré la cavalerie et il avait craint, d'abord, que ce ne fût un rêve impossible ; le manège de Saint-Cyr était plein, la pension à l'école de cavalerie de Saint-Germain assez coûteuse (2.400 francs, alors qu'on n'en demandait que 1.200 à Saint-Cyr). Charles ne voulait pas imposer de trop gros sacrifices à ses parents ; il leur écrivait : « Je prendrai mon parti très facilement, et servirai dans l'infanterie. J'ai de bonnes jambes et peu d'écus ; ainsi, ne ménageons pas les premières pour nous servir des autres dans de meilleures occasions (1). »

La résignation du jeune homme n'était qu'apparente, et son enthousiasme éclata, quand il obtint, grâce à la recommandation du Général de Lespinasse, sénateur de la Côte-d'Or, la permission d'aller au Manège de Saint-Cyr. On s'exerçait d'abord sur un cheval de bois, ensuite sur des bêtes qui ruaient et secouaient rudement leurs jeunes cavaliers (2). Charles attendait avec impatience, l'arrivée du squelette qui permettrait de commencer les cours d'hippiatrique.

Les distractions étaient si rares, à l'école, qu'il fallait bien apprécier les plus minimes. Jamais de permission de sortie, une vie rigoureusement cloîtrée. Les élèves s'égayaient comme ils pouvaient ; ils jouaient à la paume et aux barres, ils tiraient des armes avec des baguettes de jonc, ce qui n'était guère permis, mais seulement toléré (3) ; ils improvisaient, dans les dortoirs, des bals sans cavalières, qui dégénéraient en vastes chahuts ; ils composaient

(1) Lettre du 27 juillet 1809.
(2) Lettre du 14 novembre 1809.
(3) Lettre du 26 octobre 1809.

des chansons : « les unes jolies, d'autres, d'un mauvais genre (1). »

Charles transcrivit, pour ses parents, une des plus convenables :

CHANSON SUR L'ÉCOLE MILITAIRE.

AIR : *Femmes, voulez-vous éprouver?*

I

Le tambour à coups redoublés
Dès le matin se fait entendre.
Lorsque nous sommes habillés,
A l'étude, on nous fait descendre.
Là, certain utile sergent,
Nous défend jusqu'au moindre signe,
Et ce n'est jamais qu'en dormant,
Qu'on peut éviter la consigne.

II

Nous montons tous, dès qu'il fait jour,
Faire notre petit ménage.
L'un, d'un balai, s'arme à son tour,
Et dans la chambre, il en fait usage.
L'autre refait nonchalamment
Sa couche, toujours solitaire,
Et songe hélas ! en soupirant,
Que c'est lui seul qui doit la défaire.

(1) Lettre du 23 août 1809.

III

Mais, loin de tous ces vains soucis,
Bellonne, à ses jeux, nous appelle.
Nous nous armons de nos fusils ;
L'ardeur, en nos yeux, étincelle.
Déjà nous formons des projets.
Nous présageons quelques victoires,
Car on vit toujours les Français,
Prêts à conquérir de la gloire.

IV

Nous sommes, pour un moment,
Animés d'une ardeur nouvelle.
Nous courons avidement,
Nous signaler à la gamelle.
Nos mets sont des plus délicats,
Et la cause en paraîtra bonne :
C'est qu'il n'est pas de mauvais plats,
Quand l'appétit les assaisonne.

V

Après que le dieu des gourmands
A reçu notre sacrifice,
Nous suivons les jeux différents,
Que nous inspire le caprice.
Nous pouvons, dans ce court instant,
Folâtrer et parler sans cesse.
Aussi, profitons-nous souvent
De la liberté de la presse.

VI

Autres moments, autres travaux,
Nous dessinons le paysage.
D'après Racine et les Rousseau,
Nous polissons notre langage.
Dans Bezout, laissant à dessein,
Et l'ellipse, et la parabole,
Nous cherchons le plus court chemin
Qui conduit hors de l'École.

L'avant-dernière strophe fait allusion, non à la liberté d'écrire des articles politiques, mais à celle de mettre « en presse » les conscrits. Lorsque les nouveaux arrivaient, on les couchait sur un lit ; sept ou huit jeunes gens montaient sur leur corps, les uns au-dessus des autres, et y restaient jusqu'à ce que les victimes demandassent quartier. Les brimades étaient souvent ennuyeuses et même cruelles. Charles se plaint, plusieurs fois, dans ses lettres, des mauvais camarades qui le persécutent. Les anciens en voulaient particulièrement au bonnet de police des nouveaux, ces jolis bonnets de police façonnés à la dragonne, en drap bleu national, passepoilé d'écarlate, dont la queue retombait sur la joue et se terminait par une flamme de fil jaune. En juillet 1809, les anciens raflèrent tous les bonnets des conscrits pour frotter leurs fusils ; l'École ne voulut pas en fournir d'autres ; les parents durent verser 12 francs, pour procurer à leurs fils des couvre-chefs de remplacement (1). En décembre, Charles s'enrhuma ;

(1) Lettre du 27 juillet 1809.

le jeune homme, qui couchait à côté de lui, avait dérobé son nouveau bonnet de police; Charles réclama, l'autre jura sur l'honneur qu'il n'avait rien pris. Pendant huit jours, le voleur dissimula le bonnet; au bout de ce temps, il l'arbora, après l'avoir « défiguré » (1). Le baron de Gemeaux dut encore envoyer 12 francs, en se demandant si cette histoire de bonnets prendrait fin avant que son fils sortît de l'École. Charles avait un joli calepin pour tenir ses comptes. Le calepin, dit-il, ne pouvait pas manquer de tomber, tôt ou tard, entre les mains des personnes « qui, sans scrupules, s'approprient ce qui appartient à des élèves moins anciens qu'eux à l'École, donnant pour prétexte qu'on leur en a fait autant quand ils étaient à notre place » (2). Au même moment, un élève décachetait toutes les lettres des infortunés conscrits.

Charles ne fut pourtant jamais dans les plus malheureux, ces isolés qui ne connaissaient personne, à qui personne ne parlait. Il retrouva plusieurs jeunes Bourguignons avec qui il put former un groupe, une petite coterie. L'un d'eux, Jacquinot, fut attaqué « à cause de sa naissance ». La petite société le défendit vigoureusement. Charles de Gemeaux, toujours prêt à prendre le parti de ses compatriotes, renonça pourtant à soutenir M... « Il est justement rayé de notre compagnie, avoue Charles à son père, sa conduite est lâche et vile. Il n'a aucune grandeur d'âme et se laisse insulter jusqu'à être frappé et, continuellement, il est la risée de ceux qui le rencontrent; enfin, on le surnomme

(1) Lettre du 26 décembre 1809.
(2) Lettre du 9 janvier 1810.

ignoble; voilà les causes qui m'en ont éloigné (1) ».
Lorsqu'il était déjà devenu tout à fait un ancien,
Charles prit, sous sa protection, un conscrit appelé
Bâton, dont tout le monde se moquait; il essayait,
en vain, d'arrêter les railleries; le jeune Bâton était
trop bête; il faillit faire mettre Jacquinot en prison;
la petite société bourguignonne l'abandonna à son
malheureux sort (2). A la fin de l'année 1810, l'esprit
de l'École était, du reste, de plus en plus mauvais.
Les nouveaux, délaissés, s'accrochaient aux gens
mal famés et on les méprisait (3).

Accablés par le dur régime de l'École, beaucoup
d'élèves désertaient pour aller s'engager comme
sergents; ils descendaient des fenêtres avec des
draps; à la promenade, ils se coulaient dans les
bois (4).

Charles de Gemeaux aurait peut-être mal supporté
ce long séjour de deux ans et demi, loin des parents
qui l'avaient tendrement élevé, s'il n'avait pas eu,
auprès de lui, parmi ses camarades, son cousin
Alexandre de Bontin. Tous deux regrettaient une
vaste demeure familiale; mais si, dans le château
aux blanches terrasses, Charles n'avait laissé qu'un
frère, Étienne, futur Saint-Cyrien aussi, et une jeune
sœur, Christine, qui touchait très joliment du piano-
forte, le solide manoir de Bontin dans l'Yonne, construit en briques rouges au temps de Louis XIV,
avait vu naître les onze enfants de Charles-Louis
de Gislain de Bontin et de Sidonie Séguier de Saint-

(1) Lettre du 10 juillet 1809.
(2) Lettre du 4 novembre 1810.
(3) Lettre du 21 octobre 1810.
(4) Lettre du 24 septembre 1810.

Brisson. Alexandre attendait impatiemment les nouvelles de son frère aîné Jules, l'ancien polytechnicien, et de son oncle, Alphonse de Saint-Brisson, tous deux à l'armée de Macdonald; les lettres des deux combattants ne portaient jamais « aucune empreinte de chagrin, ni d'inquiétude », Macdonald les recevait à sa table et les traitait avec une grande bonté.

Ces échos du champ de bataille autrichien exaltaient, pendant l'été de 1809, les jeunes gens cloîtrés dans leur triste caserne; beaucoup d'entre eux partaient déjà. Charles écrivait : « La levée a commencé hier; il partira environ 120 hommes qui ont quinze jours pour se rendre à Vienne. Ainsi, la plupart ne pourront pas voir leurs parents. Cela n'empêche cependant pas qu'ils avaient, pour ainsi dire, la tête tournée, tant ils étaient contents de décamper de la caserne (1). »

Charles avait hérité d'un beau passé militaire, il désirait suivre l'exemple de son père et de son grand-père d'Orb ainsi que de son oncle Émilien qui avaient été de bons officiers; le souvenir de Jean-Étienne Loppin de Neumaison, son grand'oncle tué à Fontenoy, lui inspirait plus d'admiration que d'épouvante. Charles ne pouvait combattre pour le Roi, mais la France était toujours là. La noblesse provinciale a souvent préféré le service du gouvernement établi à la désertion de ses terres; Émilien Loppin n'avait quitté qu'en 1793 les armées de la Convention. François de Gemeaux, ci-devant lieutenant au Régiment de la Reine-cavalerie, aurait préféré évidemment que son fils entrât au service du Roi légi-

(1) Lettre du 27 juillet 1809.

time, mais il fallait bien lui assurer une carrière et des moyens d'existence. Les charges parlementaires, les bénéfices ecclésiastiques avaient été supprimés. Seules, les armées impériales pouvaient sauver la jeunesse de l'oisiveté. Pour l'adolescent, né en 1791, les souvenirs du passé qu'il n'avait pas connus, ne comptaient guère à côté de l'homme dont l'apparition dominatrice était attendue à Saint-Cyr.

Le lundi 6 août 1810, l'Empereur envoya au Général Bellavène, Gouverneur de l'Ecole, un chasseur à cheval pour annoncer qu'il viendrait à quatre heures du soir. A deux heures et demie, les élèves, en grand uniforme, attendaient déjà dans la cour. Une compagnie de grenadiers, précédée des tambours et d'un sergent-major, alla chercher le drapeau que l'Empereur avait donné à l'École, trois ans plus tôt. On lisait, en lettres d'or, sur une face de ce drapeau :

« L'Empereur des Français aux élèves de l'École Militaire », et de l'autre côté : « Ils s'instruisent pour vaincre. »

Le bataillon des plus anciens élèves et les recrues nouvelles manœuvrèrent jusqu'à quatre heures, pour se mettre en haleine; ils reposèrent ensuite les armes et ils attendirent, immobiles, pendant une heure encore, l'Empereur qui tardait. Brusquement, le canon éclata : quarante coups; l'Empereur descendait de voiture dans la deuxième cour de l'École. Les tambours battirent aux champs; l'Empereur arrivait au Champ de Mars et il passait sur le front des élèves. Pendant qu'il présentait les armes, Charles de Gemeaux n'oubliait pas de regarder Napoléon : « J'y étais, écrit-il à sa mère, et je vous assure que lui et l'Impératrice ne sont pas passés à deux pieds de moi. Aussi, les ai-je vus à merveille. Il y avait, à la suite de l'Empereur, deux chambellans, l'Impératrice, quatre dames d'honneur, le général Bessières, le général Mouton, deux pages et le grand-maître des cérémonies. L'Empereur était habillé en simple officier de voltigeurs; il n'avait point d'or sur son habit; il portait des épaulettes de colonel, et n'avait absolument que son crachat et sa simplicité qui le distinguaient des autres seigneurs qui l'entouraient et qui étaient cousus d'or et d'argent. Il n'intimidait personne et parlait aux élèves avec sévérité mais toujours avec bonté. La robe de l'Impératrice était courte du bas, elle était en dentelle ou à peu près, toute brodée de paillettes d'argent qui formaient des dessins charmants. Elle avait une ceinture blanche et très simple. La robe montait jusqu'au col et était terminée par une espèce de collier en dentelle. Ses bras et ses mains étaient cachés par les manches de sa robe. Elle avait un chapeau de satin blanc et de belles plumes qui lui cachaient un peu du visage. Elle avait l'air modeste et en même temps bien de la dignité dans sa démarche. Ses dames d'honneur étaient jolies, mais pas trop bien mises (1). »

Alexandre de Bontin, qui examinait aussi les dames, jugea que Mme de la Rochefoucauld était bossue et la duchesse de Montebello fort belle femme (2). Il raconte comment Napoléon passa le bataillon en revue : « L'Empereur a fait plusieurs questions : « De quel département êtes-vous? » etc...

(1) Lettre du 16 août 1810.
(2) Lettre d'Alexandre de Bontin à sa mère, du 10 août 1810.

CHARLES LOPPIN DE GEMEAUX
(*Physionotrace appartenant à la Comtesse de Charry-Lucy.*)

Plusieurs élèves lui ont, au grand déplaisir du général Bellavène, présenté des pétitions. Il les a toutes prises, hormis une qu'il a rendue. C'était un élève qui lui demandait de partir sur-le-champ. L'Empereur, en lui rendant sa pétition, lui a dit : « Il faut « être gros et gras pour partir pour l'armée, attendez « encore. » Il a dit ensuite au général Bellavène : « Si « nous faisions partir tous ces jeunes gens-là, je suis « sûr qu'ils seraient bien aises de voir la porte ouverte.» Le général lui a répondu : « Du côté du zèle et de la « bravoure, ils sont en état de vous servir, mais du « côté de l'instruction, la plupart doivent encore « attendre quelque temps (1). »

L'Impératrice prit place dans un fauteuil, et les dames d'honneur sur des tabourets. Napoléon demanda son nom et son âge à l'élève chargé de commander le bataillon, un bel homme pour ses dix-huit ans et sûr de son affaire. Les élèves exécutèrent le maniement d'armes dans la perfection; cependant l'Empereur « criait de temps en temps : « Plus ferme, allons donc, plus ferme encore », et en s'adressant à celui qui commandait le bataillon : « Dites leur donc d'aller plus ferme, allons, dites leur donc (2) ». Huit ou dix fois, l'Empereur fit croiser la baïonnette, particulièrement réjoui par ce mouvement qu'il affectionnait.

Napoléon fit commander ensuite l'exercice à feu et plusieurs manœuvres, si vite que les élèves étaient obligés de charger leurs armes en marchant. Il ordonna aux jeunes gens de former le carré. Charles de Gemeaux remarque : « L'Empereur est venu,

(1) Lettre d'Alexandre de Bontin.
(2) Lettre de Charles de Gemeaux.

seul, se mettre au milieu de nous, *grande marque de confiance.* » Les élèves en étaient électrisés. Alexandre de Bontin note bien joliment l'inquiétude de Marie-Louise, l'impétuosité, la nervosité extrême de l'Empereur qui voulait être obéi avec une instantanéité parfaite :

« L'Impératrice qui, pendant quelque temps, était restée sur son fauteuil, s'était levée et se promenait avec ses dames d'honneur, donnant le bras au maréchal Bessières. Quand elle vit l'Empereur au milieu de nous, elle dit au maréchal : « Il est fou » et le maréchal lui a répondu : « C'est vrai, il a tort. » Pendant ce temps, l'Empereur se débattait joliment dans notre carré. Ceux qui ne serraient pas, il les poussait sur les premiers rangs. Enfin, il en a pris un par le fond de sa culotte, et lui a dit : « Serre donc toi, allons, serre sur le premier rang, vise au poitrail des chevaux. » Il a fait faire d'autres manœuvres, et toujours si vite, que nous ne savions plus où nous en étions. Il nous a fait faire des feux qui étaient si mauvais qu'il dit au colonel, qui est un vieillard dont il fait grand cas : « Eh bien ! colonel ! Comment vont les oreilles ? » Lorsqu'il nous eut fait faire bien du tapage, il fit sortir un peloton du bataillon et le fit tirer à cible. C'est encore une grande marque de confiance, que nous a donnée l'Empereur, parce que si l'on eût pu être mal intentionné, en tirant trop à gauche ou trop à droite, l'Empereur et l'Impératrice auraient pu souffrir du feu de peloton (1) ».

Napoléon, ensuite, invita l'Impératrice à l'accompagner au polygone. Des laquais transportèrent le fauteuil. L'Empereur « a fait tirer à boulets et a

(1) Lettre d'Alexandre de Bontin.

fait lancer des bombes et des obus; il a interrogé, sans le savoir, le plus fort des élèves sur cette partie, et il a été si fort satisfait des réponses qu'on lui a faites sur le canon et les fortifications, que, sans le général, il voulait faire partir vingt officiers dans l'artillerie, mais, comme le général lui a fait observer qu'ils feraient de meilleurs officiers d'infanterie, il n'a plus insisté. Il a ensuite été voir les fusées incendiaires du capitaine du génie. Elles vont déjà à 1.700 toises; il a été si content, qu'il lui a de suite donné la croix d'honneur, et, je crois, promis le grade de chef de bataillon dans le génie, lorsqu'elles iraient à 2.400. Il a ensuite envoyé un page pour chercher les équipages, est monté en voiture et s'est fait conduire sur les lieux où était tombée la fusée. Il a remarqué, qu'elle était entrée de 42 pouces dans le roc vif et que malgré cela, elle brûlait toujours; il a fait piocher pour la retirer, et ses chambellans ont eux-mêmes pioché à ce qu'on dit. Il est parti de là pour Trianon; l'Impératrice l'a suivi partout (1). »

Le lendemain, l'Empereur devait revenir encore. A quatre heures, parut un page sur un cheval pie; les élèves se mirent aux fenêtres. Toutes les portes s'ouvrirent, on entendit le roulement d'une voiture. « Presque aussitôt, dit Charles de Gemeaux, nous vîmes entrer une calèche dans laquelle étaient deux chambellans; elle était attelée de quatre chevaux gris pommelés. Il en vint une [autre] grande, attelée de six chevaux gris pommelés. Nous vîmes après, des piqueurs, puis deux pages, ensuite la calèche de l'Empereur et de l'Impératrice; le coffre de la voiture était tout couvert d'abeilles d'or, faites avec un soin

______

(1) Lettre de Charles de Gemeaux.

tout particulier; les ressorts, les timons et les roues étaient tout couverts de feuilles d'or. Le fond de la voiture était vert, l'intérieur en velours cramoisi; elle était attelée de quatre chevaux andalous de poil gris, et était conduite par un cocher et un page qui servait de postillon. Le mameluk [Roustan] qui a sauvé la vie à l'Empereur, en Égypte, était monté sur un cheval gris et en tenait un autre prêt à être monté. Il suivait la voiture de l'Empereur ainsi qu'un piquet de gardes armés de carabines et de sabres. Venait ensuite la calèche où étaient le maréchal Bessières et le général Mouton. Elle était attelée de six chevaux bais, elle fermait la marche. Toutes les calèches, en entrant dans la cour, en firent le tour au grand trot. Lorsque celle de l'Empereur fut devant la porte d'entrée, le cocher arrêta et son mameluk, sautant à bas de son cheval, sans s'occuper de ce qu'il deviendrait, courut ouvrir la portière; l'Empereur descendit le premier et donna la main à l'Impératrice pour descendre. Toute la cour vint les joindre. L'Empereur, après avoir dit tout bas quelque chose au général, lui demanda de le conduire dans une classe de mathématiques. Quand toute la cour fut entrée dans cette classe, on apporta un fauteuil pour l'Impératrice; elle s'assit et l'Empereur resta debout à côté du tableau. Il demanda au maître de lui envoyer le plus fort de ses élèves. L'Empereur l'interrogea principalement sur le rapport des nouvelles mesures avec les anciennes, et lui fit faire plusieurs applications; il interrogea plusieurs autres sur les solides, la statique et même la mécanique; il fut également content de tous (1). » Alexandre de

____

(1) Lettre de Charles de Gemeaux.

Bontin, ébloui par la science de l'Empereur, déclare :
« Je crois qu'il y a peu de professeurs qui sachent,
aussi bien que lui, les mathématiques (1). »

Les jeunes gens examinaient l'Empereur et l'Impératrice qui se trouvaient tout près d'eux. L'Empereur, toujours en officier de voltigeurs, portait un uniforme vert, des bas de soie blancs, des boucles de jarretière en or, mais moins belles que celles des chefs de bataillon. L'Impératrice, plus richement vêtue que la veille, avait une robe de velours rose léger, toute couverte d'or et de perles, une ceinture accrochée par deux boutons en or garnis de diamants, un chapeau en velours cramoisi orné de deux plumes blanches. Alexandre de Bontin la trouva assez jolie, très fraîche, très bien faite, avec une expression très douce et très aimable. « Elle est, dit-il, très peu marquée de la petite vérole; elle a l'air un peu enfant et ne paraît pas avoir dix-huit ans. »

Tandis que la Cour, chamarrée d'or, se pressait dans la classe, derrière les bancs de bois, un violent orage éclata. La pluie, serrée, tomba sur les calèches découvertes; on alla chercher des berlines à Trianon. En les attendant, l'Empereur assista à une classe d'administration, puis, il alla voir les élèves au réfectoire. Après avoir goûté du pain de munition, il en offrit à l'Impératrice, et lui proposa de manger à la gamelle.

Marie-Louise eut un sourire assez dédaigneux. Une familiarité plus grande s'établit entre le maître et les jeunes gens. « Il demandait à des élèves, dit Charles, la manière dont on s'arrangeait pour que

(1) Lettre d'Alexandre de Bontin.

personne n'eût plus que son compte. Il y en eut un qui lui répondit tout simplement : « Parbleu, sire, nous faisons toujours les parts égales.» Cela le fit rire encore. Il fit beaucoup de questions de ce genre, et tout le monde lui répondit à peu près sur le même ton. On grillait de crier : « Vive l'Empereur ! » lorsque tout à coup nous fîmes explosion; il n'y avait plus alors moyen de rien entendre. L'Impératrice se fermait les oreilles, et avait rougi, parce qu'à la table à côté de laquelle elle était, on criait : « Vive l'Impéra- « trice ! » Le général fit faire silence en levant son épée. Alors, on aurait entendu voler une mouche. A trois reprises différentes, nous avons crié; trois fois le général a imposé silence de la même manière. L'Empereur lui a fait compliment de la promptitude avec laquelle nous lui obéissions. Il est, enfin, allé visiter nos dortoirs, et il est parti de là pour remonter en voiture (1). » Sous le ciel lavé, où le vent entraînait les derniers nuages, la lourde berline s'éloigna. Il était à Trianon déjà, qu'on criait encore : « Vive l'Empereur ! »

La fête n'était pas terminée complètement. Le lendemain, arriva un cadeau somptueux de l'Impératrice : 800 livres de pain blanc, 400 volailles, 200 langues fourrées, 50 gros pâtés, 40 brioches, 1.000 bouteilles de Beaune, 200 de Champagne, toutes portant le cachet de l'Empereur et prises dans ses caves, aubaine inouïe pour ces jeunes affamés, nourris de lentilles. La classe du soir fut supprimée. Après la gamelle, les élèves mirent leurs guêtres, et on les conduisit à Trianon. Devant la façade du palais aux colonnes roses, ils reposèrent les armes.

(1) Lettre de Charles de Gemeaux.

L'Impératrice se montra à la fenêtre, les acclamations montèrent de nouveau vers elle, et tout le soir, dans le réfectoire qui n'avait jamais connu semblable liesse, tandis que le canon tonnait et que sautaient les bouchons, le long cri, sans arrêt fit résonner les voûtes du cloître militaire : « Vive l'Impératrice ! Vive l'Empereur ! »

Avec la fin de l'année 1811, Charles de Gemeaux voyait aussi s'achever son temps d'école. Il était des plus anciens maintenant, de ceux que la prochaine levée réclamerait. Il avait satisfait à tous les examens ; le 5 décembre 1810, exempté de mathématiques, de dessin et de littérature, il avait été admis à suivre, à la place de ces classes, des cours de fortification et d'administration. Le 13 septembre 1810, il avait reçu l'épaulette ; il avait eu plus de peine à obtenir un grade ; on donnait le galon par faveur aux protégés des officiers. Charles avait toujours souhaité de recevoir son jeune frère à l'école avant de partir, afin de le protéger contre les brimades. Étienne de Gemeaux ne travaillait pas avec beaucoup d'ardeur ; pendant longtemps il prit des leçons particulières. Charles aurait voulu qu'on mît son cadet en pension ; il lui envoyait des exhortations et des avis sur la conduite qui convient à un futur militaire ; il lui conseillait de ne plus penser à une certaine demoiselle Alix : « Qu'il serait drôle de voir à l'école, un jeune homme parler de sa maîtresse ou bien être triste parce qu'il ne la voit pas (1) ! » Si Étienne

(1) Lettre de Charles de Gemeaux, du 6 septembre 1809.

voulait vraiment entrer dans l'armée, il devait culti-
ver l'énergie et l'audace; l'apathie et la rêverie ne
convenaient qu'au couvent (1).

Étienne suivit enfin les classes du lycée de Dijon
et le baron de Gemeaux commença à faire les démarches nécessaires pour obtenir l'admission à Saint-Cyr
de son fils cadet. Le Sieur Loppin de Gemeaux est
autorisé à passer l'examen d'entrée devant un jury
composé de « Messieurs Jacotot, professeur de
mathématiques transcendantes, Baillot, professeur
de rhétorique et Toussaint, professeur de mathématiques élémentaires au lycée de Dijon, lesquels sont
invités à procéder à l'examen dudit sieur Loppin
de Gemeaux fils, à l'effet de connaître : 1º s'il écrit
et parle correctement le français; 2º s'il a fait sa
troisième classe de latin; 3º s'il sait l'arithmétique
et la géométrie jusqu'aux solides ». Au dernier
moment, Etienne fut dispensé de l'examen, sur la
proposition du recteur de l'Académie (2). Il se mit

(1) Lettre de Charles, du 26 avril 1810.
(2) Lorsque les jeunes gens avaient suivi les cours des
lycées, ils pouvaient entrer à l'École de Saint-Cyr sans examen.
Ils devaient produire les pièces suivantes : 1º un certificat
du professeur de la classe de littérature qu'ils ont suivie, 2º un
certificat du professeur de la classe de mathématiques où ils
sont; 3º un certificat du médecin du lycée, constatant : *a*,
leur âge (16 à 18 ans); *b*, qu'ils ont été vaccinés ou ont eu la
petite vérole; *c*, leurs tailles (au-dessus de 4 pieds 9 pouces);
d, qu'ils sont d'une robuste constitution et en état de supporter les fatigues de la guerre; 4º un acte de naissance du jeune
homme légalisé par le préfet; 5º l'attestation du préfet ou
du maire légalisée par le préfet que les parents possèdent assez
de bien pour payer la pension; 6º la soumission des parents
de payer la pension. On remettait ces pièces au recteur de
l'Académie ou au proviseur du lycée qui envoyait le tout
au grand Maître de l'Université, lequel les renvoyait au
ministre de la guerre chargé de faire la nomination.

en route par la diligence, traversa Paris en fiacre, trop vite, ayant juste le temps d'apercevoir le jardin des Tuileries. Le 25 novembre 1811, le jeune conscrit fut accueilli à Saint-Cyr par Charles et Alexandre.

Les deux frères ne devaient pas rester longtemps ensemble. Charles partit bientôt pour la Bourgogne; il avait la permission de revoir ses parents avant de rejoindre la grande armée. C'est à ce moment qu'il fit exécuter son portrait en physionotrace. La jeune tête est maintenue droite et raide par le col qui fauche le menton; l'épaulette soyeuse miroite; les cheveux ondés paraissent tout agités de reflets; le profil et l'œil profond ont une gravité pensive.

Tandis que Charles s'éloignait, Étienne recommençait le cycle qu'avait parcouru son aîné. Quelques changements modifièrent un peu le régime et la vie à Saint-Cyr. Le général Meunier qui avait remplacé le général Bellavène, faisait attention à ce que les élèves eussent une meilleure nourriture; il exigeait beaucoup de travail, mais il réservait les grades pour les meilleurs élèves au lieu de les donner à la faveur.

On ne dirigeait plus toujours les élèves en promenade vers la campagne solitaire. Étienne qui avait un goût artistique très vif, put admirer les merveilles de Versailles; un jour il découvrit « le grand Trianon qui est un immense jardin par où passe l'Empereur pour aller à la chasse (1) ». Un autre soir il raconte : « L'on nous a mené à l'étang de Versailles et nous sommes revenus par le château; nous avons monté les fameux escaliers au-dessus desquels la garde est venue nous reconnaître et nous saluer; ensuite nous

______

(1) Lettre d'Étienne de Gemeaux, du 15 décembre 1811.

sommes descendus par le Tapis vert où j'ai vu des jets d'eau magnifiques, des statues superbes. Je crois que l'on ne peut rien voir de plus beau. Tout est marbre et bronze. Les escaliers du jardin sont en marbre (1). » Les grandes eaux lui inspiraient un naïf émerveillement : « C'est magnifique, mais je ne sais comment on peut faire aller les eaux comme cela (2). »

Les distractions étaient toujours bien rares; Étienne mit au nombre des événements notables le bonheur qu'il eut un jour de contempler une jolie jeune fille. Il fut chargé de chercher des papiers chez le commandant. Celui-ci habitait un charmant pavillon du xviiie siècle tout tarabiscoté, orné de vastes baies et de torchères aux flammes inclinées, qui paraissait plus gracieux à côté des austères bâtisses léguées par Mme de Maintenon. C'est là qu'Étienne aperçut à travers la porte entre-bâillée, la fille du commandant, fort belle personne de dix-neuf ans qui jouait du piano-forte (3).

Malgré les efforts du général Meunier pour établir un meilleur régime et une discipline plus éclairée, un singulier fléau ravageait l'école. Les duels entre élèves, assez rares les années précédentes, se multipliaient. Les jeunes gens, susceptibles et sauvages comme des bêtes enfermées, se querellaient souvent. Ces futurs officiers redoutaient le moindre soupçon de lâcheté; dès qu'ils se croyaient provoqués, ils s'empressaient de relever le gant. Ils se battaient dans les latrines avec leurs fleurets ou leurs baïon-

(1) Lettre d'Étienne, du 11 février 1812.
(2) Lettre d'Étienne, du 4 mai 1812.
(3) Lettre d'Étienne du 21 septembre 1812.

nettes. Quand le général eut confisqué les fleurets
et tronçonné les baïonnettes, les duellistes se lar-
dèrent à coups de compas. En janvier 1812, un
artilleur fut tué; le meurtrier aurait dû être chassé
de l'École et envoyé dans un régiment comme simple
soldat; vingt-cinq artilleurs se solidarisèrent avec
lui et déclarèrent qu'ils quitteraient l'École avec leur
camarade; on se contenta d'emprisonner le coupable (1). Cependant, le général Meunier prit des
précautions nouvelles; il fit sceller des barres de
fer à l'entrée des latrines (2). Puisque les élèves ne
pouvaient plus s'égorger près des fosses d'aisance,
ils se battirent la nuit dans les dortoirs. Décembre
1812... Un froid sinistre dans les chambrées; pas
de feu, l'eau gèle, les doigts meurtris d'engelures
saignent; Étienne souffre comme ceux qui sont là-
bas en Russie, comme Charles, comme Alexandre
dont les nouvelles arrivent avec trois mois de retard.
Il ne peut pas se mesurer encore avec l'ennemi, mais
il voit le sang couler sur le plancher. Deux élèves
se battent sournoisement dans sa ruelle; l'un d'eux
tombe au pied de son lit, rend le dernier soupir
sur son matelas. Étienne est soupçonné par l'administration d'avoir favorisé ce duel, parce que le mort
a pris sa place dans son lit; il échappe à grand peine
à la prison; au même moment deux blessés sont
soignés par les bonnes sœurs de l'hospice (3). L'année
1812 s'achève dans l'amertume des vaines querelles
et l'angoisse des premières défaites.

Charles! Alexandre! A Saint-Cyr, à Gemeaux,

(1) Lettre d'Étienne, du 11 janvier 1812.
(2) Lettre d'Étienne, du 4 avril 1812.
(3) Lettre d'Étienne, du 9 décembre 1812.

à Bontin, la même question était toujours posée
« Où sont-ils? » Charles était passé dans le Hanovre
et à Berlin en juin 1812; il avait envoyé au mois de
juillet des impressions mélancoliques. Rien de plus
triste que les immenses forêts de sapins polonaises !
L'herbe ne s'accrochait pas sur le sable fin et léger
où le jarret des chevaux s'enfonçait. Les lacs dor-
mants ne remplaçaient pas les fontaines aux eaux
vives et saines. Les chiens de Gemeaux auraient
refusé le pain noir des rations militaires. Rien n'était
plus sale que les Polonais; les Allemands eux-mêmes
étaient dépassés sur ce point. Pour la halte du soir,
Charles entrait dans les maisons paysannes. Filles,
femmes, étrangers, tout couchait pêle-mêle dans
une seule chambre, sur des bottes de paille ou des
traversins rembourrés de foin. Charles y dormait
quand même, heureux de ne pas avoir encore attrapé
la gale, de n'avoir récolté des poux qu'une seule
fois (1). Puis il s'était enfoncé en Russie, impatient
de mesurer sa lance avec celle des cosaques et de
danser une contredanse au son du canon. Les nouvelles s'étaient espacées; les dernières lettres dataient
déjà du mois de septembre... Alexandre était resté
jusqu'au 3 octobre à Strasbourg où se trouvait le
dépôt du 7e chasseurs à cheval. En janvier 1813,
on reçut à Bontin une lettre du jeune officier, écrite
à Bromberg, le 18 décembre. Le détachement
d'Alexandre était réduit à quarante-cinq hommes
qui avaient presque tous les oreilles et les jambes
gelées. Il n'en avait pas moins traversé la Vistule
avec intrépidité.

(1) Lettre de Charles de Gemeaux, datée d'Elbing, le
13 juillet 1812.

Le baron François de Gemeaux, désespéré par la disparition de son fils aîné qu'il croyait mort, regrettait d'avoir permis au cadet d'entrer aussi dans la voie meurtrière. Étienne ne pouvait-il pas donner encore sa démission de l'École et adopter une carrière civile ? Il tomberait sous la loi de la conscription, mais ses parents lui paieraient un remplaçant... Trop tard ! Il aurait fallu faire les démarches à temps. Étienne consola sa mère ; le jeune homme modeste estimait qu'il n'avait pas suffisamment étudié pour réussir dans le civil. « Le militaire, disait-il, est l'état où l'on peut cacher le moins mal son ignorance... (1) » Il espérait encore parcourir la carrière des armes d'une manière un peu distinguée. D'ailleurs, si la conscription prenait tous les jeunes gens, on ne pourrait bientôt plus se faire remplacer et il valait encore mieux partir comme officier que comme simple soldat.

Étienne quitta Saint-Cyr, le 10 février 1813, avec une levée de trois cent cinquante fantassins et artilleurs. Ces jeunes gens eurent un bruyant départ ; ils mirent sens dessus dessous la chambrée, brisèrent les caisses, réduisirent les poêles en poussière (2). Prisonniers, libres pour quelques jours, avant de connaître une nouvelle servitude, ils voulaient faire acte d'indépendance et peut-être s'étourdir afin d'oublier l'avenir menaçant.

Étienne s'arrêta à Paris pour commander son nouvel équipement. Il couchait à l'hôtel de Liancourt, s'amusa beaucoup au spectacle du théâtre Feydeau, autrement dit Opéra-Comique, mais refusa

(1) Lettre du 11 janvier 1812.
(2) Lettre du 8 février 1813.

d'accompagner ses camarades au café ; il savait le mal que pouvait faire Paris « perdition habituelle des jeunes gens » et il était résolu à éviter toute espèce de folie. Avant de revoir ses parents, Étienne les prévint que le dur régime de Saint-Cyr ne l'avait pas changé à son avantage : « Je suis d'une maladresse, d'une gaucherie sans pareille ; je ne suis plus aucun usage. J'ai oublié le peu que je savais. Je suis voûté comme si j'avais cinquante ans. Je crois vraiment que vous ne me reconnaîtrez pas. Plus, j'ai l'ouïe très dure. Je n'ose pas parler, craignant de dire quelque balourdise. Enfin, regardez-moi, comme si je venais d'un désert (1). »

Incorporé au 147e de ligne, Étienne rejoignit son régiment, le 15 mars, à Wesel, voyageant d'abord en diligence jusqu'à Liége, puis en fiacre, par une nuit glaciale, de Liége à Aix-la-Chapelle ! Il repartit immédiatement pour Magdebourg à la tête d'un convoi d'artillerie et perdit treize chevaux en route. Le jeune sous-lieutenant trouvait bien dur d'avoir à conduire quatre cents hommes. Une entorse le retint quelque temps à l'hôpital de Torgau ; il s'y énervait, impatient de rejoindre son corps et de partager la gloire acquise par ses camarades dans cette campagne qui paraissait bien commencer. Le 25 mai, il retourna au régiment et il prit part à une canonnade où son colonel fut blessé. Entre-temps, chaque fois qu'Étienne rencontrait des officiers de cavalerie, il leur demandait : « Savez-vous ce qu'est devenu le 3e chevau-légers ? C'est le régiment de mon frère qui est disparu. » Il trouva enfin des officiers de ce régiment dont il ne tira d'abord qu'une

(1) Lettre du 13 février 1813.

LE LAVE-MAIN DE SAINT-CYR

(Extrait de l'Album des élèves de l'École royale spéciale militaire ou Souvenirs de Saint-Cyr, par L. Richoux.)

réponse vague et laconique : « Ils ont laissé Charles à Kœnisgberg. Voici comment il y est venu. C'est sur le cul d'un cheval d'un autre officier. » Étienne obtint ensuite quelques détails complémentaires. Charles avait eu les pieds gelés pendant la retraite de Russie. Privé de son cheval qui était crevé, sans nouvelles de sa famille, abandonné de ses camarades, incapable de marcher davantage, Charles avait eu un moment de violent désespoir. Un officier de son régiment, le seul peut-être qui possédait encore un cheval, voyant le malheureux en si fâcheux état, avait mis pied à terre et l'avait fait monter à sa place. Cet homme dévoué avait conduit Charles jusqu'à Kœnigsberg ; le malade avait trouvé là un asile chez un baron allemand qui l'avait déjà hébergé pendant les étapes de la marche en avant. Charles reçut à Kœnigsberg une visite inespérée, celle du colonel Alphonse Séguier de Saint-Brisson. L'oncle d'Alexandre de Bontin, qui avait été aide de camp de Macdonald en 1809, faisait une carrière brillante. L'Empereur le favorisait et voulait lui faire épouser une veuve de vingt ans, riche de 100.000 francs de rente ; mariée déjà une première fois par Napoléon, elle venait de perdre son mari en Russie. Alphonse de Saint-Brisson prit Charles dans sa calèche et le dirigea sur Dantzig où il le laissa avec une forte somme chez un brave négociant nommé M. Math. Saint-Brisson envoya des nouvelles à Gemeaux et il recommanda aux parents de ne pas écrire des lettres trop attendrissantes à leur fils qui avait l'imagination un peu déprimée (1). Pour être bien

---

(1) Lettre d'Alphonse Séguier de Saint-Brisson, datée de Berlin, le 30 janvier 1813.

soigné, Charles fut obligé de dépenser vingt francs par jour. Le 15 juin 1813, il avait perdu complètement trois doigts du pied gauche; l'os du gros doigt était prêt à tomber. Il ne pouvait prendre part aux batailles alors victorieuses; il attendait le sort des armes dans la garnison lointaine de Dantzig (1).

L'armistice de Pleswitz amena un bref repos. Étienne se réjouissait d'avoir à Neudorf un des plus beaux camps de l'armée, des baraques confortablement installées comme des petites maisons, couvertes d'un blanc crépi, qu'entouraient des sapins nouvellement plantés et qu'on illumina pour la fête de l'Empereur (2).

Les hostilités recommencèrent et les inquiétudes des parents. Alexandre de Bontin fut blessé à la Katzbach; après la bataille de Leipzig, son père ne reçut plus de nouvelles de lui. Le baron de Bontin gémissait : « Les pauvres enfants ! Dans quel siècle de fer ils sont venus et avec quel courage ils supportent ces traverses (3). » Braves enfants d'une sévère époque, Charles enfermé à Dantzig, Alexandre et Étienne qui se battaient en Saxe et en Silésie ! Cependant les embusqués ne manquaient pas et Dijon regorgeait de petits maîtres peureux et jaloux qui s'efforçaient de dénigrer les combattants. Ils racontaient que Charles de Gemeaux avait laissé échapper des plaintes pendant la retraite quand il s'était cru abandonné... Quelle idée de gémir seulement pour des pieds gelés ! Étienne raillait ces persifleurs : « Ces messieurs sont à se dorloter, à s'amuser,

(1) Lettre de Charles de Gemeaux, datée de Dantzig, le 15 juin 1813.
(2) Lettre d'Étienne de Gemeaux, du 16 juillet 1813.
(3) Lettre du baron de Bontin, du 15 novembre 1813.

tandis que moi, je suis à défendre ma patrie, à exposer ma vie. Et ils ne voudraient pas seulement servir de garde d'honneur. Oh! oui! Ils ont bien raison de ne pas le vouloir car ils en sont indignes. Ils ne sont bons que pour manger et pour dormir (1). »

Le pauvre M. de Bontin qui avait au feu ses deux fils aînés, Jules et Alexandre, fit cependant bon accueil à l'un de ces jeunes gens qui ne tenaient pas à voir les batailles. Il avait trop de filles pour repousser le jeune exempté qui lui demandait sa Luce. Après avoir été réformé deux fois, ce prétendant venait d'être jugé bon pour le service; ses parents lui avaient acheté un remplaçant, mais comme ils craignaient encore la garde d'honneur, ils étaient fort pressés de le faire passer dans la catégorie mieux protégée des hommes mariés (2).

M. et Mme de Bontin qui s'étaient déjà informés, sans succès, d'Alexandre auprès de nombreux officiers, écrivirent au dépôt de Strasbourg. Mme de Bontin apprit la mort du jeune lieutenant, tombé à Leipzig, par une lettre toute dépouillée d'artifice; le commandant du dépôt disait : « Il est des événements dans la vie, Madame, que l'on peut prévoir et que cependant l'on ne saurait éviter; c'est là du moins le sort de la plupart des militaires. Votre malheureux fils s'est trouvé de ce nombre à l'affaire du 18; il a eu le malheur d'avoir la tête emportée par un boulet (3). » La pauvre mère répétait tous les jours suivants d'une voix déchirante : « Mon

(1) Lettre d'Etienne de Gemeaux, du 30 juin 1813.
(2) Lettre de M. de Bontin à M. de Gemeaux, du 18 décembre 1813.
(3) Cf. Lort de Sérignan (comte de), *Soldats de la Révolution et de l'Empire. Grognards et héros de vingt ans.* (Paris, Perrin, 1914, in 16).

cher Alexandre est mort. » Elle était grosse de son douzième enfant. Cependant, les futurs beaux-parents de la jeune Luce ne voulaient pas retarder le mariage d'un jour. Il fallut intercaler la cérémonie nuptiale entre la funèbre nouvelle et l'accouchement. M. de Bontin disait : « Qu'on est malheureux d'être père de famille dans de telles circonstances ! »

Moins éprouvé que son cousin de Bontin, le baron François de Gemeaux, après un long silence, sut que ses deux fils étaient prisonniers. Charles, sorti de son découragement, s'était fait remarquer « par son sang-froid, son zèle et sa bravoure (1) » pendant le siège de Dantzig. Ce sont les termes mêmes de sa citation. Le général Rapp l'avait proposé pour la Légion d'honneur. Le jeune officier avait été pris avec toute la garnison de Dantzig, lorsque cette ville s'était rendue le 1er janvier 1814. Étienne, blessé à l'affaire de Lowemberg, le 29 août 1813, avait été laissé évanoui sur le champ de bataille et jeté dans la fosse où les paysans enterraient les morts. Les rustres silésiens entassaient les cadavres les uns sur les autres. Sinistre renouvellement du jeu de la « presse » pour l'ancien Saint-Cyrien. Étienne retrouva un peu de connaissance et remua un pied. « Tiens, celui-ci n'est peut-être pas mort. » Un des fossoyeurs tira vigoureusement le pied et le reste du corps échappa au charnier. Ce paysan hébergea le Français chez lui, le nourrit, le soigna. Quand il fut guéri, Étienne se mit en route à pied, muni d'un bâton et de quelques pièces d'or cousues dans la ceinture de son caleçon. Il souffrit la faim et la misère, gardant ses pièces d'or pour le cas où il rencontrerait son frère,

(1) Dossier de Charles Loppin de Gemeaux (Archives administratives du Ministère de la guerre).

mais il ne put se faufiler jusqu'à la frontière et il dut partager le sort des autres prisonniers. Le 13 novembre 1814, il était encore en Allemagne, heureux de recevoir 72 francs que Louis XVIII envoyait à chaque prisonnier. Il écrivait à sa famille dont il n'avait aucune nouvelle; il ne savait pas si l'ennemi était allé du côté de Dijon et s'il avait ravagé son pays natal. Au mois de décembre qui termina la triste année 1814, les deux frères revirent la France.

III

Rue de la Prévôté, près du rempart Saint-Bénigne.
Le baron François de Gemeaux sortait de l'hôtel
qu'il avait loué à Dijon ; il n'y demeurait habituellement que l'hiver, mais il avait été forcé de venir y
passer quelques jours en cet été 1815, pour s'entre-
tenir avec le préfet. Il n'avait pu recevoir sans
réclamer l'avis suivant :

Monsieur,

La formation d'un Camp près de Dijon a donné
lieu à des demandes d'approvisionnement très considérables de la part des autorités autrichiennes.
Le service des vivres-viande ne peut être assuré
qu'autant que vous voudrez bien suivre l'exemple
d'un grand nombre d'habitants de Dijon, en sous-
crivant à titre d'avance, les obligations auxquelles
vous avez été taxé.

En conséquence, je vous déclare que si, dans le
délai de vingt-quatre heures, vous ne déposez votre
obligation chez M. Dubard, je serai forcé par la
nécessité la plus impérieuse à laquelle ni vous ni

moi ne pouvons résister, à diriger sur vous des réquisitions en viande pour une valeur égale au montant de votre obligation, dont le remboursement est assuré sur la contribution extraordinaire.

J'ai l'honneur de vous saluer.

Dijon, 20 *août* 1815..

Le Préfet de la Côte-d'Or.

François avait protesté contre la circulaire d'aspect antropophagique qui ne le concernait pas, puisque son domicile était à Gemeaux et qu'il habitait à Dijon d'une façon temporaire. En sa qualité de maire de Gemeaux, il avait défendu aussi ses administrés auxquels on devait 330 livres pour le cantonnement de 150 hommes. Quel dommage que l'autorité légitime eût été rétablie par les armées ennemies !

Malgré ces fâcheuses circonstances, le baron de Gemeaux se retrouvait sujet fidèle et passionné du roi de France. Il oubliait qu'il avait salué autrefois dans Napoléon, le restaurateur de l'ordre; il pensait comme son cousin de Bontin que Bonaparte était peu digne de commander les braves qui s'étaient sacrifiés pour lui et que le Roi serait plus avare du sang français. Aussi la conduite de ses fils, surtout celle de son aîné l'avait-elle singulièrement irrité. Étienne, renvoyé en demi-solde dans sa famille, avait été rappelé à son régiment pendant les Cent Jours. Il avait obéi, mais il avait eu la chance de rester à l'arrière en Picardie. L'attitude de son frère avait été beaucoup plus remarquée. Le jeune cavalier avait souffert d'une cruelle déception, il est vrai, en rejoignant son régiment après sa captivité. Malgré ses blessures, ses états de service, il avait été replacé à la suite, après des jeunes cadets. Charles avait boudé le nouveau gouvernement qui le traitait si mal, il n'avait pas pensé qu'un peu de diplomatie améliorerait la situation. M. de Gemeaux ne manquait pas de relations, il pouvait compter sur l'appui du duc de Rivière, allié à la famille de sa mère. Au lieu de temporiser, Charles avait vu avec enthousiasme le retour de l'usurpateur, il s'était battu pour lui à Waterloo avec le 3e lancier. Folle impatience de la jeunesse! N'y avait-il pas aussi dans ce délire, quelque fanatisme inguérissable? Charles avait vite oublié les souffrances de Russie, les langueurs de Dantzig; il restait fidèle à l'enseignement de Saint-Cyr. Ce coup de tête avait été mal récompensé, Bonaparte chassé une seconde fois. Le baron de Gemeaux pensait que l'administration par vengeance le taxerait plus lourdement; tous ses amis, les gens de son monde allaient tourner le dos au père d'un fils indigne. Les hommes d'ancien régime avaient eu quelque indulgence pour Napoléon vainqueur; M. de Gemeaux avait reçu des lettres où on lui disait : « L'ancienne noblesse a voulu prouver à l'Empereur qu'elle était digne des bontés qu'il a pour elle et qu'en donnant sa vie pour lui et pour la gloire de ses armes, elle était encore le soutien du trône et le vengeur du souverain (1)! » Tous maintenant reniaient le vaincu de Waterloo. Absorbé par ses pensées soucieuses, le baron François se hissa dans la voiture qui devait le ramener à Gemeaux.

— Papa! Papa!

Le baron de Gemeaux tressaillit; Charles qu'il

(1) Lettre de Magloire Loppin de Montmort à François de Gemeaux, du 26 février 1813.

ne voulait pas recevoir, auquel il n'écrivait même plus, osait se présenter devant lui. Le père refusa au fils une place dans la voiture; après quelques paroles brèves et dures, il donna ordre au cocher de partir. Un coup de fouet! La calèche roula, bondissante sur les pavés saillants. Les pigeons gris et blancs qui picoraient dans la rue et sur la place s'envolèrent, puis ils retombèrent sur le toit de Saint-Bénigne aux losanges dorés, sur les crosses de feuillage qui hérissent le clocher de Saint-Philibert; ils se pelotonnèrent sur les bas-côtés de Saint-Jean, couverts en lave grise, écaillée et neigeuse... Charles restait seul, abandonné sur le trottoir. C'était le fils auquel on apportait des friandises en secret à Saint-Cyr, dont on avait mendié à tous les militaires des nouvelles pendant les longs hivers de Russie et d'Allemagne.

Charles était résigné à la soumission. A Gemeaux, au moins, il pourrait voir sa mère et sa sœur. Plus tard, sans doute, son père s'apaiserait. Pour expier sa folie, le sous-lieutenant de lanciers parcourut à pied, humblement, la route de cinq lieues qui conduit de Dijon au château de Gemeaux.

. . . .

Et puis, ce fut la vie de garnison pacifique et morne. Grâce au duc de Rivière, Charles, l'année suivante, fut admis comme lieutenant dans les dragons de la Garonne. Le Roi pardonnait, M. de Gemeaux ne pouvait se montrer plus sévère; il recevait des lettres de félicitations sur le retour miraculeux de son malheureux fils : « Il est du nombre des braves que la Providence a voulu préserver de la totale chute, pour les employer à affermir loyalement, la légitime et véritable autorité. »

Nommé capitaine instructeur à Saumur en 1822, Charles se réjouissait d'occuper ce poste; presque aussitôt l'École de cavalerie était licenciée et l'instructeur envoyé en congé illimité. Dix-huit mois plus tard, il obtenait péniblement une place à l'École d'application de Versailles. Victime de passe-droits, sans espoir d'un avancement rapide, il se rongeait. Sa santé se délabrait; les saisons d'eau ne guérissaient pas les rhumatismes contractés en Russie.

La vie de société, seule, offrait quelques consolations distrayantes. A Metz, où Étienne était en garnison, l'année 1820, on aimait les jeux innocents; le perdant était condamné à embrasser une personne du beau sexe. Étienne se montrait farouche. Ses camarades se moquaient de lui :

— Comment tu n'éprouves aucun plaisir à embrasser par pénitence une jeune et jolie personne?

— Ma foi, non ! Qu'est-ce que cela me fait?

— Parbleu, je n'en suis pas surpris; il aime mieux une pêche.

Et tous se mettaient à rire. Étienne en réalité redoutait la jaserie. Dès qu'on voyait un jeune militaire témoigner les moindres égards à une dame ou à une demoiselle, crac, voilà l'amour sur le tapis et toutes les langues en mouvement. Étienne qui passait pour un lapin ne voulait pas qu'on le crût amoureux (1).

Étienne quitta le service en 1823; son père venait de mourir, sa mère ne pouvait diriger seule le domaine. Le cadet considéra que c'était à lui de se sacrifier et de donner sa démission. L'aîné aimait tant sa carrière et il était déjà capitaine ! Charles épousa, le

(1) Lettre du capitaine Hamson; Metz, le 20 mai 1820.

27 mai 1827, Stéphanie de Jussieu-Saint-Julien, jeune fille de mœurs irréprochables et d'une fortune très supérieure à celle qu'on exige d'une femme de militaire (1). Il avait failli contracter jadis un mariage beaucoup plus romanesque avec une jeune demoiselle russe d'une grande fortune et d'une rare beauté. Charles avait renoncé à ce rêve, car il lui aurait fallu s'établir en Moscovie; il préférait sa Bourgogne à la fille des boyards. Stéphanie venait de beaucoup moins loin, du département de l'Ain, pays limitrophe et bourguignon encore. Ce mariage en entraîna un autre; Étienne épousa, le 7 janvier 1829, Léonice de Saint-Maurice, amie et compatriote de sa belle-sœur.

Stéphanie, austère et dévote, ne courait aucun danger quand elle allait au bal; la jeune danseuse, vêtue de blonde sur transparent rose, pensait constamment à la mort pour ne pas s'abandonner au rythme enivrant du galop et de la valse allemande. Gardant la même rigidité après son mariage, elle fit enlever du château des trumeaux exquis qu'elle avait jugés d'une légèreté trop XVIIIe siècle. Léonice apparaît plus fougueuse et plus indépendante à travers les lettres qu'elle adressait à ses sœurs Odilie et Stoline, à ses amies, Caroline, Gladie et Corentine. Les excès de bigotisme la rendaient méchante; elle n'aimait ni les sermons, ni les missions, ni les trop longues prières. Son frère Alfred lui confiait les doutes et les bouleversements de conscience que lui causaient les Jésuites et la liberté de la presse. Léonice goûtait vivement la lecture des tragédies

(1) Certificat du maire de Neuville-les-Dames joint à la demande de permission de mariage.

nouvelles, telles que *Louis XI* et les *Vêpres siciliennes*. Elle enviait les hommes qui étaient toujours en âge de réussir quand ils le voulaient bien; les femmes au contraire devaient se dépêcher de se marier. Pour cette raison sans doute, la jeune fille se préoccupait de ses vêtements; il lui fallait des robes en quantité : une robe de percale avec des petits volants, une robe en mousseline épaisse, peinte avec des feuillages bleus et garnie de deux bouillons de gaze blanche, une robe d'indienne quadrillée, accompagnée d'une capote de tissus ou d'un chapeau de paille. Un shall et des bas de filoselle complétaient la toilette. Ce n'est pas elle qui aurait renoncé au bal, même si un sévère missionnaire lui avait refusé l'absolution. Les Autrichiens de l'occupation l'enthousiasmèrent; il y avait un capitaine très bon enfant et un petit baron fort gai. Plus tard, un jeune Suisse lui apporta une *walze* charmante. Elle rêvait d'aimer autant qu'elle serait aimée; les partis mûrs et raisonnables la dégoûtaient. Espérons qu'elle trouva le bonheur auprès d'Étienne. Elle n'a pas laissé le souvenir d'un très bon caractère (1).

Charles ne profita pas longtemps de sa vie familiale, il ne put élever ses cinq enfants. Réformé en mars 1830 pour « rhumatisme chronique avec accidents graves, congestion au cerveau et souffrances continuelles (2) », il se retira à Gemeaux auprès de son frère. L'ancien cavalier avait horreur des voitures fermées, ils ne voyageait jamais qu'à cheval.

____

(1) Les correspondances échangées par Léonice de Saint-Maurice avec ses sœurs et ses amies sont conservées au château de Gemeaux.
(2) Dossier de Charles de Gemeaux.

Cependant, lorsqu'en 1836, il voulut se rendre de Gemeaux à Neuville-les-Dames, pays de sa femme, il consentit à monter dans la berline, tellement il se sentait fatigué. Dans la voiture s'entassèrent le mari, la femme, les cinq enfants, la bonne et les paquets. Charles fut pris de violentes nausées, bientôt suivies d'une hémorragie. Il sortit de la berline où il se sentait étouffer et il acheva son voyage dans la carriole d'un paysan. En arrivant à Neuville tout fiévreux, il se coucha ; il y mourut après quelques semaines de maladie à l'âge de quarante-cinq ans.

Stéphanie, veuve après neuf ans de mariage, sut en femme de tête, maintenir la prospérité de sa maison ; elle trouva un grand secours chez son beau-frère, le bon et modeste Étienne. Celui-là non plus ne connut pas la vieillesse ; il mourut à Gemeaux, le 18 octobre 1846, âgé de cinquante-deux ans. Alphonse de Saint-Brisson, le brillant aide de camp de Macdonald n'avait pas dépassé la quarantaine ; on l'avait trouvé raide, étendu au travers d'une route, les deux mains dans ses poches ; son cheval tournait autour de lui, mais l'ancien officier ne portait aucune trace de chute violente ni d'accident ; tandis qu'il marchait doucement, laissant aller les brides la congestion l'avait abattu, aussi foudroyante qu'un boulet.

C'étaient tous les trois des hommes superbes, de cette forte race bourguignonne où l'on naît pour quatre-vingts ans. Les épreuves de leur dure jeunesse avaient commencé à les vieillir avant leur vingtième année : dortoirs glacés, mauvaise nourriture de Saint-Cyr, fatigue des étapes trop longues et des trop longues captivités. La maturité les avait accueillis plus usés que des septuagénaires. Mais la vie ne se mesure pas au nombre des années; ils avaient brûlé plusieurs existences, ils portaient en eux-mêmes la mémoire des journées pleines, décuplées par la richesse infinie des souvenirs.

Quand Charles de Gemeaux parcourait les champs et les vignes de son domaine, souvent il revoyait la calèche fleurie d'abeilles, l'Impératrice enfant en velours rose; il entendait le crépitement des salves et les acclamations vibrantes sorties des jeunes poitrines; il croyait sentir encore sur son front et sur ses mains, les yeux dominateurs de l'homme qui, dans une classe de Saint-Cyr, jadis, l'avait regardé face à face.

Ce sont des choses qu'on n'oublie pas.

Notice généalogique sur la famille LOPPIN

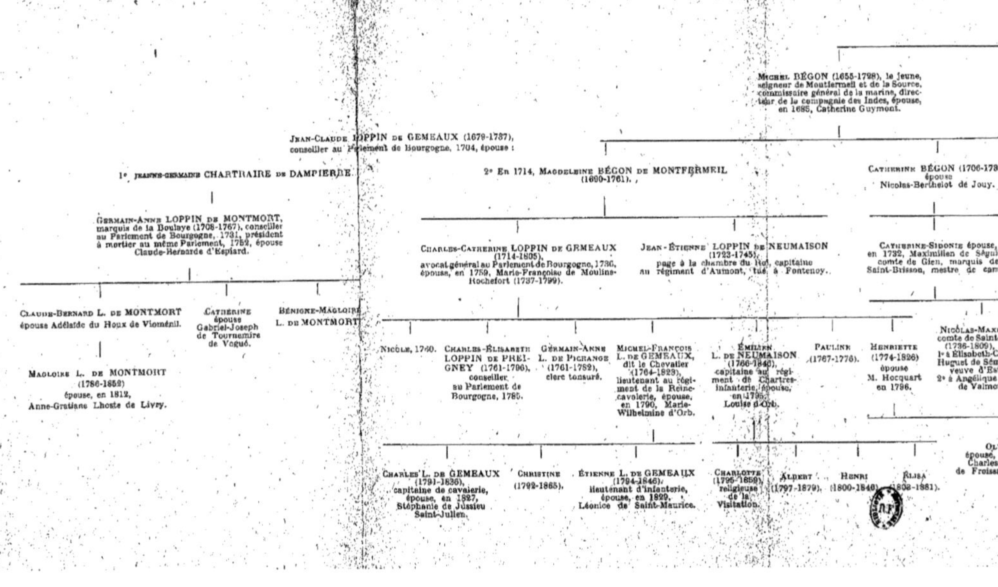

JEAN-CLAUDE LOPPIN DE GEMEAUX (1679-1737), conseiller au Parlement de Bourgogne, 1704, épouse :

1° JEANNE-GERMAINE CHARTRAIRE DE DAMPIERRE.

2° En 1714, MAGDELEINE BÉGON DE MONTFERMEIL (1690-1761).

MICHEL BÉGON (1655-1728), le jeune, seigneur de Moutiermeil et de la Source, commissaire général de la marine, directeur de la compagnie des Indes, épouse, en 1685, Catherine Guymont.

CATHERINE BÉGON (1706-1780), épouse Nicolas-Berthelot de Jouy.

GERMAIN-ANNE LOPPIN DE MONTMORT, marquis de la Boulaye (1708-1767), conseiller au Parlement de Bourgogne, 1731, président à mortier au même Parlement, 1752, épouse Claude-Bernarde d'Espiard.

CHARLES-CATHERINE LOPPIN DE GEMEAUX (1714-1805), avocat général au Parlement de Bourgogne, 1736, épouse, en 1759, Marie-Françoise de Moulins-Rochefort (1737-1799).

JEAN-ÉTIENNE LOPPIN DE NEUMAISON (1723-1745), page à la chambre du Roi, capitaine au régiment d'Aumont, tué à Fontenoy.

CATHERINE-SIDONIE épouse, en 1732, Maximilien de Séguier, comte de Gien, marquis de Saint-Brisson, mestre de camp.

CLAUDE-BERNARD L. DE MONTMORT, épouse Adélaïde du Houx de Vioménil.

CATHERINE épouse Gabriel-Joseph de Tournemire de Vogué.

BÉNIGNE-MAGLOIRE L. DE MONTMORT.

MAGLOIRE L. DE MONTMORT (1786-1852), épouse, en 1812, Anne-Gratiane Lhoste de Livry.

NICOLE, 1760.

CHARLES-ÉLISABETH LOPPIN DE PREIGNEY (1761-1796), conseiller au Parlement de Bourgogne, 1785.

GERMAIN-ANNE L. DE PIGRANGE (1761-1782), clerc tonsuré.

MICHEL-FRANÇOIS L. DE GEMEAUX, dit le Chevalier (1764-1823), lieutenant au régiment de la Reine-cavalerie, épouse, en 1790, Marie-Wilhelmine d'Orb.

ÉMILIEN L. DE NEUMAISON (1766-1840), capitaine au régiment de Chartres-infanterie, épouse, en 1795, Louise d'Orb.

PAULINE (1767-1775).

HENRIETTE (1774-1826), épouse M. Hocquart en 1796.

NICOLAS-MAXIMIL... comte de Saint-Bri... (1736-1809), ma... 1° à Élisabeth-Char... Huguet de Sémou... veuve d'Estrad... 2° à Angélique Le... de Valmont.

OLYMP... épouse, en... Charles-Ed... de Froissard-...

CHARLES L. DE GEMEAUX (1791-1836), capitaine de cavalerie, épouse, en 1827, Stéphanie de Jussieu Saint-Julien.

CHRISTINE (1792-1865).

ÉTIENNE L. DE GEMEAUX (1794-1846), lieutenant d'infanterie, épouse, en 1829, Léonice de Saint-Maurice.

CHARLOTTE (1795-1859), religieuse de la Visitation.

ALBERT (1797-1879).

HENRI (1800-1840).

ÉLISA (1802-1881).

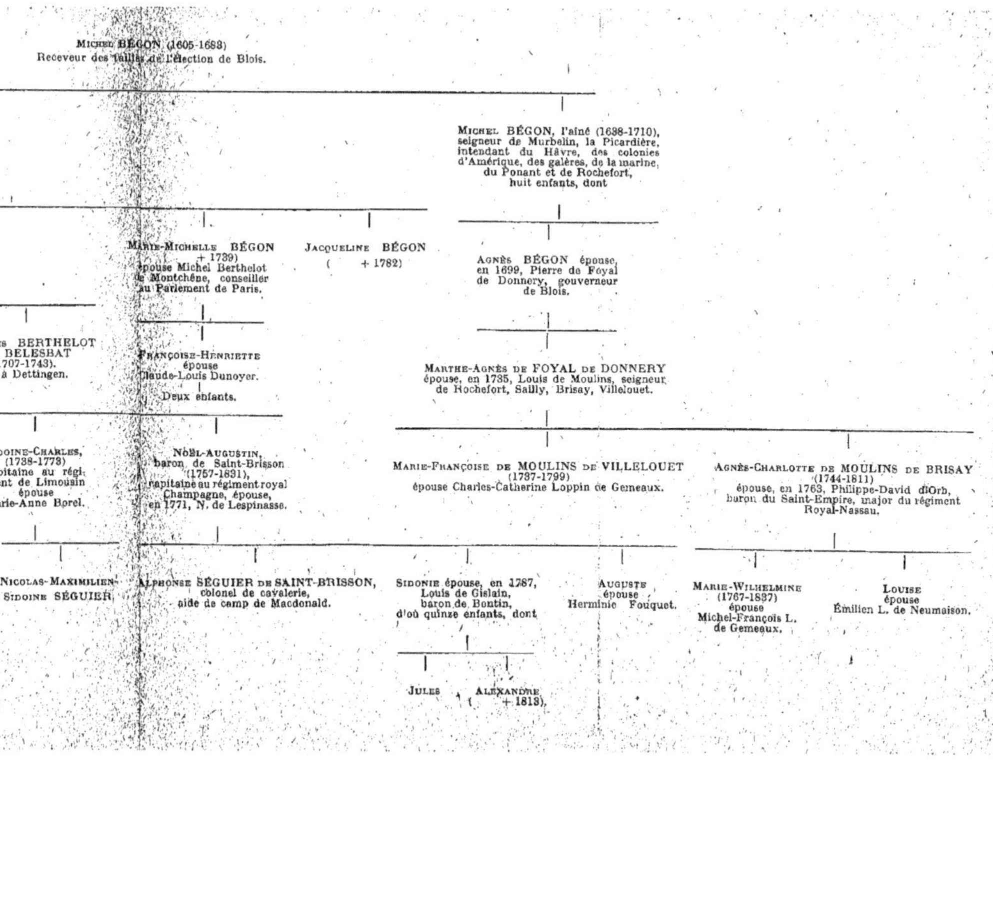

Michel BÉGON (1605-1683)
Receveur des tailles de l'élection de Blois.

Michel BÉGON, l'aîné (1638-1710), seigneur de Murbelin, la Picardière, intendant du Hâvre, des colonies d'Amérique, des galères, de la marine, du Ponant et de Rochefort, huit enfants, dont

Marie-Michelle BÉGON (+ 1739) épouse Michel Berthelot de Montchêne, conseiller au Parlement de Paris.

Jacqueline BÉGON (+ 1782)

Agnès BÉGON épouse, en 1699, Pierre de Foyal de Donnery, gouverneur de Blois.

...çois BERTHELOT DE BELESBAT (1707-1743), tué à Dettingen.

Françoise-Henriette épouse Claude-Louis Dunoyer.
Deux enfants.

Marthe-Agnès de FOYAL de DONNERY épouse, en 1735, Louis de Moulins, seigneur de Rochefort, Sailly, Brisay, Villelouet.

Sidoine-Charles, (1738-1773) capitaine au régiment de Limousin épouse Marie-Anne Borel.

Noël-Augustin, baron de Saint-Brisson (1757-1831), capitaine au régiment royal Champagne, épouse, en 1771, N. de Lespinasse.

Marie-Françoise de MOULINS de VILLELOUET (1737-1799) épouse Charles-Catherine Loppin de Gemeaux.

Agnès-Charlotte de MOULINS de BRISAY (1744-1811) épouse, en 1763, Philippe-David d'Orb, baron du Saint-Empire, major du régiment Royal-Nassau.

Nicolas-Maximilien-Sidoine SÉGUIER

Alphonse SÉGUIER de SAINT-BRISSON, colonel de cavalerie, aide de camp de Macdonald.

Sidonie épouse, en 1787, Louis de Gislain, baron de Bontin, d'où quinze enfants, dont

Auguste épouse Herminie Fouquet.

Marie-Wilhelmine (1767-1837) épouse Michel-François L. de Gemeaux.

Louise épouse Émilien L. de Neumaison.

Jules   Alexandre (+ 1813).

La famille Loppin, originaire de Beaune, y est très honorablement connue depuis le XIVe siècle; elle a fourni des maires et des officiers aux diverses judicatures de cette ville. Un de ses membres, Pierre Loppin, né en 1501, mourut en 1579, en la chambre Sainte-Catherine de l'hospice de Beaune, après avoir fait son testament et plusieurs fondations. Pierre Loppin n'y était pas reçu comme pauvre hospitalisé; il avait désiré, par dévotion, trépasser dans une maison religieuse. Ses ascendants, par des fondations et de larges libéralités, avaient acquis le droit de disposer de cette chambre. Pierre Loppin fut enterré dans la chapelle de l'hospice. Gilles Loppin, fils de Pierre et chanoine de Notre-Dame de Beaune, vint aussi mourir à son tour dans la chambre Sainte-Catherine. Il fit un testament, ajoutant aux libéralités de ses ancêtres et laissant les fonds nécessaires pour que chaque année à la Présentation Notre-Dame et le 1er septembre, fête de Saint-Gilles son patron, il fût servi aux pauvres de l'Hôtel-Dieu un bon repas auquel assistaient les deux membres les plus âgés de la famille Loppin. On y servait un rôti de porc; la malice bourguignonne appela cette fondation, la fondation « des cochons ». Le souvenir des Loppin est conservé au musée de l'Hospice avec celui d'autres bienfaiteurs par une plaque de cuivre gravée.

La famille Loppin se divisa en plusieurs branches; l'une demeurait à Seurre, une autre s'établit à Paris dès le xvie siècle et donna deux conseillers au Parlement de Paris : Jean Loppin reçu en 1545, Geoffroy Loppin reçu en 1563. Une autre branche encore devint dijonnaise. A cette dernière appartiennent :

I. Guillaume Loppin, reçu maître des comptes à la Chambre des Comptes de Bourgogne le 19 juillet 1585; épouse Judith Joly, fille de Barthélemy Joly, greffier en chef du Parlement, auteur de la branche des Joly de Fleury.

II. Antoine Loppin, reçu maître des Comptes, le 22 juin 1624; épouse Françoise Ferrand.

III. Pierre Loppin, reçu maître des Comptes, le 28 août 1654; épouse Marie-Anne Chauveau.

IV. Guillaume Loppin, reçu maître des Comptes, le 11 janvier 1674; épouse Michelle Févret, fille d'Antoine Févret, seigneur de Saint-Mesmin et petite-fille de Charles Févret, auteur du *Traité de l'abus*. Michelle Févret était la tante de Pierrette

Févret de Saint-Mesmin, mère du président de Brosses.

V. Jean-Claude Loppin de Gemeaux (1679-1737) fils du précédent; pourvu de la charge de secrétaire des Commandements de Madame; obtint le 12 novembre 1704, des provisions de conseiller au Parlement de Bourgogne. Pour les alliances et les descendants de Jean-Claude Loppin, voir le tableau suivant.

TABLE DES HORS-TEXTE

TABLE DES MATIÈRES

ACHEVÉ D'IMPRIMER
LE 20 JUILLET 1930
PAR PAUL DUPONT
A CLICHY (SEINE)

MÉMOIRES HISTORIQUES

Chaque volume in-8° illustré, broché : **20 fr.**

La Vie parisienne dans l'Histoire, par Henri d'ALMÉRAS.

Tome   I. — **La Vie parisienne sous la Révolution et le Directoire.**

— II. —   —   — **le Consulat et l'Empire.**
— III. —   —   — **la Restauration.**
— IV. —   —   — **Louis-Philippe.**
— V. —   —   — **en 1848.**

(Chaque tome se vend séparément.)

La Société du Second Empire, par le comte FLEURY et Louis SONOLET, d'après les Mémoires contemporains et des documents nouveaux :

Tome   I. — **(1851-1858)**, avec 45 illustrations, d'après les tableaux et gravures de l'époque.

— II. — **(1858-1863)**, avec 84 illustrations, d'après les tableaux et gravures de l'époque.

— III. — **(1863-1867)**, avec 99 illustrations, d'après les tableaux et gravures de l'époque.

— IV. — **(1867-1870)**, sous presse.

(Chaque tome se vend séparément.)

Chroniques de l'Œil de Bœuf au temps de Louis XIV, par A. MEYRAC, d'après TOUCHARD-LAFOSSE, 2 volumes illustrés de 32 hors-texte.

Pierre Coignard ou le Forçat Colonel. Roman vécu sous la Restauration, par Emile MASSARD et Gustave DALLIER. Un volume.

Les Amoureux de la Reine Marie-Antoinette, par Henri d'ALMÉRAS, d'après les pamphlets royalistes et révolutionnaires. Un volume in-8° illustré de 14 hors-texte.

Pauline Bonaparte (Une Amoureuse), par Henri d'ALMÉRAS. Un volume in-8° illustré de 16 hors-texte.

Barras et son temps (Scènes et portraits), par Henri d'ALMÉRAS. Un volume in-8° illustré de 16 hors-texte.

HORS-SÉRIE

Souvenirs d'un Académicien sur la Révolution, le Premier Empire et la Restauration, par Ch. BRIFAUT. Introduction et notes du Dr CABANÈS, suivies de la correspondance de l'auteur, 2 volumes in-8° illustrés. *L'ouvrage complet* .... **40 fr.**

La Princesse de Lamballe intime, d'après les confidences de son Médecin, par le Dr CABANÈS. Nombreux documents inédits, 132 illustrations, 1 vol. in-8°. .... **20 fr.**

L'Histoire éclairée par la Clinique. Leçons professées en 1919-1920 à l'Institut des Hautes Etudes de Bruxelles. Un volume............ **20 fr.**

ALBIN MICHEL, Éditeur, 22, rue Huyghens, PARIS

PARIS. — IMP. RAMLOT ET Cie, 52, AVENUE DU MAINE — 1930.

www.ingramcontent.com/pod-product-compliance
Lightning Source LLC
LaVergne TN
LVHW050314060726
842525LV00002B/540